"一带一路"中基于知识融合平台的军民一体化产业发展研究

Research on the Development of Civil-Military Integration Industry Based on Knowledge Fusion Platform under the Background of "The Belt and Road"

柴华奇 袁雅娜 著

西北工业大学出版社

西安

【内容简介】 本书依据国家"十三五"规划稳步推进军民深度融合发展的战略安排,从知识管理视角深入分析在"一带一路"背景下利用知识融合平台解决我国军民一体化产业所面临的问题,并结合美国、英国、日本、俄罗斯和以色列等国家的军民一体化发展经验,探讨适合我国军民一体化产业发展的模式与路径,从而在实践上提出促进我国军民一体化产业发展的政策和建议。

图书在版编目(CIP)数据

"一带一路"中基于知识融合平台的军民一体化产业发展研究/柴华奇,袁雅娜著. —西安:西北工业大学出版社,2020.5

ISBN 978-7-5612-6493-5

Ⅰ.①一… Ⅱ.①柴… ②袁… Ⅲ.①国防科技工业-工业发展-研究-中国 Ⅳ.①F426.48

中国版本图书馆 CIP 数据核字(2019)第 114067 号

"YIDAIYILU" ZHONG JIYU ZHISHI RONGHE PINGTAI DE JUNMIN YITIHUA CHANYE FAZHAN YANJIU

"一带一路"中基于知识融合平台的军民一体化产业发展研究

责任编辑:李文乾	策划编辑:杨 军
责任校对:王梦妮	装帧设计:李 飞

出版发行:西北工业大学出版社
通信地址:西安市友谊西路 127 号　邮编:710072
电　　话:(029)88491757,88493844
网　　址:www.nwpup.com
印　刷　者:兴平市博闻印务有限公司
开　　本:710 mm×1 000 mm　1/16
印　　张:15.25
字　　数:299 千字
版　　次:2020 年 5 月第 1 版　2020 年 5 月第 1 次印刷
定　　价:59.00 元

如有印装问题请与出版社联系调换

前 言

  2017年6月20日,习近平总书记在中央军民融合发展委员会第一次全体会议上的重要讲话,深刻阐明了实施军民融合发展战略的重大意义、最终目标、工作要求和实施路径。这既是对党的十八大以来关于军民融合发展一系列重要论述的凝练升华,也是适应实践发展进行的重要的理论创新,更为推进军民融合深度发展提供了根本遵循和有力指引。习近平总书记指出,"军民融合是国家战略,关乎国家安全和发展全局,既是兴国之举,又是强军之策"。而加强集中统一领导,加快形成全要素、多领域、高效益的军民融合深度发展格局,逐步构建军民一体化的国家战略体系和能力,"必须在国家战略布局中统筹谋划,加强同国家战略规划对接"。"一带一路"建设是党中央做出的重大战略决策。"一带一路"倡议的实施,推进了我国与沿线国家军事科技的交流与合作,使军民融合进入了更大范围、更高层次、更深程度。军民一体化产业是天然的军民融合载体,迄今为止,随着"一带一路"倡议推进,军民一体化产业的对外交流合作取得了重要成绩。如何实现军民一体化产业与"一带一路"的战略对接,实现统筹推进、相互助力,是当前值得深入研究的课题。

  推进军民一体化建设、走军民融合道路,已经成为发达国家国防装备建设的共同选择,是引领各国国防工业建设的重大战略思想。发达国家通过强化战略指导、健全体制机制、加强军民统筹、优化资源配置,将国防工业根植于国家经济基础之上,充分发挥国防工业建设对国家经济的带动作用和国家经济对国防建设的支撑作用,提高了国防装备制造的研发能力、自主创新能力和质量效益,实现了军事效益、经济效益和社会效益的多赢式发展。当前,为适应科技革命、产业革命和新军事变革发展的要求,美国、英国、俄罗斯、日本和以色列等国家不仅在推进传统军工产业改革建设方面取得了一定的成就,还在建设过程中进一步强调民用或私营部门在国防科技工业发展中的重要作用,从国家层面重视各领域的前沿知识、技术和产业化发展,在发展途径上予以创新和完善。与高校合作和产业化发展成为各国维持国防核心创新能力和推进国防军工产业发展的重要途径和手段。因此,系统、深入地研究发达国家军民一体化产业发展的主要做法,对于准确把握军民一体化建设的时代特征和客观规律,避免走弯路、走错路、走回头路,利用后发优势,走出一条具有中国特色的军民融合发展道路,推动国防工业建设和经济建设又好又快地发展,具有重要的现实意义。

本书首先提出军民一体化产业的基本概念,剖析军民一体化产业的主要内涵,详细介绍我国军民一体化产业发展中实施知识管理的现状及存在问题。其次在总结美国、英国、日本、俄罗斯、以色列及世界其他国家军民一体化产业发展的经验和启示,以及分析国际形势变化对军民一体化产业发展影响的基础上,探索出在"一带一路"背景下利用知识融合平台促进我国军民一体化产业发展的模式和路径。最后提出促进我国军民一体化产业发展的政策和建议。

本书分为12章,具体内容如下:第1章为导论,第2章为我国军民一体化发展的历史与现状,第3章为我国军民一体化产业发展的必由之路,第4章为世界主要国家军民一体化发展的经验与启示,第5章为国际环境对军民一体化发展的影响,第6章为"一带一路"对军民一体化产业发展的促进作用,第7章为军民一体化产业知识融合平台的构建,第8章为军民一体化产业知识融合平台的运行机制,第9章为军民一体化产业知识融合的评价方法,第10章为基于知识融合平台的军民一体化产业人员融合管理,第11章为促进我国军民一体化产业发展的对策建议,第12章为总结与展望。

本书在编写过程中参考了大量相关资料,在此谨向原作者表示感谢!

由于水平有限,书中难免存在不足之处,敬请广大读者批评指正。

著 者
2020年5月

目　录

第 1 章　导论 …………………………………………………………………… 001
　　1.1　军民一体化概念的提出 ……………………………………………… 002
　　1.2　军民一体化产业的发展模式 ………………………………………… 003
　　1.3　军民一体化产业发展的战略意义 …………………………………… 004

第 2 章　我国军民一体化发展的历史与现状 ………………………………… 006
　　2.1　我国军民一体化发展的探索时期 …………………………………… 006
　　2.2　我国军民一体化发展的丰富时期 …………………………………… 009
　　2.3　我国军民一体化发展的现状 ………………………………………… 013
　　2.4　我国军民一体化发展中存在的问题 ………………………………… 022

第 3 章　我国军民一体化产业发展的必由之路 ……………………………… 026
　　3.1　知识管理对我国军民一体化产业发展的战略意义 ………………… 026
　　3.2　军民一体化产业发展中实施知识管理的现状及存在的问题 …… 027
　　3.3　军民一体化产业发展的关键：知识融合平台 ……………………… 033

第 4 章　世界主要国家军民一体化发展的经验与启示 ……………………… 039
　　4.1　美国军民一体化发展优势明显 ……………………………………… 039
　　4.2　英国军民产业一体化管理体制改进成效突出 ……………………… 044

4.3 日本国防工业管理体系和生产体系构建完备 ·········· 048
4.4 俄罗斯军民两用高新技术产业发展壮大 ············· 052
4.5 以色列国防体制创新和管理特色鲜明 ··············· 057
4.6 世界其他国家军民一体化发展 ······················ 061

第 5 章 国际环境对军民一体化发展的影响 ·········· 064

5.1 美苏军备竞赛对军工产业的深远影响 ··············· 064
5.2 世界经济低迷对国防经济转型的驱动 ··············· 067
5.3 局部战争频发引起的国防战略调整 ················· 071
5.4 中国和平崛起对国家实力提升的要求 ··············· 074
5.5 "一带一路"倡议带来的发展新机遇 ················ 078

第 6 章 "一带一路"对军民一体化产业发展的促进作用 ······ 082

6.1 信息融合 ·· 083
6.2 知识融合 ·· 084
6.3 人员融合 ·· 085
6.4 技术融合 ·· 086
6.5 需求融合 ·· 088
6.6 产业融合 ·· 090
6.7 服务保障融合 ···································· 091

第 7 章 军民一体化产业知识融合平台的构建 ·········· 094

7.1 军民一体化产业知识融合平台的构成要素 ··········· 095
7.2 军民一体化产业知识融合平台的知识融合框架研究 ··· 096

第 8 章 军民一体化产业知识融合平台的运行机制 ······ 107

8.1 知识融合平台的"冰雹"模型 ····················· 107
8.2 知识融合平台"冰雹"模型的实现路径 ·············· 113

第 9 章 军民一体化产业知识融合的评价方法 ·········· 127

9.1 军民一体化产业知识融合效果的评价标准 ··········· 127
9.2 知识融合算法 ···································· 130

9.3　知识融合实例分析 …………………………………………… 133

第 10 章　基于知识融合平台的军民一体化产业人员融合管理 …………… 144

10.1　人员融合的管理 ……………………………………………… 144
10.2　人员融合的评价方法 ………………………………………… 147
10.3　人员融合实例分析 …………………………………………… 176

第 11 章　促进我国军民一体化产业发展的对策建议 ……………………… 191

11.1　抓住"一带一路"倡议带来的机遇 ………………………… 191
11.2　树立军民一体化产业知识融合发展思想观念 ……………… 194
11.3　构建科学的军民一体化产业发展机构与机制 ……………… 199
11.4　完善军民一体化产业发展的政策措施 ……………………… 209

第 12 章　总结与展望 ……………………………………………………………… 223

附录　军民一体化产业实践案例 ………………………………………………… 225

案例 1　美国波音公司 ……………………………………………… 225
案例 2　美国太空探索技术公司 …………………………………… 230
案例 3　印度尼西亚教育机构与国防军事一体化发展 …………… 233

第1章
导 论

　　和平共处与共同发展,已经成为各国政府和全世界人民的美好愿望。在这样的背景下,世界各国尤其是美国、俄罗斯等大国,开始裁军,削减军费开支,对原有的国防科技工业和军事经济进行调整和改革,推进军民融合的发展,从而在世界范围内形成军转民热潮,以分享冷战结束后的"和平红利"。美国率先将军事领域的先进军工技术转为民用,并以此为契机,对大量的国防科技工业进行并购重组或转为民用工业,推行"军民一体化"。随后,世界各国纷纷掀起了国防科技工业向军民融合转化的热潮。

　　国有军工资源是我国国民经济的重要组成部分,为奠定我国国际地位、加快我国工业化进程做出了不可磨灭的贡献。随着世界和平共处与共同发展以及我国社会主义市场经济的不断深入,国防工业也应顺应时代要求,由过去单纯满足军事需要转向充分发挥自身优势,为国家经济建设服务。如今,国际秩序进入深刻调整变化之中,强权政治、黩武主义、冷战思维及其产生的根源并没有消失,加上我国周边政治环境十分复杂,这就要求我国军工企业走一条"军民结合、平战结合、军品优先、以民养军"的军民融合道路。目前,国内外对军民融合(Military and Civilian Integration)还没有一个统一的定义[①],并且已有的定义都较为模糊。因此,本书通过梳理我国特色军民融合发展道路,提出我国国防工业的军民融合实现形式具有渐进性的观点,即从最初的"军转民"到"军民一体化"再到"军民融合"是一个渐进的过程,而且"军民一体化"是军民融合发展道路的重要过

---

① 中国科技发展战略研究小组.中国科技发展研究报告2004—2005[M].北京:知识产权出版社,2005.

程,"军民融合"是军民融合发展道路的最终状态。

"军民融合"是"军民一体化"向更高层次、更广范围和更深程度的发展,其更加强调国防创新系统和民用创新系统的有机结合,对有关管理体制和运行机制的改革要求更高。因此,为了实现军民融合深度发展,依靠军民融合产生的强大"效益合力",不断提升综合国力,成就民族复兴大业,研究推进军民一体化建设的过程显得尤为重要。

1.1 军民一体化概念的提出

20世纪90年代,美国国会技术评估局正式提出国防工业"军民一体化"(Civil-Military Integration)建设模式,该模式在国外军事强国中得到广泛认可,并逐渐成为各国的基本国策和共同做法。

军民一体化的上一个阶段是军转民。关于"军转民"的解释,国外比较有代表性的观点认为,"军转民"特指军事装备等军品的生产设备和人员向民用生产领域的转移[①]。在国内,一般将"军转民"界定为国有军工企业的民用生产,是指和平时期国有军工企业在确保完成军工生产任务的前提下,充分利用自身剩余生产能力,挖掘自身的生产潜力并充分发挥自身优势生产民品,以发挥国有军工企业对民用工业的补充和促进作用,为国民经济的发展服务[②]。国内外对"军转民"的理解主要局限在两个层次上,一是国有军工企业由单一军品生产转向包括军品和民品在内的多种产品生产即多种经营,二是将军工生产能力部分转向民用生产。虽然这两个方面是"军转民"的重要内容,但它不能完整地概括国有军工企业"军转民"的内涵与本质。如果从更全面、更深层次理解,可以将"军转民"界定为国有军工企业由军事专用型的科研生产转向军民结合性或兼容性、两用性科研生产的一种特定运行机制。军转民的必然结果是军民一体化。国有军工企业的军转民的含义应主要包括以下三个层次:①产品结构由单纯军品型向军民结合型转变,②生产技术装备、工艺、材料和人员等由军事专用型向军民通用型转换,③军品分系统或零部件由完全或主要使用军事专用品转向尽量使用军民两用品等。

关于"军民一体化"比较权威和规范的定义,最早见于1994年9月美国国会

---

① GANSLAR J S. Defense conversion: transforming the arsenal of democracy [M]. Cambridge: The MIT Press, 1995.

② 曹智英. 军事经济学[M]. 北京: 海潮出版社, 1995.

技术评估局的《军民一体化的潜力评估》研究报告,其定义为:"军民一体化是把国防科技工业基础同更大的民用科技工业基础结合起来,组成一个统一的国家科技工业基础的过程。"[①]也就是实现国防工业基础和民用工业基础逐步兼容,采用共同的技术、工艺、劳力、设备、材料和设施,满足国防和民用两种需要。具体来说,它包括三方面内容:一是军事技术的商业化或民用化,也就是军事技术向民用领域"溢出"(spin-off);二是民用技术的军事化,也就是民用技术向军事领域的"溢入"(spin-in);三是实现军民两用技术的发展。

实际上,军民一体化就是将军工企业工业基础与民用工业基础融为一体。军工企业的军民一体化主要包括三个方面:一是技术和工业基础军民一体化,二是购买民用产品和劳务,三是产品和劳务采办过程一体化。为了有计划、有步骤地推行军工企业军民一体化的发展,美国政府拟订了调整、改革和重组的三步发展策略。第一步是调整策略。通过进行一系列变革,扩大民用产品和劳务的使用,促进产业部门一级采办过程的一体化。第二步是改革策略。该策略建立在调整策略基础之上,它将采取更加积极、更加广泛的方法促进军民一体化。改革策略有三个支柱:进一步扩大民品采购,使研究与发展、制造、维修和服务一体化,把军民一体化的改革和做法尽可能用于军民分离的那部分军事工业基础。第三步就是重组策略。重组策略包括政府和私营部门军事工业基础广泛的合理化和私有化,以及军事工业基础的所谓商业化。

实现军民一体化的军民融合是未来理想的、合理的国家科技工业基础发展模式[②],是推进我国军民融合深度发展的重要过程。

1.2 军民一体化产业的发展模式

军民一体化产业(Civil-Military Integration Industry)是笔者根据相关研究资料及成果提出的一个新概念。文献检索结果显示,关于军民一体化产业的内涵和界定、军民一体化产业发展模式和路径的文献都没有检索到,可见这是一个全新的研究角度和领域。

军民一体化产业,指的是在军民一体化的基础上,从知识、技术、产品、人员等方面实现军民产业的一体化。军民产业一体化(Integration of Civil-Military

---

① U.S. Office of Technology Assessment. The potential evaluation of military and civil integration[R]. Office of Technology Assessment, 1994.

② 郭永辉. 国家战略背景下的军民融合理论研究[M]. 北京:中国财富出版社,2017.

Industry),是通过放宽限制、降低行业准入壁垒,或通过知识创新、技术创新使产品突破产业边界,克服某些不必要的人员、技术、装备等保密的刚性约束,各个行业的企业采取兼并或多元化经营向不同行业边界相互渗透,最终使得多个独立的产业一体化。军民一体化产业,旨在打破军工产业与民用产业之间的壁垒,通过人员资源自由流动、技术互溢、产品互补、知识互通等,最终实现国防建设与经济建设协调发展。

若能实现军民产业一体化,第一,国防工业生产将完全纳入国家工业生产体系,不再有独立的国防科技工业体制;第二,国防军工技术水平将体现为国家整体先进技术水平,而不像现在以军工企业的水平来衡量;第三,广泛应用军民通用知识和军民两用技术,服务于军品市场的企业具有同时生产军品与民品的能力;第四,不再有身份标识,特别是不再以所有制身份差异区分谁可以承担军品;第五,谁来承担军民任务应基于市场竞争机制,择优抉择。

当前最为突出的带有军民一体化产业特色的应属通用航空产业。作为我国七大战略新兴产业之一的通用航空产业,其在军事航空上带有高度的政治敏感性,在民用航空上带有垄断性。通用航空技术虽然在军事上和民用上有一定差别,但就知识本身来说是具有共性的,因为都来自于同一源头——航空航天知识。此时的通用航空企业,既是"军"也是"民"。由于行业的特殊性,首先军事产品对外带有极强的政治敏感性,其次是技术,再次是人员,知识的政治敏感性是最低的。而我国军民产业经历的军转民、军民一体化阶段的经验表明,军民产业在产品、技术、人员的融合中出现了困境。因此,从知识上融合是军民一体化产业发展的新思路。

1.3 军民一体化产业发展的战略意义

军民一体化产业发展,是当代高新技术发展、国防和国民经济建设以及战争形态变化的必然要求。军民分割、自成体系的传统建设思路越来越不能适应平战结合的特点。在信息时代和知识经济时代,只有培育和发展军民一体化产业才能适应现代信息化条件下,作战周期短、战争突发性强和战时消耗量大等状况。促进军工产业与民用产业一体化发展,也是实施富国强军战略目标的必然选择。随着现代社会经济的快速发展,国防和军队建设对各类资源的需求越来越大,国家面临着资源短缺且需求膨胀的压力。军民一体化产业可以合理配置和利用各种资源,稳定国防研发生产团队,降低国防研发成本,提高运行效率,实现国防科技水平的持续提高,避免军民重复投资建设、分散建设带来的巨大资源浪费,最大程度地节约宝贵资源,提升国民经济建设和国防建设效益。

军民一体化产业发展,是深化经济结构战略性调整、加快转变经济发展方式的迫切需要。军民一体化产业努力实现"一份投入,两份产出",有利于消除军民之间"一堵墙"带来的经营高壁垒,降低政治敏感度带来的经营高风险,有效整合军民两用资源,优化资源配置;有利于更好地提升产业层次,推动产业结构优化升级;有利于高新知识和技术在军用领域和民用领域的双向转移与融合,实现知识强国、科技强军和建设创新型国家的有机统一。促进军民一体化产业发展,也是推动国防和军队建设,实现跨越式发展的迫切需要。军民一体化产业中的高端装备制造、生物工程、新材料等基础领域,其在军用方面的知识、人员、技术、需求和民用的难以区分,可以通过信息融合、知识融合、人员融合、技术融合以及需求融合促进军工产业与民用产业的融合。世界新军事变革不断向纵深发展,对国家工业基础的要求越来越高,传统封闭的国防科技工业体系已经越来越难以满足现代化战争对高新技术武器装备和国防动员的需要。因此,要站在国家安全与发展战略全局的高度,将军民一体化产业发展与国防和军队建设有机结合,成为国防和军队现代化建设更加坚实的依托。

总之,培育和发展军民一体化产业,不仅对于推进产业结构升级和经济发展方式转变,提升我国自主创新能力和国际竞争力,促进经济社会可持续发展,推进我国现代化建设具有重要战略意义,对于国防和军队现代化建设也具有重要战略价值,是实施统筹经济建设和国防建设,走中国特色军民融合式的发展路子,坚持富国与强军统一重大方略的重要组成部分。

第 2 章
我国军民一体化发展的历史与现状

走中国特色的军民融合发展路径,是我国对国防和军队建设规律长期探索的结果,是实现富国和强军统一的重要战略决策。总体来看,我国军民一体化发展在政策法规、产业培育等方面取得了一定成就,但也存在思想认识偏差、体制机制不完善、政策法规不健全等问题。

2.1 我国军民一体化发展的探索时期

坚持军民融合式发展,是中国共产党长期以来对国防建设和经济建设关系规律不断深化认识的结果,而军民一体化是推进我国军民融合深度发展的重要过程,体现了军转民到军民一体化再到具有中国特色的军民融合的演变过程。

回顾我国国防科技工业近60年的发展历程,其领导体制和管理体制曾出现多次变动。新中国成立初期,国防科技工业中将最早建立的兵器工业、电子工业、造船工业、航空工业的管理机构作为局的建制,隶属于重工业部;1958年2月,根据毛泽东提出的"军民结合,平战结合"方针,中央决定将航空工业与第二机械工业部合并,成立第一机械工业部,兵器、电子、造船、航空工业等四个局被一并划入该部,同时将管理核工业的第三机械工业部更名为第二机械工业部;1971年4月,国务院、中央军委批准国防工业实行中央与地方双重领导的管理体制;1977年11月,国务院、中央军委又决定成立中央军委科学技术装备委员会(以下简称"科装委")。这样,到改革开放之初,国务院负责管理国防科技工业和武器装备的机构有从第二到第八机械工业部等七个工业部门,还有国务院和

第 2 章 我国军民一体化发展的历史与现状

中央军委双重领导,列入军队序列的国防科委、国防工办和科装委。这种领导体制是与高度集中统一的计划经济体制相适应的。它虽然有利于国防科技工业和武器装备的发展,但也存在着诸多弊端。一是国防科技工业独立于国民经济之外,只管武器装备的发展,不利于军民结合、平战结合。二是部门林立,分工过细,自成体系,低水平重复建设严重,造成资源的巨大浪费。三是政府、军队、企业的职能不分,职责不清,机构重叠,效率低下。加上"早打、大打、打核战争"的战略指导方针,形成了国防科技工业摊子大、力量散、效益差的局面。

针对这些弊端,1978年以后,邓小平同志多次强调国防科委工业改革的必要性。他说:"我们搬的是苏联制度,是浪费,是束缚技术发展的制度。要从搬的苏联制度当中解放出来。我们这几个机械工业部,除二、七机部外,应该纳入整个国家的规划,要结束另外一个天地的时代。"他还明确要求武器装备研制实行合同制,在军队和军工部门之间、各军工部门之间、企事业单位之间,都要签订合同,按经济办法进行管理。1982年5月,第五届全国人大常委会第二十三次会议决定将第六机械工业部与交通造船局合并成立中国船舶工业总公司,退出政府序列,变为由国务院直接领导的经济实体,并在实际上继续承担全国船舶工业行业管理的职能,将第四机械工业部与广播电视总局、国家电子计算机工业总局合并成立电子工业部。同时,将第二、三、五、七机械工业部分别更名为核工业部、航空工业部、兵器工业部、航天工业部。此后国务院、中央军委又决定将国防科委、国防工办和军委科技装备办公室合并成立国防科学技术工业委员会(以下简称"国防科工委"),由国务院、中央军委双重领导,但仍属军委建制。

在此期间,军品任务大幅压缩、减少,国有军工企业按照改革开放的方针,积极探索新的发展路子。各部门相继对国家实行利润包干,并在内部对企业实行扩权让利,先后成立了外贸公司,发展军贸出口,引进国外先进技术,压缩基本建设战线,调整产品结构,掀起第一次军民分线、开发民品的热潮。特别是船舶工业开始了以出口为导向的大规模技术改造,电子工业部将绝大部分直属企业下放给地方政府管理。但是从总体上看,国防科技工业"另外一个天地"的局面仍未根本改变。为此,邓小平同志再次指出"军工体制这件事讲了几年了,不能再拖了"。随即,中央决定加大国防科技工业改革的步伐和力度。1993年,第八届全国人大第一次会议决定撤销航空航天工业部,分别组建中国航空工业总公司和中国航天工业总公司;撤销机械电子工业部,分别组建机械工业部和电子工业部;在国务院序列中继续保留国防科工委,仍属军队建制,由国务院、中央军委双重领导。至此,原六个独立的军工部门,除电子工业部以外,其余五个都被改组为直属国务院的、由国防科工委归口管理的军民结合的专业总公司,由政府行政部门向经济实体转变。国防科工委作为军队武器装备的主管部门,虽然具有一

"一带一路"中基于知识融合平台的军民一体化产业发展研究

定的行政权力,但其工作重点在于武器装备的发展,对军工企业的民品发展以及在改革、调整中暴露出的问题和困难关心不够,而且解决能力也很有限。实际上,这仍然是政府与军队、供应与需求的职责不清导致的。江泽民同志在1996年底的一次重要会议上谈到国防科技工业和武器装备发展问题时,曾经一针见血地指出:"迎接世界军事发展的挑战,千方百计把我军武器装备搞上去,一个重要的问题,就是要理顺装备科研、生产、购置、维修等方面的体制。体制不顺,浪费了资金,延误了时间,这是我们长期以来想解决的老问题。"这进一步揭示了国防科技工业改革的必要性。

以1998年3月第九届全国人大第一次会议通过的国务院机构改革方案为序幕,掀起我国国有军工企业历史上力度最大的一次改革。在这次改革中,国务院成立了新的国防科技工业委员会(新国防科工委),将原国防科工委管理国防工业的职能、国家计委国防司的职能以及各军工总公司承担的政府职能,统归新国防科工委管理;在邮电部和电子工业部的基础上组建信息产业部,负责军工电子的行业管理,原国防科工委与总参谋部负责装备订购管理的部门合并组成隶属中央军委的总装备部,负责全军武器装备的订货、采购、维修的管理工作;并且明确了总装备部业务归口的军队使用部门和国防科工委归口管理的军工科研生产单位,是装备订货和组织生产的关系,是需求和供应的关系。同时按照政企分开、军民结合、适度竞争以及科研力量相对集中的原则,将核、航空、航天、兵器、船舶工业等五大军工总公司各自一分为二,改组为十大军工集团公司。各集团公司在国家计划中单列户头,领导班子由中共中央组织部管理,党的工作由中共中央企业工作委员会管理,行业管理由新的国防科工委负责,资产与财务、企业改革、外事外贸、劳动工资等工作,分别由国务院有关部门管理。几年来的实践证明,这次改革的方向无疑是正确的。它较好地解决了政府与军队、政府与企业的关系,基本上实现了政企分开、供需分开,军工集团公司在确保重点任务、推进企事业单位改革发展等方面发挥了重要作用。

由于多方面的原因,这次改革尚未完全到位,在实践过程中又暴露出不少新的问题。比如,总装备部与新国防科工委的业务分工尚未很好地理顺;国有资产管理与管人、管事、管发展互相脱节,责、权、利不统一,基层企事业单位感到"婆婆"多,事难办;一个行业,两个集团,使得集团之间的力量相差比较悬殊;集团公司仍然习惯于行政管理方法,与其全资、控股、参股企业的母子公司关系还没有很好地建立起来,企业改革、调整、脱困进展不快,等等。党的十六大报告再次强调:"深化国防科技工业体制改革,坚持寓军于民,建立健全竞争、评价、监督和激励机制,增强自主创新能力,加快国防科技和武器装备发展。"所有这些,不仅为国防科技工业的改革发展指出了更加明确的方向,而且提出了新的更高的目标,同时也标志着我国国防科技工业以新世纪为开端,改革发展进入了一个新的更为艰巨的攻坚阶段。国防军工企业是国有企业的重要组成部分,在过去的历史中,这些国有军工企业圆满地完成了国家下达的军品生产任务,为我国的国防现代化建设和经济建设都做出了重要贡献。

随着国家工作重心的转移,军工企业的军品生产任务逐渐收缩,并走上了军转民的道路。十多年过去了,军工企业的军转民工作取得了十分显著的成绩,与此同时也存在着许多困境和难题。在新旧体制的转换时期,如何搞好军工企业的改革,摆脱企业军转民后的困境,走上健康发展的道路是亟待探讨的重要课题。1998年,国防科技工业的管理体制实现了重大变革。新国防科工委和总装备部的成立,以及随后完成的五大军工总公司改组为十个军工集团,向建立国防科技工业新体制迈出了关键一步。原来的五个军工总公司都是相对独立的,产业群体是分散的,又分别行使部分政府管理职能,如核工业部、航天工业部、航空工业部、船舶工业部、兵器工业部各搞各的,各自在国民经济里形不成规模效应,还不能构成一个产业。成立新国防科工委和组建十大军工集团以后,包括军工电子,国防科技工业包含了六个行业,成为一个重要产业,在国民经济中发挥了重要作用。2008年推行的大部制改革成立了工业与信息化部,信息产业和国防工业开始融合。

国有军工企业发展改革的历史沿革实际上就是一个诱致性制度变迁过程。这个过程具有阶段性,它随着国有军工企业发展过程中所处的政治、经济及内外部环境的变化而变化。国有军工企业在军民融合的诱致性制度变迁过程中遵循的路径是军转民—军民一体化—具有中国特色的军民融合。

2.2 我国军民一体化发展的丰富时期

2.2.1 军民一体化推进我国国防建设

2003年10月召开的十六届三中全会深刻分析了当前国际、国内政治经济形势和我国建立社会主义的具体实践,会议通过的《中共中央关于完善社会主义市场经济体制若干问题的决定》明确指出"为适应经济全球化和科技进步加快的国际环境,适应全面建设小康社会的新形势,必须加快推进改革,进一步解放和发展生产力,为经济发展和社会全面进步注入强大动力"。坚持在国防和军队建设中贯彻落实科学发展观,首要的问题就是处理好国防建设与经济建设的关系。

"一带一路"中基于知识融合平台的军民一体化产业发展研究

在处理二者的关系上,各个国家的做法不尽相同,但有一点是共同的,那就是坚持走军民结合、寓军于民、军民一体化的发展道路。特别是在当代科技革命、产业革命和新军事变革迅猛发展的今天,实行军民结合、寓军于民,推进军民一体化建设,已经成为一些国家的政策取向。我国正处于从传统的军民结合建设向军民一体化建设转型的关键时期,积极推进全方位军民一体化建设,对于推动我国国防和军队建设又快又好地发展具有重大意义。

2015年3月12日,习近平总书记在十二届全国人大三次会议解放军代表团全体会议上,第一次明确提出"把军民融合发展上升为国家战略",确立了全要素、多领域、高效益军民融合深度发展的战略目标。在这一战略思想的指导下,我国军民融合发展进入了一个新时期。

在2017年6月20日召开的中央军民融合发展委员会第一次全体会议上,习近平总书记强调要"加快形成全要素、多领域、高效益的军民融合深度发展格局,逐步构建军民一体化的国家战略体系和能力"。习近平总书记关于构建军民一体化的国家战略体系和能力的论述,凸显了军民融合战略在国家战略体系中的重要地位,要求我们把军民融合发展理念和任务贯彻到各相关国家战略之中,完成军民融合战略与国家创新战略等各个国家战略的紧密结合;同时还要用军民融合的理念和任务凝聚各相关国家战略,使之成为一个强大的完整的国家战略体系。以此为基础,运用军民一体筹划、一体建设、一体使用、一体管理、一体评估的统合力量,来助推国家战略体系和能力建设。

深度阅读:实施军民一体化对国防建设有什么好处?

• 实施军民一体化必须保证国家国防建设。强大的国防是国家经济建设的根本保障,当前,国防安全环境极不稳定,世界超级大国对世界资源虎视眈眈,只有建立强大的国防力量,让他人不敢小视我们,我们才能聚精会神搞建设、一心一意谋发展。

• 实施军民一体化有利于高科技国防建设。随着现代科学技术的发展和新型战争如空间战、电子战等的出现,关键的军用技术与民用技术日趋相同,许多军用产品与民用产品之间的差别也越来越小,如大型运载火箭既可以装上核弹头而成为战略核武器,也可以用于发射民用卫星,卫星定位导航系统既可以军用也可以民用,等等。

• 实施军民一体化有利于国防现代化建设。实施军民一体化有利于将技术先进的民用技术用于军品生产,使民用技术通过军民一体化这个平台为国防现代化建设服务。

• 国防建设中的许多国有军工企业本身就有军民一体化的"天性"。航空工业既可以生产军用飞机,也可以生产民用飞机;航天工业既可以生产战略导弹,

第 2 章 我国军民一体化发展的历史与现状

也可以生产民用卫星;核工业既可以生产原子弹,也可以生产核电站;船舶工业既可以生产军用舰艇,也可以生产民用船舶。

2.2.2 军民一体化带动我国国民经济发展

国防经济是国民经济的一个重要组成部分。国民经济的发展,经济效益的提高,越来越依靠科学技术的巨大进步,依靠科学技术成果在生产上的推广应用。现代军工企业都是技术密集型企业,在科学技术方面拥有巨大的优势和潜力,一个国家军事技术水平的高低,实际上是科学技术水平的表现。国内外的经验证明,实施军民一体化,对于一个国家科技水平的提高和国民经济的发展具有非常巨大的作用。

深度阅读:军民一体化对国民经济发展有什么影响?

- 可以大幅度提高国民经济乃至整个社会的科学技术水平。第二次世界大战后,世界科学技术的突飞猛进是同军事需要紧密相连的。军民一体化有利于整个社会的科学技术水平的提高,既满足了军事发展的需要,又满足了国民经济发展的需求,节约资源。

- 发展新产品,开创新产业。如把军用核科学技术、电子技术、航空航天技术等应用到民用部门,都会形成新的产业部门。这些产业部门研制和生产的民用产品大到原子能发电站、大型客机、地面设备、气象和通信卫星、大型计算机等,小到各类仪器仪表。

- 提高出口产品的竞争力。出口产品有无竞争能力主要取决于产品的性能、质量、价格等因素,这些方面都离不开先进的科学技术。实施军民一体化,有利于先进的军工技术向民用产品转化,同时也有利于先进的民用技术向军工技术转化,促进国民经济快速发展。

- 有利于国民经济的发展和经济效益的提高。当前世界上有许多国家认为大力发展军事力量对国民经济造成负担,如果能将获得的先进军用技术转化为民用生产力,就可以大大减轻国民经济的压力。将先进的军用科研生产管理水平用于国民经济建设,可以节约大量的时间和经费,有利于国民经济效益的提高。

- 国民经济水平的提高有利于军事水平的提高和国防力量的加强。从整体上看,一个国家的军事实力,最终取决于经济基础,国富才能兵强。把军事技术转化为民用,提高了整个国家的科学技术水平和经济实力,国家才可能把更多的资金用于国防科研,促进国防力量的加强,从而保证国家聚精会神搞建设,一心一意谋发展,提高国民经济总水平。

2.2.3 军民一体化促进我国国防科技创新体系构建

鉴于国防科技的特殊重要性,在整个科技发展过程中,国防科技的发展总处于优先发展的地位,或超前并带动民用科技发展。在技术基础上,要制定和实施军民通用的技术标准。国外一项统计表明,85%的现代军事核心技术同时也是民用关键技术,80%以上的民用关键技术同样可以直接运用于军事目的。我国近年来在民用高新科技领域,尤其是在计算机类、通信技术类和电子技术类产品的科研和生产方面取得了长足的进步与发展,但现行的军品生产和民品生产技术标准存在较大差异,造成了国防科技与民用科技、国防工业与民用工业之间难以实现良性互动。美国是通过应用民用标准,取消、转换和限制使用军用标准的方法,来解决军民技术标准不统一的问题的。根据现实国情,笔者认为,我国实施军民通用技术标准可分两个层次逐步推进。第一个层次是先使军民两用技术的技术标准逐步统一,鼓励和引导军民两用技术的研究与开发。第二个层次是使国家现有军用技术标准与民用技术标准逐步统一。通过这两个层次工作的推进,最终形成国家统一的技术标准体系。

许多具有划时代意义和全局性影响的重大科技成就,都是因为军事需要,通过研究武器装备而取得突破的。在组织基础上,应逐步打破国防科技工业与民用科技工业的界限,开放军品市场,形成军民融合的总承包商—分承包商—零部件协作商的国家科技工业组织体系,实现国防科技工业从"有形"向"无形"的转变,将军工科研和生产深深融入整个国家科技工业体系之中。

总而言之,在现代科学技术发展条件下,推行军民一体化是根据军品科研生产发展规律所做出的必然选择。建立军民一体化的国家技术与工业基础,促进国有军工企业由军转民、军民分离状态向军民一体化转变,既是一个工业基础转轨,也是一个军民融合发展的渐进性变迁过程。在国家资源"战转平"的过程中,为了同时谋求国防安全和经济效益最大化,将国防工业与民用工业融为一体,建立起一个国家的工业基础,最终做到"一套资源、两种能力"。"军民一体化"的军民融合是理想的合理的国家工业基础模式。国有军工企业的军民一体化转轨政策和措施若能在实践中得以成功实施,则可以直接或间接地对我国的国防建设和经济建设做出重大贡献。

第 2 章　我国军民一体化发展的历史与现状

2.3　我国军民一体化发展的现状

　　法律法规环境不断完善,相关政策体系日趋成熟,军民融合产业基地和园区的实践发展迅速,我国军民一体化发展取得了突出成就。

2.3.1　法制环境初步形成

　　《中华人民共和国国防法》(以下简称《国防法》)规定,国家"促进国防建设与促进经济建设协调发展",并为国防科技工业建设确定了军民结合"十六字方针"。20 年来,在《国防法》确立的原则下,我国军民一体化发展取得了突破性进展。2017 年 1 月 22 日,中共中央政治局召开会议,决定设立中央军民融合发展委员会,由习近平任主任,这标志着军民一体化发展将走进一个崭新时代。

　　2015 年 3 月,习近平总书记在出席十二届全国人大三次会议解放军代表团全体会议时强调:"要强化法治保障,善于运用法治思维和法治方式推动军民融合发展,充分发挥法律法规的规范、引导、保障作用,提高军民融合发展法治化水平。"①构建完善的军民融合发展法治体系,是推进军民融合深度发展的重要保障,也是促进《国防法》实施、构建国防法治体系的重要内容。2010 年,在十一届全国人大三次会议上,45 名人大代表联名提出《关于制定军民融合促进法的议案》。2015 年 8 月 5 日,十二届全国人大常委会立法规划经调整后再次公布,其中研究论证项目增加了促进军民融合方面的立法项目②。尽管立法难度大,但有关部门在 2016 年已加快推进军民融合发展立法,并逐步形成法律、规章、政策、制度协调统一、相互支撑的法制保障新格局③。

　　"军民融合"是逐步发展起来的,与新中国成立之初的"军民两用"、党的十一届三中全会后提出的"军民结合"建设思路一脉相承。党的十七大提出,建立和完善军民结合、寓军于民的武器装备科研生产体系、军队人才培养体系和军队保障体系,坚持勤俭建军,走出一条中国特色军民融合式发展路子。自此,在依法治国背景下,国家层面军民融合发展法治体系开始构建。

---

①　习近平.深入实施军民融合发展战略　努力开创强军兴军新局面[N].人民日报,2015-03-13(1).
②　十二届全国人大常委会立法规划作出调整[EB/OL].[2016-08-20]. http://www.gov.cn/xomwem/2015-05/content_2909009.htm.
③　游光荣.四个关键词展望 2016 军民融合[J].科技中国,2016(1):39-40.

"一带一路"中基于知识融合平台的军民一体化产业发展研究

军民融合发展立法实践在我国国防科研生产领域发展最快,经验丰富,成果突出。比如,《国防法》确立的国家军事订货制度就鲜明地体现了军民融合发展。《国防法》第三十四条规定,国家"实行国家军事订货制度,保障武器装备和其他军用物资的采购供应"。到 20 世纪末,当时的国防科工委出台《武器装备科研生产许可证管理暂行办法》,为《国防法》第三十四条的实施、加快军民融合发展立法迈出了第一步。2004 年《国防科技工业产业政策纲要》发布,2005 年 2 月国务院发布《国务院关于鼓励支持和引导个体私营等非公有制经济发展的若干意见》(俗称"非公经济 36 条"),2004 年、2005 年全国人大常委会先后两次修订《中华人民共和国公司法》,2010 年 5 月国务院再次发布《国务院关于鼓励和引导民间投资健康发展的若干意见》(俗称"非公经济新 36 条")。随后,当时的国防科工委和总装备部制定了一系列规定,为军民融合发展"松绑"。如此密集地出台法律法规和政策规定,意在"推进国防科技工业投资主体多元化","允许非公有资本进入国防科技工业建设领域",用法治推动军民融合发展,明显呈现出我国国防科技工业从"军民结合"发展到"军民融合"的阶段性特点。

国防动员是军民融合发展的另一个重要的节点,国防动员等领域立法随着军民融合逐步发展也开始发力。依据《国防法》的规定,全国人大常委会于 2010 年制定《中华人民共和国国防动员法》(以下简称《国防动员法》)。《国防法》第八章对国防动员的领导体制、时机、内容等做出明确规定,《国防动员法》则在此基础上予以细化、完善。《国防动员法》的实施,标志着军民融合发展法治体系建设进入新的层次,也为军民融合法治体系建设第一阶段画上一个圆满的句号。

但不得不说的是,上述军民融合发展法治建设过多地停留在政策、规划、理念上。这也为此后的军民融合发展法治体系建设留下了空间。

党的十八大以来,以习近平同志为核心的党中央把军民融合发展上升到国家战略层面。党的十八届五中全会首次将经济建设与国防建设之间的关系由"统筹发展""协调发展"提升到"融合发展"。为了适应新的战略推进需要,我们需要围绕军民融合发展的主导主体、实施主体、发展目标和内容等,以法治方式深入推动全面融合。

2016 年 3 月,中共中央、国务院、中央军委发布《关于经济建设和国防建设融合发展的意见》,该意见为当前及今后一段时期包括法治建设在内的军民融合发展战略实施绘就了宏伟蓝图,也预示着我国将以《国防法》为指南,以法治为途径,强化国家主导,注重融合共享,通过改革创新破除军民二元体制结构,通过军民融合实现社会资源大整合。《国防法》规定,国务院和中央军委可以根据情况召开协调会议,地方政府和驻地军事机关可以召开军地联席会议。依据有关法律法规,我国还在国防动员、国防教育、国防交通等领域成立了协调机构。今后应在中央军民融合发展委员会的领导统筹下,结合改革需要,整合、充实各领域、各层次的协调机构,在军事医疗、国防资产管理等领域建立军民融合发展体制,于不同主管部门之间完善议事协调机制,构建权威高效的军民融合发展组织体制和运行机制。军民融合发展涉及工业、农业、交通、金融、科技、信息、卫生等方方面面,需要立足现有立法,找准各领域、深层次的体制、制度、机制、政策方面的障碍,采取扎实的举措全面推进深度融合。例如,2016年通过的《中华人民共和国国防交通法》明确规定了"国家坚持军民融合发展战略""促进(国防和经济社会)资源融合共享""建立国防交通军民融合发展会商机制""贯彻国防要求"。这就要在立法提供的原则、体制、机制架构下,有针对性地破解国防交通领域军民融合发展障碍,并带动其他领域军民融合发展的末端落实①。

2.3.2 政策体系不断完善

改革开放以来尤其是党的十六大以来,经过30多年的建设,"军转民""民参军"的政策性壁垒正逐渐消除,形成了以"军转民"和"民参军"相关法律为核心的法规体系,为军民一体化产业发展提供了重要的法制保障。伴随着国防科技工业管理体制改革的不断深入,军民分割的工业体系开始被打破,军民一体化产业的基础不断被夯实。特别是自2006年国防科工委《关于加强国防科技资源共享的指导意见》出台以来,国防科技工业出台了一系列规章制度,为民用工业企业服务国防建设打开了大门,见表2-1。这些文件为国防科技工业走出军民一体化发展道路而实现中国特色军民融合发展提供了良好的宏观政策环境,为国防科技工业实现军民一体化提供很好的政策指导,也降低了民用工业企业进入国防装备科研生产领域的行业壁垒。

表2-1 近年来发布的重要国防科技工业军民融合政策文件

文件号	文件名称	主要目的
国发〔2002〕7号	国务院关于印发军工企业改革脱困方案的通知	深化军工企业改革
国办发〔2003〕96号	关于规范国有企业改制工作的意见	规范国有企业改制工作
科工计〔2004〕815号	国防科工委关于印发《国防科技工业进一步参与西部大开发和东北振兴的指导意见》的通知	制定国防工业参与西部大开发和东北振兴战略的具体措施
国发〔2005〕3号	国务院关于鼓励支持和引导个体私营等非公有制经济发展的若干意见	为非公有制经济发展创造良好环境
国科发基字〔2006〕558号	关于进一步推动科研基地和科研基础设施向企业及社会开放的若干意见	推动科研基地和科研基础设施向企业及社会开放

① 梁毅雄. 法治引领和保障军民融合发展[N]. 法制日报,2017-02-16(9).

续表

文件号	文件名称	主要目的
科工计〔2006〕1020号	国防科工委关于印发《国防科技工业固定资产投资年度计划管理办法》的通知	规范国防工业固定资产投资年度计划
科工经〔2006〕144号	关于印发国防科技工业军转民技术开发"十一五"发展指南的通知	军转民技术开发工作,加速军工技术成果向民用领域转移
科工法〔2007〕546号	国防科工委、发展改革委、国资委关于推进军工企业股份制改造的指导意见	深化军工企业改革,促进国防科技工业全面、协调和可持续发展
国函〔2007〕9号	国务院关于深化国防科技工业投资体制改革若干意见的批复	引导社会投资进入国防科技工业建设领域
科工改〔2007〕1366号	军工企业股份制改造实施暂行办法	推进和规范军工企业股份制改造
科工经〔2007〕885号	国防科工委关于进一步推进民用技术向军用转移的指导意见	实现国防科技工业和国民经济领域两种资源的优势互补通互动
科工法〔2007〕179号	关于非公有制经济参与国防科技工业建设的指导意见	引导非公有制经济规范有序地参与国防科技工业建设
科工计〔2007〕111号	国防科工委关于大力发展国防科技工业民用产业的指导意见	推进国防工业民用产业发展
国保发〔2008〕8号	武器装备科研生产单位保密资格审查认证管理办法	规范武器装备科研生产单位保密资格审查认证
科工技〔2008〕165号	国防科工委关于加强国防科技资源共享的指导意见	加强国防科技资源共享
科工计〔2009〕233号	国防科工局关于印发《国防科技工业固定资产投资项目申报和审批若干规定》的通知	进一步使相关规范具体化可操作化
科工计〔2009〕1516号	国防科工局关于印发《国防科技工业社会投资项目核准和备案管理暂行办法》的通知	深化国防科技工业投资体制改革
科工计〔2009〕1506号	国防科技工业社会投资领域指导目录(放开类2010年版)	公开社会投资参与的国防科技工业固定资产投资项目目录
科工财审计〔2009〕1412号	非国有企业军工项目投资监管暂行办法	规范非国有企业军工项目投资监管
国发〔2010〕13号	国务院关于鼓励和引导民间投资健康发展的若干意见	鼓励、支持和引导非公有制经济发展
国发〔2010〕37号	国务院、中央军委关于建立和完善军民结合、寓军于民武器装备科研生产体系的若干意见	国防科技工业走军民融合发展道路

第2章 我国军民一体化发展的历史与现状

续表

文件号	文件名称	主要目的
科工计〔2012〕733号	国防科工局、总装备部关于鼓励和引导民间资本进入国防科技工业领域的实施意见	鼓励和引导民间资本进入国防科技工业领域
装计〔2014〕809号	关于加快吸纳优势民营企业进入武器装备科研生产和维修领域的措施意见	提升武器装备科研生产能力,提高武器装备建设质量效益,确保国家秘密安全发挥了重要作用
科工计〔2015〕1227号	国防科工局、财政部关于推动军工重大试验设施和大型科研仪器向社会开放的通知	充分发挥军工科技资源优势服务国家科技进步和经济发展
科工计〔2016〕35号	国防科工局关于非国有企业申报军工固定资产投资项目有关事项的通知	鼓励和引导非国有企业积极参与国防建设,促进军工科研生产良性竞争
国科发资〔2017〕85号	科技部、中央军委科学技术委员会关于印发《"十三五"科技军民融合发展专项规划》的通知	助力经济建设和国防建设
国办发〔2017〕91号	国务院办公厅关于推动国防科技工业军民融合深度发展的意见	推动国防科技工业军民融合深度发展

资料来源:①黄朝峰.战略性新兴产业军民融合式发展研究[M].北京:国防工业出版社,2014:41-42。
②中国工业和信息化部、科技部、国防部和国家发展改革委员会网站资料整理。

2017年是军民融合从浅度到深度融合的过渡期,国家正逐步推进军民一体化产业发展。顶层设计已经搭建,细化文件和地方文件将持续催化。2016年3月国防科工局《2016年国防科工局军民融合专项行动计划》发布,专项行动包括强化规划引领,推进政策落实;优化军工结构,深化"民参军";推动协同创新,加强资源统筹;发展融合产业,服务稳增长调结构共4大类32项具体措施。2016年7月军民融合顶层文件《关于经济建设和国防建设融合发展的意见》印发,确定了军民融合的目标和基本原则。2017年6月20日,中央军民融合发展委员会第一次全体会议召开,两日后国家国防科工局发布《2017年国防科工局军民融合专项行动计划》,明确了6个方面30项年度工作任务,军民融合战略进入细化落实阶段。近年来重要的军民融合政策事件见表2-2。

表2-2 近年来重要的军民融合政策事件

时间	政策事件
2015年3月12日	习近平主席在出席解放军代表团全体会议时强调深入实施军民融合发展战略努力开创强军兴军新局面,他强调要把军民融合发展上升为国家战略,并从意识、政策及执行角度做出五点要求

"一带一路"中基于知识融合平台的军民一体化产业发展研究

续表

时间	政策事件
2015年10月2日	十八届五中全会审议通过《中共中央关于制定国民经济和社会发展第十三个五年规划的建议》,把军民融合战略落到规划之中、变成路线图,具有重大的战略意义和时代意义
2016年3月5日	《国民经济和社会发展第十三个五年规划纲要(草案)》提出,坚持发展和安全兼顾、富国和强军统一,实施军民融合发展战略,形成全要素、多领域、高效益的军民深度融合发展格局,全面推进国防和军队现代化
2016年3月23日	国防科工局《2016年国防科工局军民融合专项行动计划》发布,确定了32个军民融合发展方向
2016年3月25日	中央政治局通过了《关于经济建设和国防建设融合发展的意见》。会议指出,把军民融合发展上升为国家战略,是党中央从国家安全和发展战略全局出发作出的重大决策,是在全面建成小康社会进程中实现富国和强军相统一的必由之路。该意见自2016年3月25日起实施
2016年7月21日	中共中央、国务院、中央军委印发《关于经济建设和国防建设融合发展的意见》
2016年10月19日	习近平在参观第二届军民融合发展高技术成果展时强调继续把军民融合发展这篇大文章做实
2016年11月18日	军民融合局成立,其主要职责是与国家发改委等有关部委联合办公,按照中共中央、国务院、中央军委印发的《关于经济建设和国防建设融合发展的意见》,认真履行职责,主动作为,促进军民深度融合发展,使经济建设为国防建设提供更加雄厚的物质基础,国防建设为经济建设提供更加坚强的安全保障
2017年1月22日	中央政治局召开会议,决定设立中央军民融合发展委员会,由习近平任主任。中央军民融合发展委员会是中央层面军民融合发展重大问题的决策和议事协调机构,统一领导军民融合深度发展,向中央政治局、中央政治局常务委员会负责
2017年2月24日	中央军委装备发展部深入研究拟制了《推进装备领域军民融合深度发展的思路举措》,制定12条举措45项任务推进军民融合深度发展
2017年3月12日	习近平出席十二届全国人大五次会议解放军代表团全体会议并发表重要讲话,强调要加快建立军民融合创新体系,为我军建设提供强大科技支撑
2017年3月30日	《全面推进国防工业军民融合指导意见》将进入发布阶段。该意见是军民融合的整体性政策文件,将在军转民、民参军、军民资源共享和扩大军工开放等方面提出具体举措。此前,有关部门明确提出,扩大军工集团外部配套率和民口配套率,深入推进装备竞争性采购
2017年4月6日	《军事计量军民融合技术规范目录》是军事计量领域贯彻军民融合发展战略的实际行动,是推进技术规范体系建设"三步走"路线的第二步工作
2017年6月20日	中央军民融合发展委员会第一次全体会议召开,审议通过了《中央军民融合发展委员会工作规则》《中央军民融合发展委员会办公室工作规则》《中央军民融合发展委员会近期工作要点》和《省(区、市)军民融合发展领导机构和工作机构设置的意见》。习近平在会议上强调,要"加快形成全要素、多领域、高效益军民融合深度发展格局,逐步构建军民一体化的国家战略体系和能力"

续表

时间	政策事件
2017年6月22日	国家国防科工局发布《2017年国防科工局军民融合专项行动计划》,明确了6个方面和30项年度工作任务,包括"民参军"、军工资产证券化、军企混改等
2017年10月1日	中央军委装备发展部公布,自10月1日起,全面试行装备承制单位资格审查和武器装备质量管理体系认证"两证合一"改革

资料来源:新华社,中国军民融合网。

2.3.3 发展实践日益深入

产业园区经济发展模式是各国经济发展过程中出现的普遍经济现象,对区域经济发展和特定产业的培育有着重要的推动作用[①]。军民融合产业基地是具有我国特色的军民融合式发展途径之一,我国军民一体化产业发展一开始就形成了以特定产业园区为依托的发展模式。自2009年起,工业和信息化部依托国家新型工业化产业示范基地创建工作,积极开展国家级军民融合产业基地的培育和认定,推动军民一体化产业集聚化、规模化发展。截至2019年3月,已在陕西、四川、湖南、贵阳、湖北等地,分8批认定和挂牌了36个国家级军民融合产业基地,使得基地布局更为合理,示范带动效应更加明显,见表2-3。经过10年建设,这些基地都已经呈现出军品为本、民品兴业的良好发展态势,有力地促进了军工经济与区域经济的融合发展。

表2-3 目前国家批准的军民融合产业基地

批次	园区名称	涉及的军民融合产业	产值/亿元
第一批	陕西西安市	航天主导产业、太阳能光伏和半导体	474.9*
第二批	内蒙古包头青山区	高端装备制造、新材料、新能源、新技术	789
	四川广元	新材料、新能源、生物制药	789.8*
	四川绵阳科技城	物联网、非动力核技术应用、节能环保	3060*
	湖南株洲	航空、电子	567.6*
	湖北孝感经济开发区	光电子信息、汽车及零部件制造、先进设备制造	198
	湖北襄阳樊城区	高端装备制造、生物医药	365.9
	贵阳经济技术开发区	航天航空	627*

① 黄朝峰. 战略性新兴产业军民融合式发展研究[M]. 北京:国防工业出版社,2014.

续表

批次	园区名称	涉及的军民融合产业	产值/亿元
第三批	北京大兴区	航空航天、新材料、新能源、高端装备制造	112
	河北邯郸经济开发区	高端装备制造产业、新材料	334.2
	哈尔滨经济技术开发区	高端装备制造产业、新能源	2903
	兰州经济技术开发区	高端装备制造产业、新材料、核产业	495.6
	上海闵行区	航天科技产业	249.96
	宁波鄞州区	装备制造、电子信息、新材料、新能源	1 052
	安徽芜湖高新技术产业开发区	电子信息产业、船舶修理制造	567
	江西景德镇	飞机制造业	440
	湖南平江工业园区	先进装备制造、新材料、电子科技产业	664
	昆明经济技术开发区	高端装备制造	567.05
第四批	辽宁铁岭经济开发区	高端装备制造	501.7
	湖南湘潭雨湖区	先进装备制造产业、汽车产业、电子信息产业	193*
	重庆璧山工业园	特种车辆、汽摩零部件业	1 355
	河南洛阳涧西区	高端装备制造、现代服务业	842
	陕西汉中航空产业园	航空产业	317
第五批	遵义经济技术开发区	装备制造业、战略性新兴产业	242.2
	江苏丹阳	航空航天产业	466
第六批	西安兵器工业科技产业基地	现代装备制造、光电信息、新材料、新能源	236
第七批	山西长治市城南工业园区	装备制造产业	121
	河北固安新兴产业示范区	航天科技应用产业、电子信息产业、高端装备制造	167
	大连登沙河产业区	金属材料、通用航空	201
	重庆两江新区工业开发区	电子信息、工程机械及装备制造、仪器仪表、生物制药、汽车、金融业、现代物流服务业	1 075
	广东湛江高新技术产业开发区	船舶修造、新材料、海洋生物医药、高端装备制造	387
	福建宁德	船舶及海洋维权装备产业、冶金新材料产业、电机电器及储能产业	246
第八批	安徽蚌埠禹会区	电子器件、专用仪器仪表、高端装备制造、新材、现代服务业	450*
	福建龙岩(机械制造)	运输机械、工程机械、环境科技、新材料、新一代信息技术	265*
	四川泸州长江经济开发区	精细化工、高端装备制造、生物医药、北斗导航	242.1*
	湖北宜昌高新技术产业开发区	海洋工程、民用航空航天、电子信息、生物医药	162.5*

资源来源:根据工信部军民结合推进司网站和国家军民融合公共服务平台网站最新资料整理,其中标记"*"者为2016年数据,其余为2014年数据。

第 2 章 我国军民一体化发展的历史与现状

这些军民融合产业基地都是依托当地的军用技术优势以及配套相关的优惠政策发展起来的,在促进民用技术与军用技术相结合,推动军民产业一体化发展方面发挥着重要作用。

另外,我国国防工业由四大支柱支撑,即国有军工集团、地方国有军工企业、军工高校和民营军工企业,结构上已经进入四大支柱同时出力的阶段。其中民营军工企业扮演了十分重要的角色。从准入门槛来看,通过查询国家国防科技工业局公开信息得知,截至 2016 年 3 月,我国已有 1 000 多家民营企业获得武器装备科研生产许可证,比"十一五"末期增加 127%;《中国军民融合发展报告 2016》显示获得武器装备科研生产许可证的民口单位已达总数的 2/3。目前取得武器装备科研生产许可证和总装承制单位资格的企业总数超过 3 000 家,涉及军工行业的企业更是达到 4 000 家以上,军民一体化产业发展实践成果颇丰。

从全国军品产值来看,预计 2017 年我国军工产业产值将达到 8 536 亿元,近五年(2017—2021)年均复合增长率约为 22.70%,2021 年我国军工产业产值将达到 19 347.85 亿元(见图 2-1)。

图 2-1　2017—2021 年我国军工产业产值

数据来源:公开信息(截至 2017 年 9 月)

在中国,军工集团的民品收入已经超过了军品。早在 2006 年中国军工系统民品收入就占到军民品总收入的 65% 左右,军工集团的民品收入的复合增长率为 20% 左右。在产业政策支持下,军民产业一体化将加速,可为优势民营企业带来更多机会。另外,事业单位改制的进行使得军工重组涉入深水,将为优势民营企业进入国防科技工业体系扫清障碍,军民结合产业将以每年超过 20% 的增速高速发展。以中国航天领域发展情况为例,截至 2017 年 6 月已有 2 000 多项技术转为民用[①]。

---

① 鼎兴量子. 2017 年中国军民融合白皮书[R]. 投中研究院,2017(9):30-31.

2.4 我国军民一体化发展中存在的问题

现阶段我国军民一体化发展虽然取得了一定的成就,但仍然存在着制约军民一体化发展的思想观念问题、政策性问题、经营壁垒和经营风险问题等。

2.4.1 思想观念偏差带来的认识差距

长期以来,我国国防科技工业自成体系,垄断封闭,开放思想、竞争观念和包容合作意识不强。军队装备采购部门和军工集团长期固有的合作关系,以及各军工集团内部长期固有的配套协作关系,形成了较为牢固的部门利益和封闭观念。对国防部门而言,仍然存在着把国防科技工业发展和现代化体系作战能力的生成看作是国防和军队自身范围内的循环的陈旧思想,没有跳出自我建设、自我管理、自我保障的误区,不能从国家经济和社会发展的深刻变化中开辟战斗力生成的新途径,对社会经济力量尤其是非公有制经济参与国防和军队建设不信任、不放心、怕出事、怕担责等心态[①]。多数军工集团还存在保守和封闭的发展观念,担心自己的保障队伍在军民一体化中失去自我,不愿参与到实践中去。

对民营企业而言,存在个别民营企业只为借国家军民融合政策利好将军民一体化发展当作获取利益的手段,或是地方政府为了提升政绩而做的面子工程等不良现象,这样并不利于从根本上进行军民一体化的长期发展。还有多数民营企业对真正参与国防军工产业建设顾虑重重,担心研发的用于军工的民品难度大、要求高、投资多、时间长等问题,不敢进入核心领域,使得军民一体化发展空间受限。

2.4.2 法规不完善带来的政策性问题

当前,虽然相关政策制度的文件总量已经十分庞大,但不系统、不全面以及存在"漏项"的问题仍然比较突出,例如在装备科研生产修理准入政策、投资政策以及税收政策上仍存在差异化,政策制度体系不够完备。其中包括缺少顶层法律文件,已经出台的多为"办法""意见"等指导性的政策,行政色彩浓厚,数量众

---

① 国防大学国防经济研究中心. 中国军民融合发展报告 2016[M].2版.北京:国防大学出版社,2017.

多但缺乏权威性、综合性与法律效力,且可操作性不强,难以落地执行,适用范围和影响力不明显。

此外,虽相关政策制度体系涉及国民经济、社会发展、国防建设等诸多领域,但众多部门在工作运行上各自抓建设,缺乏沟通;各自出台政策制度,互不衔接,导致政策制度的制定缺乏统筹协调①。

2.4.3 "一堵墙"带来的经营高壁垒

由于体制等原因,我国军、民产业两条线之间存在着明显的间隔,称为"一堵墙"问题。从微观层面看,民用领域大量高科技企业可为国防和军事部门提供高新技术及产品,大量高技术产品明显高于军工部门现有水平;民企参军积极性空前高涨。然而,我国长期军、民两条线,间隔"一堵墙"的局面未完全打破。在军民一体化发展中,我国军、民产业存在着体制性障碍,由此衍生了结构性矛盾、经营性问题。譬如武器装备科研生产和采购管理体制仍然具有浓厚的计划经济色彩,装备科研生产管理和采购工作基本上依赖于指令性计划和行政手段,社会主义市场经济所反映的供求、竞争、价值、效益等规律没有得到充分体现,民营企业长期被限制在计划体制之外。而基础设施、科学技术、人才培养、装备科研生产与采购、国防动员、后勤保障等六大军民产业领域的管理体制是军民分立的,军地之间缺乏有效的法制化的体制连接整合,军地两大系统各自为政,"多张皮""多龙治水"现象十分突出。由于管理体制的分立,科学技术、基础建设等领域导致的重复投入与浪费更是惊人。在所有制上,十二大军工集团企业都是公有制企业,95%以上的民营企业都是私有制企业。以国防军工为代表的金融、石油、电信、铁路、电力等国家垄断行业,由于所有制限制,民营企业难以进入。正在启动的包括军工在内的垄断行业混合所有制改革,举步维艰。对国防科技工业而言,存在的问题主要是顶层统筹不够,法制建设滞后;寓军于民不够,市场开放不足;资源共享不够,效益效率不高,对国民经济发展的辐射带动作用尚未充分发挥②。

军工集团封闭垄断没有被打破。地方高校及中国科学院等民口科研单位在争取承担国防科研任务时面临着不平等的竞争,长期以来它们承担了最难的攻关工作却拿到最少的资源,教师等科研人员的积极性受到很大的影响。我国国防装备制造业如今呈现加工实力强、创新能力弱和虽大非强的特点,主要是因为自主创新能力严重不足。根据《装备制造业蓝皮书:中国装备制造业发展报告

---

① 游光荣,闫宏,赵旭.军民融合发展政策制度体系建设:现状、问题及对策[J].中国科技论坛,2017(1):150-156.

② 许达哲.走军民融合深度发展之路[J].求是,2015(13):51-53.

"一带一路"中基于知识融合平台的军民一体化产业发展研究

(2016)》一书表明,我国装备制造业创新能力对比发达国家存在较大的提升空间,创新能力指数约为德国的1/2、美国的1/4;研发密度仅为1.5%,不及美、德等发达国家的1/2;产品研发技术创新成功率偏低,一般不高于5%。行业创新能力弱直接制约装备制造业的转型和竞争力的提升。例如,加工能力弱,航空发动机难以完成极限制造,导致中国飞机"飞不高";制造能力欠缺,高铁轴承依赖进口,导致中国高铁"跑不快";研发技术薄弱,机器人关节所需减速机不能自给,导致中国机器人"站不稳"。而高等院校参与国防科研生产活动,对于攻克国防科技薄弱环节,加强国防科技原始创新,提高配套项目完成率起到了重要作用。2011年,电子科技大学和西安电子科技大学国防经费比例约占全校总经费的45%,浙江大学约占11%,工信部所属7所军工高校多在40%以上。与发达国家相比,尤其是美国,我国大学在国防科技研究方面的经费比例依旧太少。此外,科研单位分立设置壁垒严重,导致高等院校与相关单位之间的横向协同不够。以航空发动机为例,产品设计、材料、制造、工艺分别由分立的专业院所承担,设计部门靠科研费生活,工厂靠制造费生活,前端无法接近市场,市场数据无法反馈给相关利益主体,各单位利益难以协调,资源难以统筹。加之系统集成者缺失,难以高效组织"产学研用"各主体进行纵向协同[1]。

在装备研制生产过程中,军工企业参与军品市场竞争时,可以享受相应的基建技改投入及多项税收减免、信贷优惠政策,而民营企业很难享受军工企业所享有的这些优惠,因而在竞争中处于明显的不利地位。同时,大量不必要的武器装备科研生产军用标准阻碍了民营高技术及产品的进入。据统计,十大军工集团之外的民口配套率仅在10%左右。军工单位在本系统与民口单位存在同类产品竞争时,往往倾向于将配套任务留存在系统内部。各军工集团公司为追求规模和工业增加值,不但把一些本应在集团外配套的业务硬性安排在集团内部,而且还凭借其经济实力,通过资本运作把一些集团外的配套企业纳入集团之中,这在一定程度上强化了军工集团"自我封闭、自成体系"的格局。在某些领域,传统军工单位与民口单位竞争激烈,但只有军工单位和极少数的民口单位能够享受国家的军工科研保障条件建设投资,大多数承担军品研制生产任务的民口单位难以享受同等待遇。比如现行军品税收政策对军工单位和民口单位实行"双轨制",军工单位生产的军品全部享受免征增值税等税收优惠政策,民口单位生产的军品,只对11类特定产品在总装环节免征增值税[2]。工业和信息化部的调查显示,民口单位认为"民参军"的首要政策障碍是"投资不平等",其次是"税收不

---

[1] 游光荣,赵林榜.军民科技融合发展理论与实践[M].北京:国防工业出版社,2017.
[2] 兰卫国,孟庆贵,杨新改,等.我国军民融合式发展的主要问题及解决方案[C].第十五届中国科协年会国防科技工业军民融合发展论坛论文集,2013.

平等"。以上种种无一不显示我国军民分离的二元体制结构尚未完全打破,长期军、民两条线间的"一堵墙"使得军民产业一体化发展受阻。

2.4.4 政治敏感度带来的经营高风险

由于行业的特殊性,军事产品往往夹杂着政治、经济、军事影响因素,对外带有极大的政治敏感度。我国军民产业一体化的过程中,不仅是想解决内部的"一堵墙"问题,还要解决外部涉及的政治敏感度问题。国家提出"一带一路"倡议,为推动国防科技工业"走出去",深化国际市场开发和国际产能合作,落实国防科技工业军民一体化发展提供了契机。中国军民企业把握机遇,参与"一带一路"建设、实施"走出去"战略,势必面临着国内投资时可能遇到的正常的生产经营风险以及来自东道国的政治风险和挑战,还将面临着与沿线国家的法律衔接等诸多问题[①]。近年来,受困于全球金融危机,国家保护主义抬头,全球对外投资环境日趋恶化;局部冲突动荡依然存在,恐怖主义尚未偃旗息鼓;全球范围内政治风险发生的几率仍在提高。与此同时,因独特的历史原因和国家利益诉求,中国军民企业在国际合作过程中仍缺乏对目的地政治风险的敏感性,尚缺乏"走出去"的相应经验[②]。而且中国军贸公司,尤其是国有公司,比中国生产火箭、制造歼-20 隐形战机的公司还很神秘,几乎处于"绝对保密"的状态。过度保密给他们提供了不必要的保护,成了信息公开的死角,加之带有政治上的特权,经常是西方舆论炒作的对象[③],使之容易站在国际政治的风口浪尖上,大大增加了公司的经营风险。

此外,我国军民产业在技术、产品等国家行业认证标准上不一致,而国家标准又与国际标准有差别,并且目前中国标准与有关国家还未实现互认。在此情况下,我国军民一体化产业的国际发展必然受到影响,未能很好地与丝绸之路经济带上个别军工科研院所密集、科技实力雄厚的国家合作来弥补我国军民企业能力上存在的短板,进而严重影响着我国军民一体化发展。

---

① 侯晓莉,李斌. 融入"一带一路"实施"走出去"战略[J]. 石油工业技术监督,2016,32(11):16-21.

② 黄河. 中国企业跨国经营的政治风险:基于案例与对策的分析[J]. 国际展望,2014(3):68-87,156-157.

③ 单仁平. 中国军贸公司政治敏感性不够 过度保密显弊端[N]. 环球时报,2011-09-08.

第 3 章
我国军民一体化产业发展的必由之路

知识是知识经济与数据时代最具战略性的核心资源,知识与知识管理是产业发展的最终逻辑归宿与唯一源泉。在知识经济与创新生态系统的双重作用下,知识管理对我国军民一体化产业的成长与竞争力的提升具有重要的推动作用,是我国军民一体化产业发展的必由之路。

3.1 知识管理对我国军民一体化产业发展的战略意义

知识管理(Knowledge Management)是对依附于个体或组织的显性知识、隐性知识和实践智慧的获取、掌握、应用、融合、共享及创造等环节进行积极有效的管理活动,主要包括知识的获取、存储、融合、共享、创造,学习型组织,企业文化,信息管理以及人力资源管理等。

对发达国家企业的研究显示,知识管理是企业未来发展的趋势之一,是促进企业成为知识创造型企业的重要推动力。军民一体化产业包括国防装备制造业,而大力振兴装备制造业、促进装备制造业转型升级是"中国制造 2025""十三五"规划等国家战略的重要任务。2016 年,国家质检总局、国家标准委、工信部联合发布《装备制造业标准化和质量提升规划》,该规划成为加强装备制造产品质量管理、提升行业竞争力的行动纲领。为促进"中国制造"向"中国智造"迈进,以提升核心竞争力为中心的国防装备制造业战略转型势在必行。在经济新常态与大数据背景下,随着计算机与网络技术的不断发展,军民一体化产业发展的实质是通过互联网与制造业深度融合,从传统信息式发展转向智能式发展,从重视传统信息、重视数据转向重视知识。在转型过程中,有效的知识管理可促进原始基础数据尽可能及时、真实、准确地转化为实现目标所必需的智慧。因此,知识管理在增加组织竞争优势、提升产业竞争力,进而促进军民一体化产业发展上具有重要的战略意义。

3.2 军民一体化产业发展中实施知识管理的现状及存在的问题

对知识资产的开发、利用和管理是促进军民一体化产业发展的重要任务。当前,我国国防科技工业面临着全面深化改革大力推进、军民融合发展加速实施以及国际军事能力竞争日趋激烈的新态势,面向未来,军民一体化产业必须强化知识管理,重视知识价值,持续推进管理创新、技术创新、产品创新、市场创新,为实现国防建设与经济建设融合发展贡献智慧和力量。

3.2.1 军民一体化产业发展中实施知识管理的现状

(1) 军民产业传统领域的知识管理渐次展开

知识管理的战略目标是探索建立集技术、人才、管理、文化于一体的知识管理体系,通过知识的获取、传播、共享、使用和创新,进一步提升军民产业的可持续发展能力。因此,在交通基础设施、空间基础设施、信息基础设施、测绘基础设施、气象基础设施、标准计量体系建设等传统军民产业领域上,相关部门充分考虑和贯彻落实军地需求,逐渐向民口企事业和科研院校开放,并与之进行研究合作。个别军工研究院还构建了集创意、专利、标准、成果等各类军用与民用知识资源为一体的知识管理系统,发布了一系列有关知识管理规定的企业标准及文件,形成了覆盖军民领域的专业、型号、产品、人员维度的知识库体系。例如,中国运载火箭技术研究院发布了《中国运载火箭技术研究院知识管理规定》文件;国家测绘地理信息局与解放军信息工程大学签署《战略合作协议》,共同推动建立测绘地理信息军民通用国家标准体系;海军与清华大学联合建立"海军高新科技人才培养基地",为海军培养高科技知识型人才。

(2) 军民科技基础设施资源和人才逐步共享

在以往的研究中,军工科研院所与民口科研机构形成了大量以研究成果报告、方案部署设计、论文专利、勘探开发数据库为主的显性知识资产,积累了图

"一带一路"中基于知识融合平台的军民一体化产业发展研究

书、期刊和数据库等许多外部知识资产,同时在专业技术人才头脑中存储着丰富的技术思路、技术方法和经验诀窍等隐性知识资产。为使这些宝贵的科技知识资源能被有效地开发和利用,国家在实际工作中进行了知识管理的探索。例如,为推动军工科技资源向社会开放以及与民口科技资源的互通,国家有关部门先后出台了《关于国家重大科研基础设施和大型科研仪器向社会开放的意见》《关于加快构建大众创业万众创新支撑平台的指导意见》《关于大力推进大众创业万众创新若干政策措施的意见》等文件。针对具体支持领域,提出了一系列促进基础设施设备和大型科研仪器等科技平台军民互用的措施意见,推动军民科技基础要素融合,提高科研资源配置效率。人是创造、掌握、学习和传承知识的主体,知识管理促进科技人员成长成才,因此在《关于推动国防科技工业军民融合深度发展的意见》文件里,国家除了提出推动科技创新基地和设备设施等资源双向开发共享,还强调要加强国防科技工业人才队伍建设,具体涉及的内容如图3-1所示。

图3-1 军民共享的科技基础资源、设施和人才

资料来源:军民融合资讯平台

第3章 我国军民一体化产业发展的必由之路

(3) 军民共性技术研发投入的占比不断提升

研发投入是影响一个国家科技创新的重要动力,具体包括基础研究、应用研究、试验发展三个方面。其中,基础研究是为了揭示客观事物的本质、运动规律,获得新发展、新学说而进行的实验性或理论性研究,是最基本的知识积累与创新。应用研究是为了确定基础研究成果可能的用途,或是为达到预定的目标探索应采取的新方法或新用途。试验发展则是利用从基础研究、应用研究和实际经验所获得的现有知识,为生产新的产品、材料和装置,建立新的工艺,以及对已产生和建立的上述工作进行改进。而建立研发联盟、加强知识服务软件建设是知识管理系统中支撑活动的重要内容,知识管理有利于促进军民产业的政产学研用协同创新。例如,地方政府主动作为,联合军地科研院所、军工集团等推进军民协同创新;国防科技大学先后与湖南省长沙市、山西省吕梁市、天津市滨海新区、厦门市、中国电子信息产业集团等共建军民协同创新研究机构,共同推进军民两用的高新技术研发。

近年来,我国研发经费的占比不断提升,尤其是对知识密集型的高等院校和科研院所投入的研发经费不断增加,具体如图3-2所示。但同时也要认识到,尽管我国研发经费的占比不断提升,然而研发投入强度与美国、日本、韩国等重要的制造业大国相比,仍有着明显的距离。

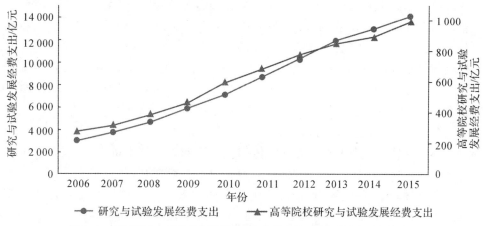

图3-2 我国研究与试验发展经费支出与高等院校研究与试验发展经费支出

数据来源:《中国科技统计年鉴2016》

"十二五"期间,我国教育部属高等院校承担了大量装备发展部、国防科工局、军工集团、科研院所等相关部门的基础研究、预先研究、重大专项、基础科研和固定资产投资等不同类型的军民融合科研任务。据不完全统计,累计承担各类军民融合类科研项目1万多项,获得科研经费支持总量超过200亿元,依托高校建设的国家重点实验室、国家工程(技术)研究中心等国家级创新平台占全国总数的近50%,高校获国家科技三大奖占全国授奖数量的60%以上,产生了一批重要的军民科研成果,直接应用于航空航天、核工业、兵器船舶、电子科技等技术领域的国防科研和武器装备生产制造任务中。

3.2.2 军民一体化产业发展中实施知识管理存在的问题

军民一体化产业是知识与技术密集型产业,其发展的实质是知识及具备知识所有属性的资源能力,在产品制造过程、活劳动与物化劳动过程对知识、智力和技术要素的依赖程度都远高于其他产业。核心关键技术是保证军民一体化产业延续发展的根基,掌握加工制造技术、生产工艺流程等技术资源的关键在于具备自主研发、设计和制造能力,即支撑竞争力的技术资源的供给保障能力。近年来,我国国防科技工业高速发展,产业国际竞争力明显增强,但总体来看仍存在发展质量不高、低端产能过剩、高端装备制造业生产能力不足、关键产业和支柱产业的技术资源过分依赖外资企业等问题,尤其是大量出口的具有国际竞争力的产品,其核心技术、关键技术50%以上仍依赖国外引进。此外,一直为产业重视的政产学研用协同创新模式由于存在一些高等院校、科研机构与军工或民用企业"独自战斗"的现象,研究、开发和应用群落彼此独立,各链条相互脱节、条块分割,没有形成专业化分工协同、有效运行环境共生的产业体系,缺乏完善的技术创新体系,政产学研用协同效应远未形成,我国科学技术成果的转化率仅维持在10%上下。以上种种加之知识本身的特性,军民一体化产业的知识管理实施存在以下4个问题。

(1)隐性知识不易传播扩散

军民一体化产业的竞争力主要依赖于核心知识与技术,以及掌握和应用核心知识与技术的人员。大部分核心知识与技术为隐性知识,且被少数高级技术员工所掌握,这种隐性知识是由长期的直接经验和技巧积累形成的,在形式上是非正式与非编码化的,难以规范与阐述,更难以交流、传播与共享。而由于个人或企业体现自身价值的需要及企业人力资源优胜劣汰的竞争环境,掌握某些有价值的隐性知识的高级技术员工大多时候不愿与人分享这类型的知识。另外,军民一体化产业需要大批知识型人员,而2017年2月教育部预测的我国装备制造业核心领域,具体包括新一代信息技术产业、航空航天装备、海洋工程与高技术船舶、先进轨道交通装备等装备制造业的人才缺口将会变大。报告显示,至2025年,新一代信息技术产业人才缺口将达950万人,高端数控机床和机器人

第 3 章 我国军民一体化产业发展的必由之路

领域人才需求缺口为 450 万人,其他装备制造业人才需求缺口都在 10 万至 50 万人。在这样的背景下,军民一体化产业面临着核心知识与技术掌握在少数人手中与高级知识型人才严重稀缺的双面夹击,隐性知识也更加难以外显化,不易传播扩散。

(2) 知识管理的效果评价困难

知识管理的过程实质就是知识评估的过程。实施知识管理即依据知识目标,对知识进行鉴别、获取、开发、融合、共享、应用与存储等,并对这一系列活动实施知识评估再反馈于目标。合理的知识评估,有利于不断优化知识目标,促进实现有效的知识管理。虽然学术界已在知识管理的评估标准、评估指标和评估方法等方面取得一定进展,初步形成知识管理评价体系,但不同产业或企业处理数据与知识的方法不尽相同,需要构建具有行业特色的评估体系[①]。

军民一体化产业的知识管理评估体系尚未建立,所以对实施知识管理获得的收益进行定量评价就得十分困难。首先,作为评估重点的隐性知识存储于员工的大脑中,隐性知识所具有的非正式、难规范的特性加之管理缺乏统一标准,导致难以衡量隐性知识,更难以定量评估知识管理的效果。其次,实施知识管理获得收益的周期较长,知识的价值能否充分体现取决于企业能否有效利用所处的环境。因此,收益的长周期性和环境的不确定性使知识管理的长期效益评价变得尤为困难。由于市场竞争激烈且残酷,没有企业愿意把市场当作实验场,实施知识管理的积极性不高。

(3) 知识管理协同效应不足

协同共生效应会影响军民一体化产业实施信息化资源整合和共性技术研发共享两大知识管理内容的成本问题。近几年,关于国防装备制造业的数据量呈指数级增长态势,增加的非规范化数据信息占比高达 85%。数据量的猛增给军民一体化产业的知识管理带来巨大工作量,并造成高额的运营维护成本。信息化是知识管理的必要条件,企业数据智能化程度提升 10%,则可相应提高 15% 的产品和服务质量。实施知识管理需要增设高级设备或引进先进系统,但政产学研用协同共生效应远未形成,距离营造具备完整的知识网络、实现资源整合、共享信息的环境的道路尚远。军民共性技术研发的不确定性、多样性、复杂性、长周期、高投入、风险大、利润低等特点,更要依靠政产学研用多主体协同创

---

① 朱建民,丁莹莹. 以知识管理新范式提升我国装备制造业竞争力研究[J]. 经济纵横,2017(6):22-27.

新①。但是,目前我国部分高等院校、科研机构和企业在知识创造与共性技术研发上仍然各自为阵,沟通不畅,欠缺知识联盟平台化意识,难以实现协同式知识管理,因此,各自均面临较高的实施成本与运行风险。

(4)忽视知识融合

大数据时代,信息量呈现出指数级增长状态,信息的更新速度、传输速度加快,信息描述格式多样化,信息内容也趋于多元化。在大数据、"互联网+"与制造业融合发展的趋势下,部分军民一体化产业的装备制造企业仍未能正确认识互联网与制造业融合发展的关系,甚至存在认识误区:一是有些企业将互联网化等同于信息化,只重视通过投资传感器、机器人等硬件设备实现企业内部管理的信息化来改善短期的局部效率,而轻视软件系统政产学研用合作共享的互联网化以提高长期的整体效率;二是企业为适应大数据和互联网思维纷纷向平台型模式发展,在转型过程中过于追求与互联网平台合作的转型速度,而懈怠与政产学研用知识联盟平台合作聚积竞争优势的转型质量;三是企业认为互联网只是一种渠道,仅仅把其当作营销推广的工具②,只关注与大数据、互联网结合的商业模式创新,而忽视知识创新、创造需要、知识融合的过程。

信息的获取、利用与增值在大数据与"互联网+"背景下需要寻求新的突破,知识服务作为信息服务的高级层次,是信息融合的高级阶段,相对于知识集成、知识聚合和知识整合等实现了知识元的深度加工。知识融合基于语义网、关联数据、本体等技术,在融合规则的指导下,实现从机器理解角度对知识信息进行加工、处理和利用。在大数据与"互联网+"环境下,知识融合对海量数据的融合加工,能够实现知识层面的知识发现与交互处理,有利于实现精确化的知识服务和知识增值等功能,提高大数据环境下知识的开发与利用效率③。换句话说,信息化大数据和"互联网+"的加入为军民一体化产业中建立基于知识生命周期的透明公平型装备制造企业提供机遇,更好地促进知识管理助力国防装备制造业竞争力战略转型。但现实中容易本末倒置,企业只看到借助于互联网或数字技术传播分享知识,却忽略了深植于现实的知识融合过程。

---

① 刘洪民,姜黎辉,王中魁.制造业共性技术研发的知识管理评价体系构建[J].科研管理,2016(S1):379-386.
② 邵安菊.互联网与制造业融合发展的几个关键问题[J].经济纵横,2017(1):74-77.
③ 王钦.下一个范式:未来,管理走向何处——"知识管理之父"野中郁次郎专访[J].清华管理评论,2017(1):56-66.

3.3 军民一体化产业发展的关键:知识融合平台

知识融合是知识管理中的一个研究领域。这一领域的融合研究涉及经济行为、组织管理、科技管理、运筹博弈、商业决策等方面,关注点集中在组织知识整合模式、企业知识整合、供应链信息整合、企业并购后数据信息融合、组织知识的积累等层面,强调组织内部显性知识与隐性知识互动这种知识融合过程对于提升组织各方面能力的作用。

3.3.1 知识融合

知识融合(Knowledge Fusion)是在知识聚合、数据集成等研究基础上提出的新概念,旨在通过对分布式数据库、知识库和数据仓库进行智能化处理,对知识进行转化、集成和融合,以获得新的知识,从而实现知识创新[1]。知识融合所涉及的领域比较广泛,包括军事、工业设计、医疗和商业等。国家对"互联网+"、"一带一路"等理念的提出表明,知识融合是时代要求,是顺应大数据社会发展的必然趋势。知识融合作为大数据环境下对知识进行收集、分析、处理的有效途径,已然成为国内外学者关注的焦点。

知识融合是知识科学和信息融合的交叉学科,目前相关领域的研究文献对于知识融合的定义尚未统一,但从知识科学本身和应用对象的角度出发基本上可以归纳为两类:

第一类定义以 KRAFT 项目的相关文献为代表[2]。该定义认为知识融合是指从众多分布式异构的网络资源搜索和抽取相关知识,并转换为统一的知识模式,从而为某一领域的问题求解构造有效的知识资源。在基于理论研究和具体算法讨论的工作中,大多数学者相对比较认同这一定义[3]。

---

[1] 郭强,关欣,曹昕莹,等. 知识融合理论研究发展与展望[J]. 中国电子科学研究院学报,2012(3):252-257.

[2] PREECE A D, HUI K Y, GRAY W A, et al. KRAFT: An agent architecture for knowledge fusion[J]. Int. Journal of Cooperative Information Systems, 2001, 10(1-2): 171-195.

[3] BLOCH I, HUNTER A. Fusion: general concepts and characteristics [J]. Int. Journal of Intelligent Systems, 2002, 16(10):1107-1134.

"一带一路"中基于知识融合平台的军民一体化产业发展研究

第二类定义强调集成过程的结果是新知识的产生,认为知识融合是一种服务,它通过对来自分布式信息源的多种信息进行转换、集成和合并等处理,产生新的集成化知识对象,同时可以对相关的信息和知识进行管理①。这种定义对应的典型系统将知识融合系统分为四个主要功能模块,即问题分析、本体管理、知识融合和知识同步②,如图 3-3 所示。本书的知识融合结合了以上两种定义,主要是将军民信息进行转换、集成和合并等处理后形成统一的知识模式,从而为军民一体化产业领域构造有效的知识资源。

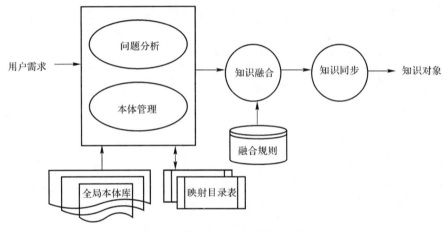

图 3-3 第二类定义对应的典型结构

在图 3-3 中,问题分析模块负责将需要求解的问题进行分析和分解,该模块中需要用到全局本体库和映射目录表;本体管理模块处理各领域本体之间的交互性操作,各领域本体间语义交互关联关系通过由该模块维护的映射目录表来表现;知识融合是该系统的核心模块,按照融合规则集中的条目内容和待解决问题对应的本体对象,将众多分布式异构信息融合为新的集成化知识对象;知识同步模块会在知识源出现知识融合引起的知识元素变化时,对用户服务端的相应知识元素进行同步更新以保证用户端知识对象的一致性。

从军事应用的领域出发,知识融合可以归类为军民信息融合中高层融合的

---

① XIE Nengfu, CAO Cungen, GUO Hongyu. A knowledge fusion model for web information [C]. Proc. of 2005 IEEE/WIC/ACM Int. Conf. on Wed Intelligent, 2005.

② LANGSETH H, NIELSEN T D. Fusion of domain knowledge with data for structural learning in object oriented domains [J]. Journal of Machine Learning Research, 2004, 4(3): 339-368.

第3章 我国军民一体化产业发展的必由之路

范畴[①],作为解决态势评估及决策系统问题有效的技术方法。根据美国 JDL (Joint Directors Laboratories)提出的信息融合四级模型[②],知识融合主要属于三级、四级高层信息融合的一个范畴,知识融合处理的对象不局限于传感器获取的数据、信息,还可拓展到方法、经验甚至思想等,实现分布式知识库环境中知识系统的知识重用、知识共享、交互、集成和协同工作,特别对研究基于知识内涵的隐性知识到显性知识的转变等方面具有相当重要的意义。信息融合与知识融合关系如图 3-4 所示。

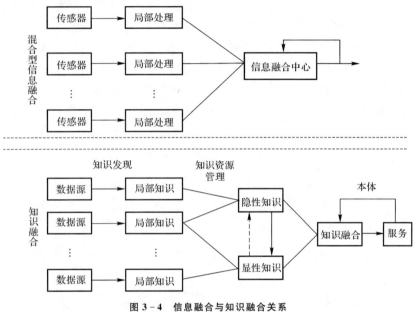

图 3-4 信息融合与知识融合关系

美国 20 世纪初就在"军民一体化"规划中指出军民信息一体化的军民协同模式,而后大力推进以信息技术为核心的新军事变革,在信息融合方面不断加大投入[③]。日本也在"以民掩军"的战略中加强了军民信息融合体系建设[④]。我国在 20 世纪末制定的"十五计划指导思想"中就提出以信息化带动工业化,形成国

---

① 祝振媛,李广建."数据—信息—知识"整体视角下的知识融合初探:数据融合、信息融合、知识融合的关联与比较[J].情报理论与实践,2017,40(2):12-18.
② 何友,王国宏,关欣,等.信息融合理论及应用[M].北京:电子工业出版社,2010.
③ 赵澄谋,姬鹏宏,刘洁,等.世界典型国家推进军民融合的主要做法分析[J].科学学与科学技术管理,2005(10):26-31.
④ 王宝坤.国外国防工业军民融合的主要做法[J].国防科技工业,2007(12):70-73.

"一带一路"中基于知识融合平台的军民一体化产业发展研究

防科技工业和非国防科技工业"两化融合"式发展新局面①。军民信息融合发展是"两化"融合的新形态。我国学者丁德科(2011)②、王亚玲(2012)③等也将军民信息融合放在军民科技融合创新体系的研究框架下进行了研究;赵越(2011)等将信息资源配置作为军民融合发展的抓手,指出军民融合需要优化信息资源配置④;张建军提出要打造军民融合的信息基础平台,努力实现军队、人防、武警、公安、交通、国防科技、民用科技及工业基础等多源一体化信息系统的有机融合⑤,更多的是从信息融合技术发展的视角对军民信息融合进行研究的。

近年来美国军方已不局限于军民信息融合领域的研究,反而在知识融合领域的研究发展很快,因为知识融合不仅建立在信息融合的基础之上,还得益于在多 Agent 系统、信息集成和语义网等领域的快速发展。美国军方认为知识融合能够更好更快实时地融合和处理大量的来自民用和军事资源的信息来辅助人们知识创造的过程,促进军民产业的一体化发展。其中,知识融合的技术包含了数据融合、信息集成、本体及语义网、先进的决策表示及逻辑推理、多知识代理,如图 3-5 所示。

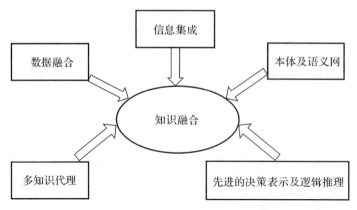

图 3-5 军用领域知识融合的技术结构

---

① 吴靖. 信息化与工业化融合研究综述[J]. 情报杂志,2011(6):78-81.
② 丁德科. 政府推动:加快军民融合产业基地建设的有效路径[J]. 国防科技工业,2011(3):30-33.
③ 王亚玲. 军民科技融合发展的制约因素及对策研究[J]. 西安交通大学学报,2012(7):57-62.
④ 赵越. 以信息资源配置为抓手促进军民融合发展的若干问题研究[J]. 中国军转民,2011(8):14-21.
⑤ 张建军. 打造军民融合的信息基础平台[N]. 中国国防报,2012-09-24(3).

第3章 我国军民一体化产业发展的必由之路

美国军方在知识融合方面的资助研究项目逐渐增多,其中比较有代表性的是 KFEWMS(Knowledge Fusion to Enable Warrior-Machine Symbiosis)[①]和 ARPIKSE(ARPA Planning Initiative Knowledge Sharing Effect)[②]。由于涉及军方,KFEWMS 的公开资料极为有限,它的主要研究内容完全以知识融合为核心,包括构建分布式知识融合体系结构和对象化知识的共享与集成。ARPIKSE 通过对分布式异构知识库的结构化再组织,为军方的各类行动给出基于知识的辅助决策信息。ARPIKSE 虽然也是军方项目,但是它包括很多高校和科研机构承担的独立子项目,所以公开的技术资料相对较多。这些子项目中有些本身就是围绕知识的共享集成和知识融合进行的,例如 KQML/KRSL(Knowledge Query and Manipulation Language/Knowledge Representation Specification Language)和 CoBase(Cooperative Distributed Database Systems)[③],前者的研究成果目前已经成为知识科学领域最常用的工具语言之一,而后者通过将知识集成或融合过程中的各层次功能模块化来提高系统的工作效率,侧重于知识库的组织和知识共享。

我国在知识共享、知识融合方面较有影响的研究项目以中国国家知识基础设施工程(China National Knowledge Infrastructure,CNKI)为代表,由中国科学院主要承担。该项目旨在建立一个庞大的可共享知识群体,为科研、教学和知识服务提供有效的基础[④]。它不仅集成了各个学科的公共知识,而且还融入了各学科专家的个人知识。该项目的知识获取采用了专业知识常识化的方法,在一定程度上保证了知识的正确性并提高了知识库的可用性。在本体处理部分,CNKI 采用半自动化的方法,即首先对专业知识进行人工形式化处理,再利用系统相关功能模块进行必要的分析与整合。CNKI 项目对知识科学的很多问题开展了深入的理论研究,例如大规模知识库的一致性、完备性和结构性问题,本体的建立与维护方法,如何通过知识分析消除知识库中的语义冲突,如何使用本体来描述知识之间的联系等。CNKI 的主要负责人曹存根等在近阶段的研究文献

---

① Homepage of the 2005 Knowledge Fusion Research Workshop [EB/OL]. [2015-11-01]. http://www.Kimcoe.org/lev2_05_01.html.

② Homepage of the KSE Project [EB/OL]. [2015-11-01]. http://www.csd.abdn.ac.uk/research/kraft.html.

③ Homepage of the CoBase Project [EB/OL]. [2015-11-01]. http://cobase-www.cs.ucla.edu/.

④ 陆汝钤. 知识科学与计算科学[M]. 北京:清华大学出版社,2003.

中也开始逐渐明确了知识融合的概念并将其作为独立的研究领域开展了一些工作①。CNKI的研究成果对知识融合等分支学科的研究具有很强的指导意义,本书在后面章节中也有一些思路借鉴了CNKI项目的做法。

3.3.2 知识融合平台

知识融合平台(Knowledge Fusion Platform)是在知识融合的基础上搭建一个平台,实现军民产业不同知识系统资源间的共享和协同,进而实现军民产业在人员、技术、产品和服务保障上的一体化发展。该平台包括信息融合、知识融合、人员融合、技术融合、需求融合、产业融合和服务保障融合等内容,平台还拥有自己的组织架构、运行机制以及实现路径。军民一体化产业涉及的范围较广,平战无缝过度的时空转换需求,都要求要有权威、深入价值链并收集掌握核心需求的军民一体化产业知识融合平台提供公共服务。战时,能通过该平台进行国防科技动员,集中全体军民优势力量,为部队提供科技装备和技术支持;平时,能生产适销对路的产品,为国家经济建设贡献力量②。

知识融合平台在各个领域的应用是近年来学术界的研究内容,但大部分停留在模型和框架的构建阶段,距离实用化还有一定距离,而产业界对于知识融合平台的应用就相对具有实践性。日本科学家统计发现,90%以上的民用技术来自于军事技术,军民技术的创新源头来自于同一知识。因此,在我国军民深度融合发展的背景下,将知识融合平台运用到军民一体化产业中,努力通过平台促使民用技术及其工业基础的工艺、人力、装备和材料与军用技术及其工业基础融合在一起,促进军民两用装备制造产业集群发展。在这样的军民一体化产业下,共同的知识、信息、技术、人力、材料、工艺和装备等可同时满足军用和民用两种需要,进一步推进军民融合发展,为我国军民融合战略做出更好的支撑。

---

① XIE Nengfu, CAO Cungen, GUO Hongyu. A knowledge fusion model for web information [C]. Proc. of 2005 IEEE/WIC/ACM Int. Conf. on Web Intelligence,2005.
② 谢康,肖静华,周先波,等. 中国工业化与信息化融合质量:理论与实证[J]. 经济研究,2012(1):4-16.

第 4 章
世界主要国家军民一体化发展的经验与启示

目前,国外尤其是发达国家,在军民一体化发展中取得了很多成功经验。虽然因国情不同,不同国家在处理"军""民"关系上所采取的措施有很大差别,但这些国家推进军民一体化建设的一些规律性经验,仍值得我们学习借鉴。由于已有大量文献论述了世界主要国家军民一体化发展的经验,因此本书一方面以少量笔墨介绍世界主要国家早年的军民一体化发展经验,另一方面则重点阐述近几年来这些主要国家采取的成功措施,以便更好地在当前国际形势下为我国军民一体化发展提供参考与启示。

4.1 美国军民一体化发展优势明显

美国有着良好的军民一体化传统,其商业公司长期参与军品生产,军民一体化发展较为成熟。美国比较完备的政策体系、军民技术转移机制、军品采购制度等在推动军民一体化发展方面值得我国借鉴。

4.1.1 军民技术融合维持国防优势技术能力

技术融合,特别是高新技术融合,是美国军民一体化发展的重要基础。在一些比较难分辨军民技术的产业领域,如计算机、通信与互联网产业、新能源产业、生物医学产业等,军民技术融合现象已普遍存在。为推动技术融合,美国从国家层面进行了精心的制度设计和政策指引。

从 20 世纪 90 年代开始,美国国防部和国会先后发布了十多份政策文件,多次提到要"注重技术的两用性",历届美国政府也都非常重视对两用技术的开发与应用。国防科技两用战略引导军民技术融合过程,推动了军用技术的市场化和民用技术的军事应用。1994 年,美国国防部部长佩里发布《规范与标准:办事的新方法》,要求国防部所有项目在可能的情况下都用民用标准取代军用标准[1]。这样一来,便提高了军民产品的通用化水平,为军民技术融合消除壁垒。与此对应的,美国还要求在武器装备采办过程中采取必要的商业惯例、规范和标准,对能进行商业采购的尽量从市场采购。此外,美国还鼓励基础研究,为将来国防科研夯实技术基础,实现技术创新。

为了实现军民技术转移,美军专门建立了国防部集中统管、军种分散实施、技术机构提供支撑的三级技术转移组织管理体系。其国防部国防研究与工程署下设技术转移办公室,负责国防部的技术转移工作,以及与能源部和商务部等部门协调,从最切合实际的角度出发,实现先进军民技术的相互转移,以提高整个国家的科技创新能力;国防部的业务部门和军种部一级均设有技术应用办公室,负责本部门和军种的技术转移工作;在国防部所属实验室和技术机构中均设有研究与技术应用办公室,负责本单位的技术转移工作。还有其他一些机构(如联邦实验室联盟等)也成立了类似机构从事技术转移工作。此外,美国国防部1994 年设立了国防技术转移工作组(DTTWG),用于协调军种之间的技术转移活动,并参与由商务部主持的跨部局技术转移工作组(IAWG/TT)。

2014—2016 年,美国延续了对军民两用基础和前沿技术研究,更加强调利用社会资源维持国防优势技术能力的重要性。例如,美国国防部公布了新的采办改革指南,发布"更佳购买力 3.0"草案[2],改进国防工业采购工作,激励工业界创新,以支持国防创新。美国深刻认识到商业领域技术快速发展对国防军工发展所带来的影响,积极鼓励对商业技术的军事应用开发。例如,美国从国家层面发布了先进复合材料、纳米技术、先进制造技术与产业发展规划。以上种种,都是美国为军民技术融合发展寻求长足动力的举措。

4.1.2 国家创新机构引领国家科研发展

20 世纪 90 年代以来,美国建立了数十家国家实验室,如林肯国家实验室

---

[1] 黄薇. 美国国防科技工业的两次重大调整及其启示[J]. 军事经济研究,2008(2):72-75.

[2] KENDALL F. New Draft Guidelines for Acquisition Reform (White Paper)[R/OL][2015-09-19]. http://www.defensenews.com.

第4章 世界主要国家军民一体化发展的经验与启示

(LNL)、布鲁克海文国家实验室(BNL)、劳伦斯·伯克利国家实验室(LBNL)、美国橡树岭国家实验室(ORNL)等对推动国家科研发展起了重要推动作用。近年来,美国继续推动国家创新机构建设,机构组建模式和发展途径进一步创新,显示出其强大的生命力和重要作用。截至2014年12月,美国建立和组建中的制造创新机构达到8家,包括美国国防部牵头的美国制造(国家增材制造创新机构)、数字化制造与设计创新机构、轻质与现代金属制造创新机构、集成光子学制造创新机构、柔性电子制造创新机构,以及美国能源部牵头的下一代电力电子国家制造创新机构、先进复合材料制造创新机构、智能制造创新机构,部分创新机构已实施多个技术应用研发项目[①]。美国国防企业还加强跨区域产研机构建设,并进一步开展业务调整。例如,美国波音公司、洛克希德·马丁公司继续加强跨区域、跨国技术创新机构建设。2015年,美国国防部部长阿什顿·卡特频频造访硅谷,先后在硅谷和波士顿设立国防创新试点单元,旨在将新创意、新技术和新产品快速引入军事应用。

从2012年开始到2017年1月,美国共建立了14个创新研究院。正是为了最大限度地促进基础研发技术向商业化应用技术的转化,美国推出了国家制造创新战略计划,围绕着科技成果转化,形成了遍布美国的"制造业+创新"的国家制造创新网络(National Networking of Manufacturing Innovation,NNMI),旨在保持美国先进制造的竞争力。在运作机制上,NNMI主要采取PPP模式,即政府、学术界、工业界三方合作,共同出资出力,共同致力于解决NNMI的目标问题,共同分享成果。作为一个国家级制造业创新项目,NNMI重点体现了它的两个创新层次的网络结构。第一层是创新研究院(Innovation Manufacturing Institute,IMI)。IMI是按PPP方式由政府、学术界、企业界合作,共同投资建设的致力于开发世界级先进技术和能力的实体,每个IMI必须有其突破性技术领域及其第一流的中心设施,允许参与方在此基础上进行相关技术领域的预备竞争力研发。对于每个IMI,政府给予的资助,额度一般在7 000万到1.2亿美元之间,时间跨度是5~7年,民间资金和政府资金的比例一般为1∶1。不同领域的资金配比会有所不同。创新研究院的自主资金来源可以多样化,例如会员费、付费服务、合同、预研生产、研究资助、知识产权转让和捐赠等。波音公司、洛克希德·马丁公司、通用电气公司几乎加入了所有已成立机构,并且缴纳高额会费成为高级会员。这些巨头公司对技术转化的垂青不言而喻。而分级会员制,则是每个制造创新机构运行的基础,创新研究院还制定了非常详尽的知识产权产

---

① 安孟长. 2014—2015年军民两用技术年度发展分析[J]. 军民两用技术与产品,2016(9):42-47.

生规则和使用规则,这样就在一开始把知识产权的边界圈定清晰。第二层是NNMI网络,该网络由各IMI及其下属子网络组成。通过各个地域化的IMI的作用相互连接,从而在整体上增强美国制造业的全球竞争力。美国制造业创新特别强调"创新技术的商业转化力",这是它的核心所在。制造业创新网络所要解决的问题在于"商业化的转变能力",重点是商业转化,而不是技术创新。正因如此,NNMI 在 2016 年 9 月被重新命名为更加鲜明的 Manufacturing USA(制造业 USA),以便更好地传播和记忆。

4.1.3 军方与高校密切合作培养国防创新人才

美国是世界上综合国力最强的国家,研究型大学的广泛参与是美国国防科技发展的重要特征之一。第二次世界大战以来,美国尤其重视发挥高校在国防科技中的创新引领作用,特别是各研究型大学被广泛纳入军工科研体系中,和工业界及军内科研单位构成美国国防科技工作的三大支柱。20 世纪 70 年代以来,随着世界科技发展的加速和国际经贸竞争的日益激烈,美国更加重视科技对经济发展的推动作用,更加重视科技成果转化为生产力的工作,强调企业应主动加强与大学等学术科研机构的合作,并在经费上对产学研合作进行的科技成果转化和技术开发项目给予更多的资助。在产学研合作的组织形式上,也先后出现了几种不同的类型。其中最有代表性的是科技工业园区模式、合作研究中心模式、科研承包与合作培养人才模式。其中,科技工业园区模式是以研究型大学为核心,以大学研究成果转化为现实生产力为基础,联合企业和科研机构在学校周围创办科技企业、开发新技术和新产品,逐渐发展成科技工业园区的方式。最成功的范例是 20 世纪 50 年代以斯坦福大学为中心创办的科技工业园——硅谷。合作研究中心模式是由企业、大学和科研院所联合建立研究中心的方式。中心一般建在有条件的大学或科研院所,由三方专业技术人员共同组成研发团队,企业提供资金,大学和科研院所提供实验设备和研究资料。企业对研究成果有优先使用权,由此申请专利形成的知识产权归三方共有。专利许可和转让收益三方共享。科研承包与合作培养人才模式是以企业需求为主,企业将成果转化和技术研发项目承包给与之合作的大学和科研机构的方式。企业不派人参加,只提供研发资金,由大学和研究机构完成项目研发,研发成果归企业所有,企业研发新产品并进行市场转化。①

---

① 李晓慧,贺德方. 美、日、德产学研合作模式及启示[J]. 科技导报,2016,34(23):137-142.

美国有各类大专院校 3 000 余所,其中接受国防部资助的大学有 300 多所①。美军依靠大学及其附属研究机构完成约 70% 的基础研究项目和部分应用研究及技术开发项目,如著名的"曼哈顿计划"的工作主要是在芝加哥大学等高校的研究所进行的,超声速飞机面积律是由加州理工学院 W. 海斯博士在其博士论文中首先提出来的②。这样做的好处是,一方面可以促进这些机构的知识积累与知识扩散,是知识与技术扩散的一条很好途径;另一方面可以为国防科技创新与产业发展培养后备人才。通过完成军方的科研项目,大学及其附属研究机构培养了大量的科学家、工程技术人员,而这些人才在将来就可能进入美国国防工业部门或军方实验室,成为这些领域的科学家或工程师;他们也可能进入民事部门,成为新技术的开发者、使用者,或一个新产业的创立者、推动者、发展者。根据 2000 年以来美国自然科学基金会(NSF)的统计,在获得政府科研经费资助的前 100 名美国大学名单中,有 75 所 I 类研究型大学接受过国防部支持;2006—2013 年,美国国防高级科研基础研究经费总额上升 23%②;2014 年 2 月,美国国防部给予伊利诺伊州大学实验室 7 000 万美元的合同开展数字制造实验室的建设,足以说明美国军方长期重视与高校的合作。

4.1.4 军民协同创新抢占新科技制高点

创新引领是当今世界军民一体化发展最鲜明的特点。美国为此加强战略部署,通过军民协同创新竭力抢占新科技革命的制高点。

2015 年,阿什顿·卡特就任美国新一任国防部长,大力推动创新。为落实"第三次抵消战略",美国极力促进军事科技创新融入国际技术创新生态系统,还实施国家制造创新网络,推进更优购买力采办改革和战略能力办公室创新;借助"外脑",成立国防创新咨询委员会等。针对网络、太空、海洋等新兴领域安全威胁不断上升的态势,美国也不惜斥巨资加强在这些领域的项目投入,以便在未来军事竞争中获得优势。2016 年 2 月,美国国防部长卡特发表讲话,证实美国国防部在 2017 财年将投入 81 亿美元研究水下作战,投入 67 亿美元在网络战,投入 71 亿美元在太空站等。为了在短时间内实现快速部署,美国国防部以"战略能力办公室"为核心,不断推进民用技术的军事转化进程。新版的《美国创新战略》也提出建设"创新者国度",提倡运用许多竞赛或活动激励全民创新,激发社

---

① 李凌. 美国国防高级科学技术研究发展及其对中国的启示[J]. 生产力研究,2011(11):141-143.

② 马鸿. 美国研究型大学从事军事技术研究的历史考察[D]. 上海:复旦大学,2007.

会创新,同时支持国防创新,实现军民协同创新的局面。2017年9月26日,美国防部开启本年度第三轮"小企业创新研究"(SBIR)计划项目招标,使其2017年度发布的"小企业创新研究"项目达到600余项。这些项目涉及高分子材料、人工智能、大数据分析、3D建模技术等领域,与"第三次抵消战略"的关键技术领域高度契合。美军持续拓展SBIR计划的实施范围和规模,旨在将更多的高新技术小企业纳入国防科技创新体系,支撑美军"第三次抵消战略"顺利推进。

美国提出的"第三次抵消战略",其深层战略意图并不仅限于军事发展层面,而是创设一个战略议题,以充分调动和运用军事战略需求和管理运营的强大力量,聚力发展当今世界最具颠覆性的重大技术,从而得以在新科技革命来临之际能够继续保持其战略前沿技术的科技优势,以期提升美国国力。

4.1.5 对我国军民一体化发展的借鉴意义

首先,要以技术融合为切入点,推动建立军民技术转移机制,大力发展军民两用技术和产品。军民两用技术的融合是军民一体化建设的关键,从技术研发到产品生产整个流程中都需要技术融合做支撑。其次,军民技术需要一个研究平台,要求建立国家军民联合研究实验室、研究院等国家创新机构。政府要利用有限的资金,调动庞大复杂的社会组织,寻求多方面的参与。军方聘请企业、高校、研究所的相关专家参与项目,地方高校或企业也可以与军工产业建立人才交换和借用机制,保证军工单位和民用单位之间信息沟通的畅通性。最后,注重军民协同创新,利用民营企业旺盛的技术创新活力强化军工产业的创新机制,共享科研成果。

4.2 英国军民产业一体化管理体制改进成效突出

英国作为欧洲老牌工业国家,其制造业经历了独步一时、重组到再繁荣的历程,是欧洲工业发展历史的缩影。英国是世界上使用航天数据和技术最多的国家之一,其航空航天业研发及制造水平在欧洲乃至世界处于前列,成为英国的支柱产业。英国的航空航天产业最初主要用于军事领域。英国的军用飞机产业在两次世界大战中得到飞速发展,而战后的和平则推动了英国商用飞机产业的发展。经过100多年的发展历程,英国航空航天产业在产品设计、研制和生产方面都位居世界前列,世界上许多飞机,包括军用和民用,都安装有英国生产的发动机、机身、机翼部件以及其他机载设备。英国目前约有490家公司从事航空航天

第4章 世界主要国家军民一体化发展的经验与启示

业,直接从业人员 11.1 万人,间接从业人员 12.6 万人。主要核心企业包括劳斯莱斯、空中客车、庞巴迪、奥古斯塔韦斯特兰、Spirit Aecosystem 和 GKN 等。2014 年,英国航空业收入为 292 亿英镑,年增长 5%,其中出口 263 亿英镑。英国企业接受的 2031 年前交付的订单总值超过 4 740 亿英镑。因此,英国航空航天产业的军民一体化发展,不管是从实践还是从战略来看,相对于英国国内其他产业,其效果最为显著。本节所述的英国军民一体化发展经验,除了以英国航空航天产业领域的经验为主,还增加了近些年英国在其他军民产业的新措施,也是值得我国参考和借鉴的。

4.2.1 基础研究和技术创新加速科技成果产业化

英国十分重视基础研究和技术创新,其航空航天产业技术研发费用占总研发投入的 8%,高于法国、日本和德国等国家的技术研发费用比例。为推动技术创新,英国创新、技术与技能部于 2004 年设立技术战略委员会(TSB),通过合作研究开发及知识转让,为政府提供科技发展建议,属于独立于政府的非营利性公共服务机构,是推动技术创新、加速科技成果产业化的主要部门。2008 年 3 月,英国创新、技术与技能部发布的《创新国家》白皮书指出,政府作为早期的技术应用者要积极创造需求,使英国经济中的创新产品和服务在国防、卫生或环境等领域恢复生机[1]。

4.2.2 国防科技创新战略加快新技术的应用开发

1991 年,英国议会科学技术办公室(POST)发表《军用与民用科学技术的关系》报告,关注具有民用转换价值的军用技术,并鼓励对这些技术进行优先投资[2]。1998 年,英国颁布的《国防多种经营:充分利用国防技术》绿皮书中指出,加速国防科技成果在国民经济中的推广使用,有助于巩固国家的技术基础和制造业基础。2001 年,英国颁布的《面向 21 世纪的国防科技创新战略》,对基础研究、民用科研机构的作用、两用技术等做出新的规划。2014—2015 年,以国防需求为牵引,围绕航空航天产业的军民两用前沿技术发展,英国同美国一样也从国家层面加强了新技术机构的设立,以加快新技术的应用开发,包括支持设立国家

---

[1] 方晓波. 发达国家激励企业技术创新的政策[J]. 企业导报,2012(1):5-6.

[2] Relationships between Defense and Civil Science and Technology[R]. Parliamentary office of Science and Techaology(POST),1991.

3D打印中心、建立石墨烯应用创新中心等,为构建军民一体化国防科技创新体系提供战略思路。

4.2.3 国防工业采购工作进一步向私营领域开放

武器装备采办管理的好坏,直接影响着武器装备的发展。英国武器装备采办管理系统是当今世界武器系统政府订购制度的先进代表。1971年英国装备采购部的成立,结束了英国武器装备采办工作由三军分散管理的历史,彻底改变了装备采办三军各自为政的局面[1]。1999年英国国防部推行"精明采办"(Smart Acquisition)的思想[2],其航空航天产业在国防改革浪潮中也进行了机构精简和重组,实现一体化管理,重视军民一体化建设。成立的机构与机构之间,通过国防采购合同、高新技术研发项目保持联系。如今,为使军事采购进一步向私营领域开放,《英国国防改革法案》于2014年5月17日生效,该法案对英国国防采购制度做出了两项重大改变:一是允许政府与政府所有、承包商运营的实体(即GOCO)签署国防装备和服务采购合同;二是建立了对国防部单一供应商合同进行管理的规章制度,并赋予新机构"单一供应商管理办公室"(SSRO)监管新制度的职责[3]。该法案将为英国国防工业创造更稳定和可预测的环境。

4.2.4 政产学研合作确保国防技术的先进性

作为研发创新大国,英国通过不断完善的政产学研技术体系,积极预测和支持未来的颠覆性技术发展。民用技术方面,通过组织科学界、研究理事会和技术战略委员会等多方专家共同研讨,筛选出需要优先发展的前沿技术,进行重点资金支持。在军用技术方面,英国军事部门与工业部门、高校、科研院所建立了广泛的合作关系,充分利用各方面的智力资源,满足各类国防技术创新需求,确保国防技术的先进性。

从20世纪70年代开始,英国实行以国际合作为主的航天工业发展方针,通过国际合作促进其宇航工业的发展。进入21世纪,英国政府制定并实施了航天

---

[1] 赵澄谋.世界新军事变革与国防采办的组织创新[C].香山科学会议第288次学术讨论会论文集,2016.

[2] 王振和,赵志江.英国武器装备精明采办举措给我们的思考[J].国防技术基础,2001(4):19-21.

[3] Britain's Defense Reform Bill[R]. British Defense Industry Association,2014.

长远战略。该战略有三项核心的长期目标:一是提升英国在天文学、行星学以及环境科学方面的地位。通过空间利用,继续加深对宇宙、太阳系、地球以及生命本身的认识,增强对地球系统的了解和预测能力,巩固和加强英国在科技、工程等方面的基础能力。二是重点关注成本效益,通过太空活动在科学和经济领域力求获取最高价值。三是开发创新航天系统,利用空间科技提高居民生活质量。2007年,英国国防部《创新战略》提出,改进商务模式,利用各方力量,尤其是中小企业力量促进创新。2012年,英国发布《通过技术确保国家安全:英国防务与安全的技术、装备和保障》白皮书,提出要加强政企合作,加强联合研发,让工业界尽早知悉政府的能力需求和投资优先次序,更好地把握未来的市场机遇。

由于行业的高科技含量特殊性,英国的很多大学与世界众多跨国航空公司(如波音、劳斯莱斯、英国宇航局等)建立了合作,从而集中进行开发研究。在专业分支上,航空航天工程主要分为工业设计、复合材料、空气/流体动力学、卫星与地球物理、控制与探测等方向。这些大学及其特长专业包括南安普顿大学的空气动力学,巴斯大学的动力学、电力传输和自动化控制、工业设计等,帝国理工大学的复合材料专业,布里斯托大学的航空航天与设计,谢菲尔德大学的航空材料、结构学、军用飞机,拉夫堡大学的动力推进系统,曼彻斯特大学的航天工程,诺丁汉大学的卫星、导航,格拉斯哥大学的航空航天工程管理、航天任务分析设计。2014年,英国BAE系统公司和伦敦大学玛丽女王学院合作发展出新颖超材料平面天线,可用于无人作战飞机等军机[①]。这些研究将帮助BAE系统公司开发传感器和通信系统,并实现变换光学、新颖的纳米材料等新兴技术对国防、安全和航空航天领域的推动作用。可见,加强政产学研合作成为英国维持国防核心创新能力的重要途径和手段。

4.2.5 对我国军民一体化发展的借鉴意义

首先,不论是国防建设还是国民经济发展,都有赖于基础研究和科技创新的科研成果突破。基础研究是科技创新突破的知识源,也是构建新的价值模块,推动成本下降形成规模经济的"知识库"。其次,从国家层面做好军民产业科技创新的战略规划,不仅要建立国家级别的创新机构和研究开发基地,还要提高高校、中小企业和私营企业在国防科技中的地位,让它们参与国防科研生产的广度和深度均不断加大,这也在一定程度上激发了国防创新和大型军工企业活力。

---

① Homepage of the BAE Systems [EB/OL]. [2014-04-16]. http://www.baesystems.com/en/newsroom.

同时鼓励军工企业加强政产学研结合,充分利用社会资源发展国防技术,推动民口单位将民用高技术向军工领域转化应用。政产学研结合模式可最大程度地提升军民两用技术的开发效率和效果,使技术、市场与产业发展有效对接。最后,在服务国防建设的同时还要服务经济建设,充分利用国防资源和民用资源,实现军民产业从管理体制到产业组织形态的一体化管理。

4.3 日本国防工业管理体系和生产体系构建完备

第二次世界大战结束以来,日本军事工业力量的发展受到和平宪法的约束,没有一套独立完整的国防科研生产体系。日本没有官方军工厂,只有数量众多的从事国防研发和生产的私营企业,但这些民间企业在国防研究开发能力、技术水平、经济实力和经费投入等方面都具有强大的优势。这也是为什么日本国防预算开支仅占 GDP 的 1‰ 却还能在全球拥有名列前茅的国防科技工业实力。由于日本的军事技术广泛分布在民间企业中,其军事装备生产任务也分散到了民间企业内,以民间技术促进军用技术,以民间工作车间生产军用装备,因而有学者将日本军民一体化的特征总结为"先民后军,以民掩军"①。

4.3.1 "官、军、民"三位一体的管理体系宏观调控国防科技工业

日本的国防科技工业体系管理体制表现为"官、军、民"三位一体,以及政府系统、军队系统和民间系统共同管理国防科技工业的技术研发、需求定制以及产品生产等事务②。

日本政府系统,最高首领是内阁总理大臣,同时也是日本自卫队司令,亲自掌管国防事务,审批有关武器装备的发展方针、政策、规划以及其他重大事项,必要时还会召开安全保障会议进行审议。日本军队系统,最高军事统帅机关和军工产品的国内唯一使用者是防卫省,主要工作是通过与企业签订合同实施武器

---

① 赵澄谋,姬鹏宏,刘洁,等. 世界典型国家推进军民融合的主要做法分析[J]. 科学学与科学技术管理,2005,26(10):26-31.

② 马杰,郭朝蕾. 日本国防科技工业管理体制和运行机制[J]. 国防科技工业,2008(8):50-53.

装备发展和采购计划,并对军内的科研工作实行计划管理[①]。日本民间系统,主要是民间工业行会,是日本民间代表军工界利益的法人机构。它们对国内产业进行保护,沟通企业与政府、军方的联系,按照其与军方签订的合同实施军民两用技术开发项目[②]。

国防科技工业三位一体的管理体制,有利于从上至下推动日本军民一体化发展。在三位一体的管理体制中,政府系统的内阁制定国防科技工业方面的重大政策,军队系统中的防卫省等部门根据政策制定具体计划,民间系统的民间行会配合防卫省前面的政策和计划推动计划的实施和正常运行。这样一方面有利于政府对国防科技工业进行宏观调控和管理,另一方面有利于相关的武器装备需求被纳入整个社会经济宏观调控中,从宏观层面实现军民一体化[③]。

4.3.2 "全民军工"渗透型国防工业生产体系确保国防必需的生产能力

所谓"全民军工"的渗透性,指的是军事技术的民用化以及民品在战时的军用化。20世纪70年代初,日本认为商业技术发展将会比军事系统能够提供更加有利可图的机遇,因为商业发展周期为2~3年,军事发展周期为5~10年,商业技术比军事系统进步速度更快。因此,日本战后所有军工技术都被人为分散到民用工业中。比如三菱重工由制造战斗机改为生产新干线,制造炮瞄仪的佳能改为生产照相机,生产轰炸机的中岛飞机公司改为主要生产汽车的富士重工,等等。军民一体化程度较高的美国也是如此,比如波音公司的飞机集成技术,既能生产军用飞机也能生产商用飞机,其在竞争C-5军用运输机项目失败后,直接将技术用于生产波音747飞机[④]。

日本很多关键领域的民用技术已经优先于军用技术,建立了除核武器以外的覆盖航空、航天、兵器等装备的科研生产体系,在半导体、新材料等领域处于全球领先地位,在机械、造船等军民产业上,也具有世界一流的技术和强大的生产能力。因此,在战争需要时,日本私营企业的民用技术可转化为生产军品的潜力

---

① Homepage of the Ministry of Defense[EB/OL]. [2017-08-20]. http://www.mod.go.jp/j/profile/mod_sdf/index.html.
② 苗宏,周华. 美、俄、日国防科技工业管理体制及特点[J]. 中国军转民,2009(1):58-62.
③ 黄朝峰. 战略性新兴产业军民融合式发展研究[M]. 北京:国防工业出版社,2014.
④ 禹红霞,甘瑶. 美国大型军工企业军民融合现状分析[J]. 中国军转民,2008(7):77-80.

巨大,进一步巩固了"全民军工"的渗透性。日本防务承包商主要是私营企业,据统计,一辆坦克需要1 300家企业合作,一艘军舰需要至少2 500家的企业合作,这些企业虽然大多是中小企业,但都拥有独特的技术。

"全民军工"的国防工业生产体系有赖于政府对生产军品私营企业的扶持。日本军方的很多武器装备都在本国购买,日本宁愿花很多钱,也要确保国内武器装备发展的技术积累和保持必需的生产能力,这对促进日本军民一体化发展有积极的影响。

4.3.3 高校及科研机构合作的军事项目研究促进新技术的挖掘

20世纪90年代,日本经济泡沫的破裂,使其经济发展陷入萎缩、低迷的困境,加之亚洲新兴工业国家的不断崛起、美国出于国际竞争的考虑限制对日本的技术出口,日本的综合竞争力大幅下滑,由原来的世界前几位下降至30位,这使日本政府感到了巨大压力。为了摆脱困局,日本政府将20世纪50年代确定的"技术立国"战略修改为"技术创新立国"新战略,决心依靠自身的力量开展科学研究,逐步减少对美欧的技术依赖。为此,日本政府先后制定并实施了一系列政策法规,大力加强基础研究和应用研究,推动科技事业的发展。其中,借鉴美国的做法和经验,实行产学研合作、促进科技成果转化和技术创新成为其重要举措①。经过20多年的实践,已基本形成了具有日本特点的产学研合作模式。例如,委托研究模式,是指企业将自己的研究开发项目全部委托给与企业合作的大学和科研机构,企业不派人员参加,只提供研发资金,由大学和科研机构的科研人员组成研发团队,利用大学或科研机构的实验场所和仪器设备、研究资料等完成项目开发的方式;共同研究模式,是由企业、大学和科研机构的专业技术人员共同组成研究团队,以企业的发展需求确定共同研究的课题,或者将符合企业要求的大学和科研机构的科技成果进行转化和开发的模式;科学城和高新技术园模式,是指日本学习、效仿美国硅谷的做法和经验,不惜投入巨资在全国兴建筑波大学科学城、关西科学城、横滨高新技术园、九州高新技术园等产学研合作基地。其中以筑波大学为中心的科学城,占地约27 km²,聚集了日本49家国家试验研究机构和著名大学、250家民间研究团体,全日本约1/4的研究人员在这里

---

① 刘彦. 日本促进技术转移的制度建设[J]. 中国科技成果,2011,12(24):4-9.

工作①。科学城和高新技术园的建立,既汇聚和培养了大批新的科技人才,又引发了日本大学教育方式的转变,促进了教育、科研与生产实践的结合。科学城和高新技术园模式还产生了集群规模效应,加快了日本科技成果的转化和新技术、新产品的开发,促进了新产业的发展。日本三菱重工为加强与公共研究机构、大学及高等专科学校的联合研究,在公司内部建立了"配套研究公募制度",公开招募合作项目,促进"开放式创新",尤其注重通过扩展研发网络促进新技术的挖掘。

日本不仅在推进传统国防军工产业改革建设方面取得了一定的成就,还在建设过程中从国家层面重视各领域的前沿知识和技术的发展,在发展途径上予以创新和完善。2014年,日本防卫省计划设立研制军事技术的基金,以便在大学及其他民间研究机构发展军事科研项目。这一举措将降低国防研制开销,巩固军民合作。日本政府2015财年拨款约20亿日元,3年内将拨款提高至60亿日元。2015年,日本防卫省加强了与高校联合研发国防装备方面的合作,设立了一个新部门,致力于利用高校在基础研究方面的优势提升国防技术,并将相关技术转向民用②。

4.3.4 以军民两用技术战略为核心的国防工业战略有益于军工企业的发展

日本防卫当局认为,发展军民两用技术可以减少国家投资风险和降低武器装备成本,有益于军工企业本身的稳定发展。由于日本采用"以民掩军"模式,大多数武器装备都在民间企业完成,而民间企业大多以追求利益最大化为目标,因此,为兼顾国防工业生产能力和经济效益,日本将军民两用技术战略作为国防工业战略的核心。

日本的军民两用技术战略,可以从两个方面来理解。

一是"多研制少生产",重视军用技术的开发和研制,军品生产方面却以满足自卫队需求量为生产目标。该策略既能保证日本军事技术不断进步,又能把先进技术用于民品生产,以军用技术提升民营企业核心竞争力,从而拉动经济增长。为确保军民两用先进技术在军用领域和民用领域的应用,尽量减少制度壁

---

① 黎海波. 日本产学研合作模式、发展特点及启示[J]. 中国科技成果,2008(13):15-18.

② Japanese government to fund development in military technology[N]. TendersInfo News,2015-09-25(1).

垒,日本还在标准构建以及采办过程等方面予以保障。此外,日本还利用国防采购合同促进军民两用先进技术的发展。据统计,日本60%以上的防务产品订货为三菱重工、川崎重工、三菱电气、日本电气公司四大承包商所承担。

二是"扶持可生产军品的民营企业和科研机构"。日本政府将军品生产值占企业总生产值10%以上的企业列为重点军民企业,并从经费、管理等方面实行政策倾斜。在技术创新方面,日本政府对可生产军品的中小企业实施补贴,补贴技术开发费用和其他补助,补贴率高达2/3,补助金额可达到3 000万日元[①]。

4.3.5 对我国军民一体化发展的借鉴意义

首先,好的制度和管理体系是军民一体化顺畅、高效、规范、有序运行的重要保证。日本"官、军、民"三位一体的国防科技工业体系管理体制确保了各项军民一体化举措能够协调有效推进。其次,若要深入推进军民一体化的进程,则要尽最大可能拓展一体化范围,让国家一切资源在经济建设和国防建设中得到高效利用,使所有要素在生产力提高和战斗力提升中贡献双重力量。日本的"全民军工"渗透型国防工业生产体系,着力形成军民产业所有交集的领域、全部行业都实现深度军民一体化的发展格局。最后,将军民两用技术与产品作为实现军民一体化的重要载体,强调军民两用技术战略在整体战略中的规划,能够加快国防建设与经济建设的步伐。

4.4 俄罗斯军民两用高新技术产业发展壮大

相较于美国、英国、日本等国家,俄罗斯的军民一体化起步时间较晚。在冷战时期,苏联把军事工业放在突出的优先地位,其国防工业和民用工业基本处于"两张皮"的状态。苏联解体后,俄罗斯的经济处于崩溃边缘,国防预算急剧下降。因此,俄政府大力推行国防工业"军转民"政策,把军工转产作为维持国防工业生存发展的重要手段,通过"军转民"解决军事工业经费不足等问题。在过去20多年里,俄罗斯在促进"军转民"过程中,尽管颁布了许多相关法律政策,但效果并不明显。然而,以高新科技为主要特色的军民产业,其军民一体化发展比传统工业要顺畅得多。基于此,俄罗斯把积极促进战略性新兴产业军民一体化发

---

① 李大成,尹浩. 日本:以民掩军模式[J]. 中国民兵,2016(6):62.

展上升到国家战略高度,积极探寻战略性新兴产业发展的军民结合点,对军民一体化中的国家资源的分配、政府管理、技术产业化、商业化及投融资等方面予以进一步规范,这些经验都值得我国思考并借鉴。

4.4.1 战略性新兴产业承担"富国强军"任务

2011年10月25日,由俄罗斯经济发展部牵头制定的《俄罗斯联邦2020年前创新发展战略》(《创新俄罗斯-2020》)新版本出台。该版本与2010年12月31日完成的初版的区别在于,新版补充了"预算战略""能源战略""运输战略"等内容,以建立"全系统创新"①。战略提出,2011—2013年主要任务是提高并激励企业创新意识,从2014年起拟进行大规模的军备重装和对工业进行现代化,形成国家创新体系,提供财政激励,吸引创新领域的科学家、企业家、专业人士等人才流入,并拟对公共部门进行现代化,建立"电子政府",应用现代技术,以及将大多数公共服务转换为电子形式②。根据俄罗斯现代化战略要求,俄罗斯要在短时间内大力发展具有国际竞争力的产业,进入世界经济强国行列,同时还要壮大国防力量。"富国强军"是俄罗斯发展战略性新兴产业的初衷,其战略性新兴产业就具备军民一体化产业的特征。

首先,俄罗斯发展战略性新兴产业即出于其军事思想由防御性向进攻性转变的需要,也是应对经济发展模式由原材料依赖型向技术创新型转变的必经之路。这使得俄罗斯发展战略性新兴产业承担的"富国强军"任务一开始便具有军民一体化的特征。其次,俄罗斯战略性新兴产业的"高新技术"具有军民一体化的属性。战略性新兴产业的本质特征是高新技术特征,与之密切相关的科学、技术和人才都是"通用性质资产",本质上可以在军民两种用途中自由转移。比如纳米技术既能用于微型武器制造,也能用于医药生产,或是环境保护。

此外,俄罗斯从苏联继承的先进军工技术是其他国家无法比拟的,也是俄罗斯现有民用技术无法超越的。以航空航天技术为例,它既是俄罗斯发展军工技术的重点领域,也是战略性新兴产业之一的民用航空航天产业关键技术。俄罗斯对该产业的投资也一直都是大力扶持的。2009年俄罗斯总理普京多次表示,尽管全球经济危机给航天工业带来了困难,但政府对航天工业的投资继续保持

---

① The Strategy of Innovation Development of the Russian Federation for the Period Through to 2020[R]. The Government of Russia,2011.

② OECD Reviews of Innovation Policy:Russian Federation [R]. Paris:OECO Publishing,2011.

充足。俄罗斯联邦航天预算中经费上涨幅度最大的项目是"2006—2015年联邦航天计划",达到670亿卢币,占到预算总额的67%。先进的军工技术基础是俄罗斯战略新兴产业发展的先天优势,国家的引导和支持是俄罗斯战略新兴产业发展的政策优势,这也促使俄罗斯更加迫切地需要实施军民一体化发展。

4.4.2 军民联合集团公司改善国防工业现状

在俄罗斯转型与改革期间,国防工业基本完成了私有化改革,但各领域的私有化程度不同,航空工业为70%,装备产业为65%,船舶产业为60%,导弹航天产业为46%,军需品以及特殊化工产业为18%[1][2]。完成私有化改革后,俄罗斯在推动国防工业以及民用工业一体化方面的最大创举就是组建军民联合集团,并将其视为增强国际竞争力、改善国防工业现状最为有效的措施之一。

实施一体化战略是俄罗斯国防工业重组最常见的方式,即生产型企业间的横向一体化、生产研发出口型企业之间的纵向一体化以及将国防工业企业与银行等金融机构进行跨经济领域的整合。通过横向整合与纵向整合,俄罗斯打造了一批集科研与生产于一体的大型综合性国防工业集团,提高了整个国防工业行业的科技转化率和资源利用率。美国在冷战后的国防工业转轨中,也提出了"重新设计国防"的口号,并在国防工业领域掀起了一波兼并浪潮,其中有大型的武器承包商收购小型武器承包商,也有大型国防工业企业兼并民用科技公司[3]。

此外,俄罗斯较美国在国防工业重组方面最具特色的就是组建金融工业集团。俄罗斯在军民一体化的过程中将金融、贸易等集团与多个相关职能单位,即企业、工程、研究所、设计局联合起来,成立颇具俄罗斯特色的金融工业集团[4]。从产权特征上看,这是俄罗斯金融资本与工业资本相结合的新型经济组织形式,它使俄罗斯的银行与企业联系密切[5]。银行把对所属企业发放贷款作为其主要业务,在一定程度上缓冲了军民企业对国家财政的依赖,不失为俄罗斯当前推进

---

[1] CHEUNG T, MAHNKEN T G, ROSS A L. Assessing the state of understanding of defense innovation[J]. SITC Research Briefs,2018,10(1):1-5.

[2] VASILY K. Russian defense innovation in the 2010s[J]. SITC Research Briefs,2018,10(8):1-4.

[3] 何奇松. 冷战后美国国防工业的重组[J]. 美国研究,2005(4):114,117-118.

[4] 杜兰英,陈鑫. 发达国家军转民融合的经验和启示[J]. 科技进步与对策,2010(23):126-127.

[5] 范肇臻. 俄罗斯国防工业"寓军于民"实践及对我国的启示[J]. 东北亚论坛,2011(1):84-88.

军民一体化的有效方式之一①。

4.4.3 军民两用前沿技术加快军工企业的结构改革

俄罗斯政府认为,随着民用高新技术的发展,军事技术与民用技术之间的界限越来越模糊,高新技术的军民两用性越来越强,70%以上的高新技术可以军民两用。因此,俄罗斯对军民两用的前沿技术非常重视。

苏联解体后,俄罗斯意识到利用其国防工业强大的科研和生产能力,可以生产大量高品质、高竞争力的军民两用品。因此,1998年颁布的《军转民法》将发展双重应用技术作为军转民的一项基本原则予以确立。目前,俄罗斯正利用军民两用技术以加快军工企业的结构改革,逐步实现国防工业生产与国民经济的连接,使国防工业成为不断向国民经济提供先进技术的源泉,积极带动国民经济快速发展。

2012年,俄罗斯设立了先期研究基金会,负责探索、突破国防前沿技术的组织工作。该基金会围绕物理、生物化学和医学、信息等学科,定期组织突破性、高风险研究项目和课题,2016年度预算约为45亿卢布,未来的资金投入将继续增加。在项目管理方面,基金会设立4个委员会,由39位来自政府部门、大型企业和科研机构的专家代表组成,为选拔项目和制订投资方案提供技术咨询和指导。该基金会对技术成果的产需结合极为重视,在制订研发计划时,就会将项目的应用潜力纳入考虑。对于预期不明朗的研发项目,基金会根据实际情况向企业投资者进行推广。通过优化项目选拔和资助制度,先期研究基金会对颠覆性技术研究进行很好的支持。目前,基金会每年开展新项目50个左右,重点支持的细分领域包括前沿医学、新型材料、人工智能、增强现实、未来能源、仿生学、先进水下技术、下一代航电系统等。

此外,俄罗斯还积极在国际上寻求广泛合作,以期能共同研发适合军民两用的技术和产品。20世纪90年代末,俄罗斯军工系统中就已有100多家企业与外国建立了合作关系,利用军工系统前沿的两用技术进行跨国合作,实现了军事效益和经济效益的有机结合②。2015年10月26日,俄罗斯总统普京在主持召开俄罗斯与外国军事技术合作委员会会议时表示,当前世界军工市场竞争比以

---

① 杜颖,章凯业. 俄罗斯国防工业军转民介评及启示[J]. 科技与法律,2015(5):1038-1055.

② 石奇义,李景浩,王正春. 俄罗斯实现"军民融合"的主要途径[N]. 中国国防报,2007-07-16.

往激烈,由于西方对俄罗斯制裁以及一些西方国家军工企业恶意竞争,俄罗斯军工企业开展工作变得异常艰难,但俄罗斯会继续加强与外国的军工合作,包括联合研制武器装备以及培训外国专家使用、保养和维修俄制武器装备等[①]。俄罗斯目前武器出口总订单约为 500 亿美元,继续扩大国外订单是俄罗斯军工企业发展的一个重要指导原则。在 2015 年 8 月的俄罗斯国际航空航天展期间,签署的国际合同额就高达 3 500 亿卢布(约合 56 亿美元)。

4.4.4　军民两用技术的产业化发展加速实现商业化应用

2014—2015 年,俄罗斯对军民两用技术发展的重视提到了新的高度。一方面,通过支持军民两用前沿技术发展,提高国防技术创新能力,俄罗斯建立了持久的国防高技术优势和竞争优势;另一方面,通过产业化发展,加速实现商业化应用,促进军民两用技术为国民经济服务。这种趋势正在逐步改变传统国防工业的投资和发展模式,更多的中小型企业将加入国防军工队伍中。2014 年,俄罗斯新成立纳米技术中心,致力于使俄罗斯纳米技术产业跻身世界前列;2016 年,俄罗斯构建国家技术中心作为高技术产业的孵化器,通过产业化发展,加速实现通用航空产业无人驾驶航空系统的民事和商业化应用[②]。

在产业化方面,俄罗斯在注重军民两用技术国防应用的同时,也对其商业化应用和效益给予了广泛关注。这不仅表现在政策、计划和组织的支持上,也明显体现在军民两用技术产业化的实质性发展方面。特别是 3D 打印应用技术、复合材料技术的产业化发展迅速、物联网及相关技术的产业化全面发展。例如,在 3D 打印技术应用方面,2014—2015 年,3D 打印航空航天部件如发动机叶片、燃烧室喷嘴、油箱、卫星支架等产品的不断涌现并陆续开展了测试,进一步验证了 3D 打印技术的应用潜力。

4.4.5　对我国军民一体化发展的借鉴意义

首先,要认识到战略性新兴产业在军民一体化发展中具有巨大潜力,要培育优势产业作为战略性新兴产业发展重点。2010 年 9 月 8 日,我国国务院通过了《国务院关于加快培育和发展战略性新兴产业的决定》,确定战略性新兴产业将成为我国国民经济的先导产业和支柱产业。我国计划用 20 年时间,使部分战略

---

① Homepage of President of Russia[EB/OL]. [2017-03-21]. http://en.kremlin.ru/.
② 姜永伟. 俄媒专访俄机器人技术发展负责人[J]. 兵器知识,2017(7):14-17.

性新兴产业的发展水平达到世界先进水平,为国家经济可持续发展,提供强有力的支撑。2016年11月29日,国务院印发了《"十三五"国家战略性新兴产业发展规划》,旨在把战略性新兴产业摆在经济社会发展更加突出的位置,大力构建现代产业新体系,推动经济社会持续健康发展。战略性新兴产业不仅能有效带动其他产业发展壮大,还有利于增强国家核心竞争力。其次,要注意到与国外重视以军用带动民用、加强军民两用技术发展的途径不同,我国军民两用前沿技术的开发更多是以技术创新和商业需求为牵引,高校、民口研究机构,以及企业开发兴趣更大。因此,民口企业是我国推动军民两用技术发展的重要力量,要鼓励民口企业积极寻求转型升级机遇。最后,对于军民两用前沿技术和重大军民两用基础技术,应从国家层面给予支持,并采取具体的政策措施;同时,国家要从顶层上重视并加强军民两用产业化创新组织的建设,做好技术领域和地域布局;要充分利用市场力量,鼓励地方政府、开发区、军工企业加强以产业化应用为重点的创新组织建设,鼓励企业采取多种方式、途径加强军民两用技术的开发和产业化发展。

4.5 以色列国防体制创新和管理特色鲜明

以色列由于处于特殊的地理与安全环境中,其军事工业非常发达。以色列的其军民一体化建设的模式是把军事工业作为本国工业与经济发展的先导,扩大军工技术成果的利用,并将部分军工企业转为民间经营,同时鼓励其他企业利用国防投资来开发生产民品,学者们将该模式称为"以军带民"。长期以来,以色列实行国防高科技为立国之本的战略方针,用先进的军工技术带动国民经济的发展。高比例的国防开支,再加上美国每年巨额的军援扶持,以色列"以军带民"发展模式的成效显著。目前,以色列的国防科技和武器装备在一些领域处于世界先进水平,特别在综合集成方面具有独特优势,在中东地区更是占有明显的军事优势。以色列的军事技术推动着国民经济的发展,使冶金、电子、材料、制造工艺、信息、生物等多个技术领域的民用产业,都在高技术国防工业的带动下,有了极大的发展。特殊的地理位置和周边环境,决定了以色列在建设军民一体化过程中对国防工业的重视程度。

4.5.1 推行"军为民用"和"民为军用"形成有机的军民产业一体化体系

1948年5月建国时,以色列只有为数不多的几家从事轻武器制造的小工厂,到了20世纪50年代末期,以色列也只能生产部分轻武器,改装部分装备。然而,以色列面临着十分恶劣的地理位置和周边环境,使其不得不走武器装备国产化的道路,建立一个相对独立稳定的国防科技工业市场体系。经过不懈努力,到了20世纪70年代,以色列一跃成为具备武器自主研发和生产能力的军事强国,其军工企业的发展让世界为之震撼,这与其实行"军为民用"和"民为军用"的军民一体化建设路径是分不开的。

21世纪以来,以色列政府做出了一项重大决策,那就是持续实施部分国有军工企业私营化改革。2004年,以色列军事工业公司开始向私营国防企业出售部分业务部门,2014年4月正式启动私有化进程①,除保留相关国家安全业务部门外,其余全部出售给地方私营企业。这充分发挥和利用了军工企业所掌握的国防科技技术的资源优势,不仅使这些军工企业所掌握的国防军事技术直接为地方公司企业建设发展服务,而且配置了军方人才和资源,促进了国防工业的发展,涌现出以色列航宇工业公司、以色列军事工业系统公司、拉法尔武器发展局等世界知名的大型军民两用企业。此外,该举措带动了一大批相关民生企业的快速发展,促进了国民经济的飞跃,使国内企业成为国际市场竞争的主体。

2013年以色列军费支出总额为182亿美元,排名世界第14位,虽然总量不高,但占其国内GDP的百分比高达6.0%,占比排名世界第三,远远高于世界第一军事强国美国的3.7%②。虽然以色列经济在中东地区首屈一指,但是以色列毕竟人口和国土面积很小,经济总量有限,长期以来如此高额的军费支出比例让政府不堪重负(其中情报部门的支出在整个军费支出中占有很高的比例)。不过,以色列政府早就认识到这一问题的严重性,采取了多种措施加以保障。以色列民间企业对本国国防工业建设与发展也给予了很大的理解和支持,以色列民间企业一直展开多种经营,利用民间资金推动技术的转移,进入准军用市场,增强了以色列军民企业的活力。

---

① 范雪坤. 以色列军事工业公司私有化正式进行[J]. 国外兵器情报,2015(5):56.
② IISS. Military Balance 2014 Press Statement[EB/OL] [2016-07-18]. http://www.iiss.org/en/about%20us/press%20room/press%20releases/press%20releases/archive/2014-dd03/february-0abc/military-balance-2014-press-statement-52d7.

第4章 世界主要国家军民一体化发展的经验与启示

此外,民间智库(Think Tank)还为以色列国防科技工业提供智力支持。以色列最早的智库成立于1959年,20世纪60~80年代智库数量不断增加,20世纪末21世纪初智库建设得到了长足发展[1]。近年来,以色列智库更是在国家军事科技发展和创新方面扮演了十分重要的角色。根据2015年1月22日美国宾夕法尼亚大学发布的《全球智库报告2014》(2014 Global Go to Think Tank Index Report),目前以色列共有智库56家,智库数量排名全球第18位,进入2014年全球智库各项排名榜的有18家,其中国家安全研究所(排名第104位)和以色列-巴勒斯坦创新地区倡议机构(排名第147位)两家智库入选全球顶级智库(含美国)150强[2]。以色列智库的研究范围比较广泛,但相当数量的智库致力于对国家军事安全、武器装备等国防科技方面的研究。这类智库多数选择与大学或学术机构合作,以利用其强大的学术背景和科研能力,如国家安全研究所(与特拉维夫大学合作)、贝京-萨达特战略研究中心(与巴伊兰大学合作)、全球国际事务研究中心(与劳德政府学院合作)等。也有些属于独立智库,例如以色列-巴勒斯坦创新地区倡议机构等。为了保持政治独立性和观点的客观性,以色列的智库很少接受政府的财政支持,其主要资金来源是基金会的资助、书籍出版所得收入、社会捐赠、企业或个人的慈善捐款等。不过,这些智库发表的国防科技技术却能够为军队提供有力的智力支持。这样一来,从很大程度上减轻了以色列军队在经济和精力上的负担。近年来,以色列的智库在国防科技、国家安全等领域发挥的作用越来越明显,以色列国防部门越来越重视本国智库发表的各种研究成果。例如,以色列国家安全研究所自1983年起开始发表《中东军事平衡》年度报告。这是有关中东地区战略发展和军力变化最具权威性的指南报告,该报告列举了中东各国军事实力的最新数据,并做了分析,包括国防预算、武器采办、设施维护、军力部署、大规模杀伤性武器清单、国外援助等。该报告每年都会引起政府、军方媒体的密切关注,并被广泛引用,成为评估中东军事力量分配的必读材料。2005年11月,该中心与美国布鲁金斯学会联合举办"应对21世纪的挑战"论坛,时任以色列总统卡察夫、总理沙龙都亲自到会,军事部门的一些负责人更是经常出席该智库举办的各种研讨会。

以色列国防军事部门在完成本职军工生产等任务的前提下,将搜集的国防科技技术、产品创新等转为民用,为公司、企业提供技术支持和安全保障,同时,鼓励企业公司利用这些军方科技成果来开发生产民品,从而实现了"军为民用"。

---

[1] 濮方圆. 以色列军事情报工作军民融合基本路径研究[J]. 2017,36(2):8-11.
[2] 李晔梦. 以色列智库的发展现状及研究特色[C]//张倩红. 以色列蓝皮书:以色列发展报告(2015). 北京:社会科学文献出版社,2015:189-192.

公司、企业利用这些军事工业技术进行武器装备的革新升级，扩大成果的利用，着力打造能军能民的大型公司、企业，在完成经济生产任务的前提下，为国防部门提供物质、技术等支持，反哺军事工业，从而实现了"民为军用"。这样，军民双方采取战时为战、平时为出口的方针，互信互通，在军民产业领域形成了一个有机的一体化体系，共同应对多样化的国际格局。

4.5.2 军工企业军民结合带动国防高技术产业的发展

以色列军工企业重视军民结合，带动了一批与国防相关的高技术产业的迅速发展，特别是航空工业和电子工业尤为明显。以色列建立了门类比较齐全、高水平的国防工业体系，包括大型国有公司（如以色列飞机工业公司）、私营公司（如塔迪兰通信公司）和专业性公司（如各种高科技小公司）三类企业。在政府的政策引导下，这三类公司组建了许多民用集团，从事民用业务，带动了一大批相关民用高技术产业的形成。通信设备、软件产业、生物技术、农业的程控灌溉技术等，都在世界市场上占有一席之地。以色列拥有400多家高技术企业集团，它们开发的大部分民用技术和产业（例如电子设备、软件产业、生物技术和农业等）都来源于军工企业的军事高技术。以色列高新技术产业体系的形成，主要得益于军事高技术的推动。甚至可以说，军事高技术推动着整个国民经济的发展。因此，有人说，军事工业是以色列富国强兵的"法宝"①。2015年，以色列还设立了新的赛博防御国家机构，主要负责管理军用和民用系统的保护工作。

4.5.3 国防工业私有化增强军工企业的国际竞争力

21世纪初，以色列推行了国有企业私有化政策，实行现代化管理，进一步确定了国有军工企业私有化的改革计划和进程。在推进私有化改革中，以色列将国有军民企业技术含量较低的部门进行私有化，合并中小型军工企业，组建规模庞大的军工集团，以增强军工企业的国际竞争力。2014年10月，以色列进一步出台了推动国防工业私有化及私营企业参军的政策，以色列政府宣布了更大规模的私有化计划。

---

① 赵澄谋,姬鹏宏,刘洁,等. 世界典型国家推进军民融合的主要做法分析[J]. 科学学与科学技术管理,2005,26(10):26-31.

第 4 章 世界主要国家军民一体化发展的经验与启示

4.5.4 对我国军民一体化发展的借鉴意义

首先,无论是"军为民用"还是"民为军用",其原则都在于国家利益的抉择,其目的都是更好地推动本国国防和经济建设的共同发展。因此,我国要结合世界形势和本国国情,逐步探索出一条符合本国国情的"军民互用"的路子。其次,民间智库对国防工业提供有力的智力支持,要重视吸纳各方面的管理和技术人才,制定鼓励发展"知识经济"和重视知识分子的政策,并把有专长的专家和学者安排到重要军工部门,推动先进武器系统的研制生产。最后,通过推行国防军工企业私有化政策,企业不断适应新的国内外环境,成为国际市场竞争的主体,进一步带动国家科学技术和国民经济的发展。

4.6 世界其他国家军民一体化发展

除了上述世界军民一体化建设较为成熟的 5 个国家外,还有其他国家,如印度、德国、法国等。

作为两次世界大战的战败国,德国没有独立的军工体系和国防科研体系,其武器装备的研制通过合同方式委托给地方科研院所、高等院校和工业界,充分利用民间力量进行武器装备的生产,并由国防部的国防技术和采办总署进行管理。近年来,为使国防军的武器装备保持技术上的优势,德国把加快发展军民两用技术作为国防科技研究工作的重点,德国国防部日渐加强与主管民用科研的联邦研究与技术部的合作与协调,以促进工业界参与军民两用技术的开发。国防部在科研规划的基础上确定从事国防科研工作的民间科研院所有关军工的总体任务,并协调各院所的工作,提供基本资助,监督经费的合理使用并组织对研究成果进行检查和鉴定。这些研究所主要从事应用基础研究,根据需要承担保密义务。德国的这种国防科研体系,一方面消除了别国对德国恢复军工潜力的恐惧,另一方面使军工生产更好地纳入市场经济的轨道,减少了德国经济对军工订货的依赖。同时,也有利于保留军事工业的骨干技术力量,促进军工技术和民用技术之间的相互转移。德国还建立了一个技术创新网络,如德国弗劳恩霍夫应用研究促进协会,作为欧洲最大的应用技术研究协会,其与旗下的 67 家研究所均是以实体和正式编制的形式存在的,专注于解决技术问题,致力于为企业开发先进的技术、产品和工艺,围绕着科技成果转化,旨在保持德国先进技术与制造的竞争力。

法国一直奉行独立自主的防务政策。军事对峙形势严峻的冷战时期,法国强调建立一个完全独立的国防工业体系,军队装备国产率达95%,国防工业近80%直接或间接为国家所有,国家对这些企业实行较强的行政干预。冷战结束以后,为适应新的世界形势并增强竞争力,法国于1994年发布了《国防白皮书》,明确提出一部分国防工业要考虑向军民两用方向发展。在武器装备工业中占有重要地位的军用航空航天和防务电子对民用市场最有影响,在其他领域则是民用研究对军用有较大的影响。在随后的《军事计划法》中,明确提出了国防高技术的研发要以两用技术为重点,在《2003—2008年军事计划法(草案)》中提出,要通过优先发展军民两用技术来加强研究和技术开发。此后,法国政府逐渐认识到,两用技术的开发应用不仅可以节省大量科研生产经费,而且有利于国防工业的平战结合。2001年法国国防部和研究部签署科技合作协议,旨在加强两部科技交流与合作。与此同时,法国政府积极鼓励工业界投资参与到国防科技研究中来,并号召包括国防系统的科研机构与企业建立合作伙伴关系,坚持相互间的"战略对话",并规定国家研究与技术基金拨款要向具有这种伙伴关系的研究开发项目倾斜,以便促进高技术的发展与应用。大力发展军民两用技术,特别是充分利用先进的民用技术,逐渐成为法国发展军事工业的战略性措施。

受经济危机影响,2012年,全球军费开支由增长转为停滞,但结构上并不平衡,呈现出此降彼升的态势。近4年来,以德国、法国为主的西方国家的军费开支持续处于负增长状态,而印度等亚洲其他国家和大洋洲的军费增长加快,特别是东南亚地区的军费开支增长迅速。德国、法国作为国防技术输出大国,其军工企业大量转向民用领域开发军民两用技术,发展军民一体化产业;由于军费缩减,国防系统大量采用民用技术和产品,以实现经济有效的国防[①]。这些国家在新一轮科技革命、产业革命、军事革命加速推进的背景下,都在不断拓展军民一体化发展的深度和广度。在个别国家的政策实施经验上,还是有值得我国思考和借鉴的地方。

4.6.1 世界其他国家军民一体化措施

(1)强化国防工业军民一体化发展的政策支持

近年来,印度、德国、法国等国家不断强化军民一体化发展政策支持,密集出台了20余项相关政策、战略和计划,并进一步强调民用或私营部门在国防科技

---

① 安孟长.军民两用技术产业化发展的方向与途径创新[J].军民两用技术与产品,2015(13):39-41.

第4章 世界主要国家军民一体化发展的经验与启示

工业发展中的重要性和作用。例如,德国与法国所在的欧洲委员会提出了加强"一个国防市场"路线图,希望最大化地整合军用和民用研究资源与成果。

(2)变革体制、机制,引入武器装备竞争采购机制

从国家层面出发,加强完善军民协同的组织管理推进机构建设。例如欧盟建立了新的国防标准协调小组,负责制定新的军民两用技术标准。同时,军民平等参与的国防竞争采购机制建设成为国防采购改革的重点。例如2014年,印度加大了向私营企业采购国防产品的力度,放宽了对私营企业国防生产许可管理的限制,积极推动私营企业参与国防军工生产,如印度贸易与工业部取消了"向政府机构销售国防产品和服务前需要获得批准"的要求,并取消了之前对具有国防生产许可证的私营企业年度产能的限制。

(3)重视中小企业和私营企业的创新活力

中小企业和私营机构参与国防科研生产的广度和深度均不断加大,一定程度上激发了国防创新和大型军工企业活力。而中小企业和私营企业的创新活力引起了世界各国的广泛重视,使其成为参与国防科技工业发展的重要力量。继2012年、2013年印度启动加强与私营企业的合作后,2014年,印度进一步出台了推动国防工业私有化及私营企业参军的政策。例如,印度政府在军工领域促进私营化,同时批准私营公司扩大国防活动。2014年8月,印度还取消了对军民两用产品生产的许可证要求,"解放了"50%~60%需要许可的国防装备,包括铸件、配件以及子组件等。

4.6.2 对我国军民一体化发展的借鉴意义

首先,许多国家的成功经验证明,政府在军民一体化建设过程中的作用不可或缺。国家从宏观和微观不同层面支持军民一体化发展的政策重点更为明确和突出,并且实施军民一体化政策的重点转向从社会领域获取维持国防优势技术能力这一中心。其次,改革军事采购管理模式,军事采购进一步向私营领域开放,能够推动军民资源共享互动,加强竞争,扩大面向民用企业的采购,促进军工开放发展。最后,重视民用企业在国防科技工业发展中的创新活力,确立民用企业在国防军事中的战略定位和配套地位。随着民用企业的进一步发展和成熟,民用企业参军,未来也可能承担总体任务。

第 5 章
国际环境对军民一体化发展的影响

从 20 世纪 90 年代到 21 世纪初,世界范围内经历了第一波军民一体化浪潮,其驱动力量主要是冷战结束后国际战略格局深刻调整、国防预算大幅削减、技术进步加快等因素。进入 21 世纪第二个十年,世界范围内新一轮的军民一体化浪潮再度兴起,其深层驱动力量主要是世界经济转型升级、大国战略竞争加剧以及新技术革命的蓬勃兴起。

5.1 美苏军备竞赛对军工产业的深远影响

5.1.1 美苏军备竞赛与国防经济发展

20 世纪冷战时期,以美国和苏联为首的两大军事集团为争夺世界霸权,展开了长达 40 年之久的军备竞赛。两国为保证武器装备的技术领先,均不遗余力地发展国防工业,长期保持高额的国防预算。美苏军备竞赛期间,两国彼此的核弹头已经太多了,美国为了从经济上拖垮苏联,就向太空发展,提出了"星球大战"计划(又称"战略防御倡议",Strategic Defense Initiative,SDI)。此计划太过超前,耗资巨大,而且技术上的要求在当时的条件下很难完全达到实际运用的水平,但是这也迫使苏联投入巨资向太空发展。在这场旷日持久的竞赛中,美苏两国得到了截然相反的结果。美国在军事工业取得快速发展的同时,国家经济实力也不断增强,并最终确立了世界霸主的地位;苏联的军工产业虽然也得到显著提升,甚至在某些军事科技领域曾一度领先于美国,但其国民经济却在这场竞赛中被彻底拖垮,最终以国家解体而收场。由于冷战的对手不复存在,美国可以收缩军费开支,加上"星球大战"计划的技术难度实在太大,所以苏联解体后,美苏军备竞赛很快也就结束了。

不过,美苏军备竞赛能搞得起来而同时美国国民经济并不因此疲惫反而得以振兴,原因何在?这主要是因为美国的国防经济实行了军民兼容。美国组成了"军、产、学"的共同体,即由国防部牵头,一些著名的大学和研究所与大型垄断企业在一起,形成了"三位一体"的研究制造体制,并进而利用承包各种研究课题和生产项目的形式,将数以千万计的各种专业机构和专业公司联为一体,这种规模空前的研究、制造、生产体系将成为美国在美苏军备竞赛中的重要技术和工业保证[1]。美国的飞机、导弹、空间武器、电子设备以及其他主要类型的现代化尖端武器几乎都由私营公司生产,而政府兵工厂只给军队提供一部分大炮、轻武器和弹药。此外,大型军工企业还兼营民品。当时美国国防部的军事订货遍及50个州、76个工业部门,占全国1/3的企业都从事军工生产[2]。军费开支虽不能投入再生产,但可保证庞大的军事工业得以维持并向新的生产领域进军,这也就扩大了对生产资料和生活资料的"有效需求",使一些人走上新的工作岗位,获得就业机会,并促使企业提高劳动生产率,促进美国经济的发展,进而使得国防经济对国民经济的发展有一定推动作用。国防为尖端科学开辟道路,尖端科学技术的军用带动国防经济发展,尖端科学技术的民用又带动整个国民经济发展,国民经济发展了就能提供更多的国防研究试制费用,再去发展新的尖端科学技术,美国的国防经济处于正反馈的良性循环状态。我国的国防工业体系是20世纪50年代从苏联那里学来的,再加上从老解放区带来的一些办法,军用品生产与民用品生产截然分开,自成系统,国防经济未能处于"增值""正反馈"的良性循环状态,国家的大量投入不能推动整个国民经济的发展,国防企业缺乏自我更新改造能力。如何使军工企业也成为充满生机和活力的经济细胞,实现良性循环,为国家的经济建设和国防建设多作贡献?

5.1.2　美苏军备竞赛对军民一体化发展的影响

回顾这次军备竞赛不难发现,正是因为美苏两国走了两条完全不同的发展

---

[1] 刘戟锋,周建设."星球大战"计划与美国经济[J].科技进步与对策,1986(4):44-48.
[2] 游潜之,单礼丰.从"星球大战"计划的实施引起对我国国防经济的思考[J].世界经济研究,1987(3):46-50.

"一带一路"中基于知识融合平台的军民一体化产业发展研究

路径,才导致完全相反的结果。在管理体制上,美国是完全市场经济,各军工企业在政府军备采购需求牵引下,充分利用军事高科技给人们的心理预期,通过产融结合、企业上市、企业兼并在资本市场上广泛吸引社会资源的支持,为武器装备发展提供了源源不断的资金保证。这样一种"商办官助"的体制为美国军工产业发展奠定了步入良性循环的重要基础。而苏联在僵化、封闭的计划经济约束下,其军工企业完全依赖国家投入,为了维持军备竞赛,政府不得不削减事关民生的经济领域的投资来满足军工企业需要;而一旦国民经济支持不下去,就停止了应有的发展活动,军工企业只能坐等政府财政预算的投入来"输血",甚至通过转让已经形成的技术能力,也就是"变卖家当"来勉强维持生存。这样一种"官办无助"的体制,最终导致苏联的国民经济在军备竞赛中被拖垮、挤死。在运行机制上,美国军工企业坚持军民一体化发展,在开展军备竞赛的同时,高度重视军事高科技向民用产业的转化,在军事科技领域取得技术成功的同时,迅速将其广泛应用于民用产业,实现商业成功后又"反哺"军工产业,如此形成了良性循环。而苏联则是军民割裂,几乎所有高科技和重工业都围绕着打第三次世界大战来运转,忽视利用军工技术来服务于发展国计民生的其他产业。高额的军费开支由于不能通过军工技术应用于民用产业来实现另类的"转移支付",因此犹如投入了无底洞,最终导致国民经济崩溃,出现了"卫星上天,红旗落地"的结局①。

美国在军备竞赛中的做法,证明了在国防科研和军事工业中采取的军民一体化道路是正确的。虽然我国也一直强调军民结合、以民养军方针,但这个方针与美苏军备竞赛中美国 SDI 的军转民做法实际上是有区别的。我国的"军民结合"强调的是国防战线上的科技人员不仅要搞军用产品,也要搞民用产品,充分发挥军事技术研究机构和军工厂的技术和设备优势,在完成军工任务的同时完成一些有利于国家建设的项目。美国的"军转民"实质上是把军事技术的应用范围扩大到民用,军事技术计划同时起到了高科技计划的作用,从而使那些只有在战时才能得到应用的军事技术在和平时期的经济发展中也能发挥作用,创造巨大的经济效益和社会效益。我国的"军民结合"往往不是采用军用向民用转移的形式,而是在大部分人搞军品的同时有一部分人在搞民品,或是搞军品的人同时兼搞民品。不管是哪种情况,军品和民品之间往往没有直接的联系,但是从技术上来说是相近的,例如搞导弹技术的人员去研制医用的伽马射线照相机。这样既使他们的技术专长得到进一步的发挥,也使他们为国民经济建设做出贡献。伽马射线照相机和导弹毕竟是两种不同的东西,是两种没有关联的研究工作。

---

① 中航工业. 军工产业须解决体制机制问题 苏联是前车之鉴[EB/OL].[2015 - 02 - 10]. http://mil.huanqiu.com/observation/2015 - 02/5641994_2.html? agt=15438.

第 5 章　国际环境对军民一体化发展的影响

由此可见,我国的"军民结合"实际是军事技术力量(包括人和物)向民用的转移,离真正的"军民一体化"还有一定距离。

如果能够参考美苏军备竞赛以及美国 SDI 中军用向民用转移的做法,设法把我国的军事技术直接转向民用,将会取得事半功倍的效果。换句话说,我国国防军事工业中应该有一批人从事这方面的推广应用研究工作,把军用的先进技术直接转向民用。这样一来,人力、物力、经费和时间都可以大大节省。但是,我国的军转民是在军工企事业单位内部进行的,虽便于统一管理,但局限性大,不容易搞活。如果同美国一样,让军工单位与科学院、大学、工业部门、私人企业协作,把军事技术转变成工业部门、私人企业的民用产品,这样不仅可以使军工单位的技术水平进一步提高,研究经费得到大幅度补充,而且通过军转民可以推动整个国民经济高速发展,进一步促进军民一体化发展。

5.2　世界经济低迷对国防经济转型的驱动

5.2.1　世界经济与国防经济发展

在经济全球化背景下,一国的国防经济与世界经济的关联度不断增强,世界经济每一次较大幅度的波动,都不可避免地通过多种路径影响各国国防经济的建设和发展。

国防经济总是在一定的国际环境中建设和发展的。2008 年 9 月爆发的国际金融危机扩散速度快、波及范围广、影响程度深,导致世界经济衰退,国际局势动荡。2009 年,世界实际 GDP 增长率为 -0.6%,是二战以来首次出现负增长,其中先进经济体国家为 -3.2%;美国和欧元区失业率分别高达 9.3% 和 9.4%,创历史新高;世界贸易实际增长率为 -12.2%,是二战后最大幅度的负增长;国际初级产品价格从峰值到谷底,平均降幅高达 55.6%。国防经济发展所处国际经济环境的不确定因素增加[①]。同时,在金融危机中,美国、欧盟、日本等实力的下降,一些地区力量的迅速发展,导致地区战略力量对比发生反向倾斜,国际局

---

① 徐勇,凌大荣,殷彦谋. 国际金融危机与我国国防经济发展[J]. 军事经济研究,2011(11):8-12.

势动荡加剧。武装冲突进入新的多发期,国际军备竞争愈演愈烈,主权和领土争端加速升温,围绕战略资源展开的国家之间的博弈加剧。这些因素综合叠加、交织互动,从经济、军事、政治等多个层面对各国国防经济造成一定冲击,国防经济建设面临更加复杂的国际环境和更加动荡的国际局势。

经济危机使国际力量对比发生变化的同时,也改变了国际市场格局,这为我国国防与军队充分利用国际市场变化进行国防军事发展提供机遇[①]。经济萧条,国际市场订单减少,供给侧压力陡增,一些国际公司为了寻找新的买家以度过危机,往往愿意接受更低的价格。因此,在面临融资困难、生产缩减的情况下,我国改变思路,转换角色,在国际市场上以更低的价格寻求高质量、高服务的产品。进一步讲,国防企业在国际上寻找那些处于困难当中的国际企业,通过并购其高新技术或参与高新技术项目合作开发的方式与其达成合作,同时引进国际上相关行业困难企业被裁减的技术人员,增强国内国防产业的研发实力。

5.2.2 世界经济对军民一体化发展的影响

2015年,美国经济温和复苏,欧盟、日本等发达经济体则复苏乏力,新兴经济体增长也开始减速。世界经济在一片低迷中苦苦寻找方向,急需发掘能够激活经济复苏的新增长点。近年来,世界范围内军民融合相关产业的迅猛发展,为经济复苏增添了不少亮点。据美国航宇工业协会报告——《航宇和国防的经济影响分析》显示,航宇及国防工业发展对大危机以来美国经济走出"泥潭"贡献不少,其影响力已跨越美国多个部门和每个州。据估计,2015年,美国航宇及国防工业对美国经济的贡献为:生产最终产品和服务,以及供应链上的生产行为,共提供了170万人的就业机会,这代表着全美2%的就业和美国制造业13%的就业;创造了3 000亿美元的经济价值,占美国名义GDP的1.8%,占美国制造业产出的10%;每个就业机会的平均劳工收入9.3万美元,生产性劳动收入高出美国平均水平大约44%;该行业公司以及雇员向联邦政府、州政府及地方政府缴纳税收630亿美元,占总税收的1.7%[②]。

在西方国家大规模制裁下,俄罗斯军工综合体已成为俄经济增长的重要推

[①] 徐珺婧. 谈后金融危机时期我国防经济的主要发展策略[J]. 中国商界,2017(1):136-138.

[②] 国防大学国防经济研究中心. 中国军民融合发展报告2016[M]. 2版. 北京:国防大学出版社,2017.

第 5 章　国际环境对军民一体化发展的影响

动力。2015 年 12 月 16 日,俄罗斯总统普京签署"成立国家机器人发展中心"总统令,将发展军用、特种和军民两用机器人系统作为俄联邦科学、工艺和技术的优先发展方向。2015 年,在俄总体经济发展困难的情况下,俄军工产业销售额大增,登上全球军工企业百强榜的企业从 9 家增至 11 家。近几年,俄罗斯军队进行武器装备更新换代,这不仅加强了国防,与此同时,还扮演着"经济火车头"的作用,缓解了过度依赖能源出口的经济状况。目前,俄罗斯正在开发不同类型的机器人系统,包括无人机、水下和陆地机器人。日本解禁集体自卫权,通过了《新的防卫装备转移三原则》,积极进军世界武器装备出口市场。2014 年 6 月 19 日,日本防卫省出台首份《日本国防工业战略》,将"推动和引领国内高端产业发展"作为日本国防工业改革发展的三大目标之一,强调"在有效推进民用技术转为军用技术的同时,应积极将国防工业相关成果转化为民用,牵引日本工业能力和技术实力的提升"[①]。以色列已将军工产业培育为国家经济发展的支柱产业,其赛博、雷达、导弹、无人系统的市场份额上升很快。据以色列国家赛博局称,以色列 2013 年赛博相关产品和服务的出口额高达 30 亿美元,仅次于美国,是世界第二大赛博出口国,约占全球市场份额的 5%。欧盟也加大向赛博安全领域的投资,筹集 4.5 亿欧元用于资助对赛博安全研究感兴趣的公司、大学以及其他研究机构。英国将在 2020 年前花费 19 亿英镑用于赛博工程,创建一个国家赛博中心,预将该中心打造成为英国首个专业赛博部队。可以说,国际金融危机以来,世界各国不遗余力为复苏乏力的经济寻找新动能和新增长点,是新一轮军民一体化浪潮兴起的深层经济动因[①]。

5.2.3　我国国防经济与世界经济

纵观我国,自改革开放以来,一方面,我国积极参与经济全球化进程,已经形成全方位对外开放格局,经济国际化程度和水平极大提高;另一方面,在国内打破军民分割的局面,走军民结合、寓军于民的道路,国防经济军民融合程度不断提高。这既为我们充分利用国际市场加强国防经济建设提供了条件,也为各类国际经济危机冲击我国国防经济建设提供了可能。

一是积极参与经济全球化进程,我国经济与世界经济的联系日益紧密。改

---

① 中国国防科技信息中心. 世界武器装备与军事技术年度发展报告 2014[M]. 北京:国防工业出版社,2015.

"一带一路"中基于知识融合平台的军民一体化产业发展研究

革开放以来,中国经济融入世界经济体系的程度越来越深。2008年,我国外贸进出口总额25 615亿美元,商品出口国家和地区遍布世界各地;承包海外工程和劳务的年业务额达到1 130亿美元,业务涉及世界180多个国家和地区;对外直接投资559亿美元,中国跨国公司在国际上开始占有一席之地。同时,国防经济尤其是国防科技工业的国际合作的广度和深度日益扩展。在这种背景下,一旦世界经济链条的某个环节出现问题,就会引起连锁反应,形成多米诺骨牌效应,其风险则会迅速传染到我国经济,从而动摇我国国防和军队建设的物资技术基础。

二是全面促进军民一体化发展,国防经济与国民经济的融合度不断提高。20世纪90年代以来,我国先后撤消核、航天、航空、船舶、兵器等工业部和国防科工委,为军民融合式发展扫清了体制障碍。在基础设施建设中贯彻国防需求。近年来,国家在铁路新线建设和旧线改造中贯彻国防要求190余项;结合高等级公路建设,新建和扩建国防边防公路1.5万千米;结合地方港口建设新建军地通用滚装码头20多座。军队保障社会化稳步推进,全军已有60多万人的饮食保障,5 000多个营区的物业管理,96%的被装物资等交由地方单位进行保障,实现了军地双方互利共赢[①]。创新国防科技工业和武器装备采购体制机制,调整政策法规,一些阻碍"民进军"的制度壁垒和政策门槛逐步消除,民用核能、民用飞机、民用航天、民用船舶等"四民"产业快速发展,社会资本大量进入军品科研生产领域,目前已有近百家军工企业成功上市。军队人才培养加快纳入国民教育体系,120余所地方高校培养国防生,在校国防生达到5万余人。2009年,军队从地方高校招收12万名大学生入伍。随着我国国防经济与国民经济融合度的提高,世界经济一旦出现问题,就会影响我国军民一体化发展。

三是大力推进经济信息化步伐,国防经济与世界经济的互动性明显增强。为适应经济社会发展需要,我国高度重视信息化建设,不断加大投入力度,快速提高了经济社会和国防建设的信息化水平。这不仅畅通了我国与世界各国的信息交流,也为我国国防经济与世界各经济体之间加强互动创造了条件。一方面,我国军队和国防科技部门,利用互联网能够适时获取国际市场资源信息,及时高效地做好国防采购和人才、技术引进工作;另一方面,战争、自然灾害和其他危机事件信息,通过互联网也将迅速传递到我国,对我国国防经济以及军民一体化发展产生一定负面影响。

---

① 于川信,周建平. 军民融合式发展理论与实践[M]. 北京:军事科学出版社,2010.

5.3 局部战争频发引起的国防战略调整

5.3.1 局部战争与国防经济发展

国防经济作为国民经济中的特殊部分,既受社会经济运动规律的制约,也受军事和战争规律的制约。国际金融危机的爆发,导致世界经济状态恶化,国际局势动荡加剧。发达国家经济发展滞缓,整体实力相对下降,发展中国家特别是新兴经济体群体性崛起,世界及地区秩序主导权角力激烈,西方大国不甘平庸、加紧反制新兴大国,大国之间竞争与合作交织互动,战略竞争呈逐步升温趋势。近年来,世界主要国家频频发布战略文件,以"应对大国威胁"为核心确定总体发展规划。美国将"大国挑战"提升为首要安全威胁,并表示其主要面临俄罗斯、中国、朝鲜、伊朗和恐怖主义五大威胁,同时声称俄罗斯和中国是美国最紧迫的竞争对手。美国国防部副部长罗伯特·沃克也公开说道:"如今,我们要面对一个东山再起的俄罗斯和日益崛起的中国,这两大挑战反映出未来安全环境最为重大的转变,标志着大国竞争时代的回归。"这是自冷战以来国际战略环境发生的最为重要的变化。大国战略竞争的回归,使一些国家正在思量如何通过有效的战略运作来实现深层次的军民一体化发展,以谋求和维系国家军事能力乃至综合国力竞争的优势。

受此影响,除美国开始调整战略重点和军事政策外,英、法等欧洲国家被迫收缩军事力量,俄罗斯将美国及其盟友视为"政治对手"并视北约军事力量为首要威胁而出台相关的安全战略,日本为转嫁国内矛盾挑起领海和主权争端,印度、东南亚等周边国家着眼构建"军事大国"和"地区强国"大力发展军备和加强军事部署。根据国际安全环境的新变化,我国也相应调整军事战略重心,突出应对东南亚、东北亚可能发生的武装冲突和突发事件。我国军事战略重心的调整,对国防经济需求规模和结构产生直接影响。

一国爆发危机后,投资者为规避风险需要重新评价与其有密切经济往来国家的经济基础,即使这些国家的经济基础并未恶化,投资者也会产生即将恶化和正在恶化的心理预期,并抛售这些国家的资产,导致其资产价格下跌,经济发生动荡。金融危机爆发后,我国的经济增速虽有所放缓,并没有像发达国家一样出现衰退,但我国与美国、欧洲和日本等发达国家经济联系紧密,对出口的依赖度高,加之中国是美国的第二大贸易伙伴国、第一大债权国,投资者会据此认为,随着危机的加深,中国也必将被拖进经济衰退的国家行列。从国家安全的角度讲,国际金融危机爆发后,各国都需要重新评估国际局势变化对本国国家利益的影响,尤其是评估对本国构成现实和潜在威胁国家力量消长变化,尽管这些国家综合国力的增长对本国并不构成威胁,但由于本国国力相对下降而对象国国力快速上升,也会产生对本国安全构成严重威胁的心理预期,并据此判断有针对性地调整本国军事战略,这将迫使对象国不得不做出相应调整,从而拉动国防经济需求的快速增长。危机期间,我国化危为机,综合国力快速增强,而美国等发达经济体国家的综合国力则相对削弱,于是,"中国威胁论"又被美、日等国提出来热炒。显然美、日等国会加强在我国周边地区的军事部署,这又将对我国国防和军队建设,进而对国防经济建设产生重大影响。

5.3.2 局部战争对军民一体化发展的影响

自1990年以来,以美军为代表的世界军事强国一直在推行军民一体化模式,其理论研究与实际应用已十分成熟[①]。

就在海湾战争结束后,美国放弃了大规模全面战争的"重建"战略,而立足于打赢两场局部战争的战争需求,对战争后勤动员的基础通过压缩工业动员基础的形式,调整动员储备的结构,以军民一体化的工业基础模式进行后勤动员的精简和优化。1993—1996年,美国对国防工业基础进行了重组。重组前,美国经营军品生产的私营大公司有3 800家以上,军工国营企业也将近150家,另有将近8万家各类承包商。在伊拉克战争前期,重组后的国防工业规模仅为海湾战争前的一半,25个主承包商大幅减员,裁员60余万人,国防部为此专门支付了45亿美元作为裁员补贴。2001年,B/E宇航公司收购了3家制造飞机精密零件的公司,从而开启了分系统承包商和供应商之间的重组。2002年,美国诺格公司与欧洲的TRW公司签订合同,以78亿美元将其收购,跃居为美国第二大防务合同商。基于美国国家战略的全面调整,其国防工业向高度的军民一体化转变也势在必行。其主要表现在三个领域,一是在两用研究与发展方面,满足共同需要;二是在两用设备上,特别是零部件、软件以及材料等;三是两用工厂,采用共同的工程和生产技术手段。伊拉克战争中,美军重组军民一体化的工业基础,建立科学合理的动员体制,提前两年就开始进行战争动员和准备,相比20世纪90年代的海湾战争而言,美军以军民一体化的工业基础强化了后勤动员反应能

---

① 张贝贝,卢兴华,史宪铭. 军械装备军民一体化维修保障机制建设研究[J]. 兵工自动化,2013,33(5):20-21.

第5章 国际环境对军民一体化发展的影响

力,在充分协调军地资源上取得了很大的进步。

另外,20世纪80年代,美军提出了"后勤保障民间化"①思想,制定了"利用民力加强军队后勤"②的计划,并于1988年开始实施。20世纪90年代初,美海军和空军相继提出了"勤务外包"和"竞争来源与私营化"等新概念③;1997年,美国国防部委员会提出了"利用外部资源"与"私营化"等新概念③。同时,有关学者也对一体化保障进行了深入研究,如2008年提摩西·A.吴诺指出:经过伊拉克和阿富汗战争,军方意识到当前来自民间的一些先进管理方式在处理军队内部矛盾时比军方传统的管理方式要有效得多;在面对战争时,军队必须精简其内部机构组织,从而更好地吸纳民间力量,且军方所作决定和采取的行动应该为军民一体化中民间力量的持续发展创造有利条件④。这些新概念、新理论的提出,为美军在局部战争中提升军事力量和武装等提供了理论支持,使得美军在战争中的装备维修、后勤保障等方面的社会化程度逐步提高。美军认为:实行军民一体化保障并不是削弱建制保障力量在装备维修保障中的主体作用,而是把军队不能或不宜承担的军事装备维修保障工作交给地方保障力量来完成,从而弥补建制保障力量在装备维修保障中的不足,使装备维修保障具有预期的效费比,达到提高装备的战备完好性和任务成功性、降低寿命周期费用的目的⑤。以美军基地级维修为例,其军民一体化装备维修保障模式主要有3种:外包方式、公私混合方式和就地私有化方式。除此之外,租用、雇佣、东道国提供支援⑥等也是美军常用的维修保障模式。为了充分利用民间力量进行装备维修保障,美军分别成立了相应的组织管理与领导机构。由于利用民力涉及范围广、规模大,美军又设立了一些专门机构来负责平时管理及战时协助联合司令官进行合同管理。这些机构主要有联合采购委员会、陆军器材部计划管理组和国防合同管理

---

① KORPELA J, TUOMINEN M. A decision support system for strategic issues management of logistics [J]. International Journal of Production Economics,1996,46(1):605-620.

② 杜勒."后勤民力增补计划"指南[J].刘志伟,译.外国军事后勤,2006,23(6):26-28.

③ 荔万俊,张炜.军队后勤保障社会化概论[M].北京:海潮出版社,2003.

④ VUONO T A. Challenges for civil-military integration during stability operations [R]. Pennsylvania Carlisle:US Army War College,2008.

⑤ Office of the Deputy under Secretary of Defense. DOD materiel readiness and maintenance policy fact book [R]. Washington DC:Headquarters Department of the Army,2012.

⑥ 周璞芬,李树广,袁媛,等.美军在局部战争后勤保障中大规模利用民力[J].后勤学术,2007,28(10):105-106.

部等①。

可见,由局部战争引起的一国军事战略调整都会使一国的军事力量和军事效益增强。建立起一体化的运行机制,健全相应的配套设施,从而实现充分利用社会资源、大力推进军民一体化建设成为各国国防战略调整的发展趋势之一。

5.4 中国和平崛起对国家实力提升的要求

5.4.1 中国和平崛起与国防经济发展

近年来,随着中国的和平崛起及其在世界舞台上的影响力不断增大,加之美国战略东移的影响,中国的周边安全和外交面临着复杂的形势。自中国超过日本,成为仅次于美国之后的世界第二大经济体之后,以美国为首的西方国家不断渲染"中国威胁论",认为中国必走国强必霸的道路,中国的崛起将必定压缩周边国家的成长空间。随着美国的战略东移,"重返亚太"为中国周边跟随美国的国家构筑了坚强的后台。中国周边出现的一系列的挑战因素都与这些有很大的关系。

中国周边与15个国家接壤。目前仍与两个国家——印度、不丹,未明确陆上边界,同时领海主权也存在许多争议:中日围绕东海问题、中国与东南亚国家围绕南海问题以及中韩围绕黄海问题等。

中国的崛起对旧世界格局形成挑战,使得政治、军事冲突难以避免,而国家实力提升要求的军事工业、国防力量的强大则是保证国泰民安最直接、最有力的手段。在周边局势不稳定的局面下,2017年3月4日全国人大新闻发言人傅莹在北京透露,2017年中国国防预算增幅在7%左右,约10 211亿元,预期未来5~10年内,我国军费有望继续保持稳健增长。据预计,到"十三五"末期,我国国防预算将达到13 000亿元。2011—2017年我国军费开支如图5-1所示。

但是,目前我国国防投入占GDP的比例仍然较低。根据数据显示,2016年我国军费预算占GDP的比例仅为1.28%,显著低于美、俄等世界军事强国以及印度、越南、巴西等发展中国家的水平。2017年中国的国防费用将突破10 000亿元大关,大约折合1 450亿美元,但这也仅相当于美国的24.6%。人均国防费

---

① 王成志. 军民融合式装备维修保障力量研究[D]. 北京:装备指挥技术学院,2010.

第 5 章　国际环境对军民一体化发展的影响

用比西方国家更低,仅相当于美国的 1/18、英国的 1/9、法国的 1/7、俄罗斯的 1/5;军人人均数额是美国的 13.58%、英国的 22.98%、法国的 22.8%、德国的 14.3%。具体如图 5-2 所示。

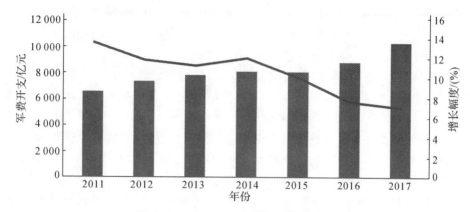

图 5-1　2011—2017 年我国军费开支情况

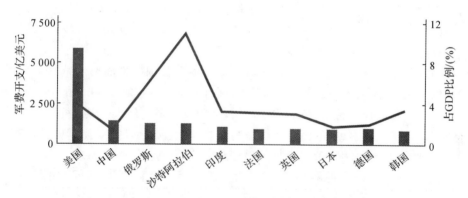

图 5-2　全球主要国家军费开支及占 GDP 比例

数据来源:SIPRI

当今世界,"崛起困境"正在向我国走来。西方大国坚持戴着"有色眼镜"看待"中国的和平崛起"。尽管我国反对弱肉强食的"霸道"法则,力行蕴含东方智慧的"王道"政策,通过走和平发展道路逐步靠近世界舞台中心,但文明方式的崛起仍然难以避免世界"丛林"投来疑惧的目光。西方大国对"国强必霸"陈旧逻辑的推己及人,正不断加剧其内心的战略焦虑。正如何鲍勃·霍克所言:"华盛顿这方面,似乎日益担心中国的真正目标是把美国排挤出亚洲,从而确立自己的地区霸权。他们以中国在海上主权问题上咄咄逼人的外交,来证明中国意图邪恶,

"一带一路"中基于知识融合平台的军民一体化产业发展研究

不惜使用武力改变地区秩序使其对己有利。"① 从这种担心出发,各种遏制和围堵便"境由心生","离岸平衡手"角色开始上演,"崛起困境"正在被强加到我国头上。2014年5月28日,美国总统奥巴马在西点军校毕业典礼上发表讲话,坚称"美国必须一直在世界舞台上领导下去",同时指出,"中国等'新兴经济体'正在崛起,并试图与美国争夺话语权"。② 2014年5月31日,美国国防部部长哈格尔在香格里拉对话会上以公开点名的方式无端指责中国,多处使用威胁性语言。可以说,"崛起困境"的逼近,最大的变量是美国,主要矛盾在美国。2014年6月9日,美国前总统国家安全事务助理布热津斯基在华盛顿直截了当地批评美国"亚太再平衡"战略,称其军事色彩浓厚,并在含蓄地传递遏制中国的信息。针对美国国防部部长哈格尔在香格里拉对话会上公开指责中国的情况,曾长期在美核心政府部门工作的中国问题专家克里斯·约翰逊认为,"亚太再平衡"战略过于强调军事方面的行动,给外界留下了不好的印象。

客观地看,我国将起未起、将强未强,进入由新兴大国向世界强国迈进的崛起摩擦阶段,安全形势更趋复杂。亚太地区正成为国际战略竞争和博弈的一个焦点,我国周边领土主权和海洋权益争端、大国地缘竞争、军事安全较量、恐怖主义威胁等问题更加凸显,家门口生乱生事的可能性增大。有人说,"我们发展的战略机遇期,与国力跃升敏感期、安全风险高发期、矛盾问题攻坚期叠加交织,对维护国家安全的要求更高了。"为规避"崛起困境",我国一方面要继续高举和平发展的旗帜,建设人类命运共同体,用"中国红利"为人类文明做出更大贡献,既直接向世界大国释放善意,争取战略互信,又争取更多国家认可中国发展的世界性贡献,形成"得道多助"的国际环境。另一方面,也要继续推动强军进程,夯实实力基础,让强大军事实力成为"中华号"巨轮破浪前行的"压舱石"。

此外,构建以合作共赢为核心的新型国际关系,是国家主席习近平总揽世界大势提出的重要外交理念之一。而在新型国际关系中,主要大国之间的新型关系又是最关键的,在我国外交中占据优先重要地位。"庄园会晤""瀛台夜话""白宫秋叙""中美战略与经济对话机制""中美陆军首次进行机制性对话"……新型大国关系,准确命中了中美关系发展的现实需要,也为我国发展与其他大国关系以及其他大国之间发展关系提供了思路。"新型大国关系"的外交战略,正推动中俄、中美、中欧关系取得新进展,良性互动、合作共赢,为当今国际关系体系增加了迫切需要的稳定性。

实现中华民族伟大复兴的中国梦,是当代中国最大的政治。设计任何战略,

---

① 霍克.美从未遇到中国这样的国家[N].环球时报,2014-06-21(6).
② 温宪,廖政军,李博雅.美国试图苦撑世界"老大"[N].人民日报,2014-05-30(3).

都要在这个大目标下来认识和筹划,不能出现大的失误。当前,随着国力的逐步增强,我国应对危机的手段和选择明显增多,能够权衡利弊,综合施策。习近平总书记推动创新发展军事战略指导,要求"着眼为国家和平发展塑造有利战略态势,把预防危机、遏制战争、打赢战争统一起来,把备战和止战、威慑和实战、战争行动和和平时期军事力量运用作为整体加以运筹,推动军队现代化战略转型"[1]。

5.4.2　中国和平崛起对军民一体化发展的影响

全球化时代"国家安全"概念的内涵已经扩大,已从单纯强调军事安全改变为兼顾军事安全与经济安全,涉及经济、政治、环境、文化许多非军事因素。全球化时代国家安全观的变化,赋予了国防经济新的含义。当代军事指挥需要"全维"的系统,国防经济需要"一体化"建设。当前的军民一体化,有国家层面的战略高度与组织保障。就其外延来说,国防经济建设的外部表现已经超越了单纯的军事领域或经济领域,表现为"平战一体化,军民兼容性"。战争的形态改变了,战争的领域与样式也改变了,经济实力决定国防实力,国防建设保卫经济成果,浑然一体,成为必然。

2017年6月20日,习近平总书记主持召开中央军民融合发展委员会第一次全体会议时强调,要"加快形成全要素、多领域、高效益军民融合深度发展格局,逐步构建军民一体化的国家战略体系和能力"。实践表明,推进军民一体化发展是消除国家统筹安全和发展方面与世界发达国家存在的"制度差"。事实上,面对世界军民融合发展大势,能不能构建起军民一体化的国家战略体系和能力,直接关乎信息时代对国家安全和发展主导权的争夺,而背后是现代国家治理理念的交锋、体制的竞赛,拼的是谁的制度更具适应性、更具变革能力、更能够通过深度的融合来凝聚国家意志和全社会力量支撑国家安全和发展。显然,在这种看似和平实际却激烈竞争和特殊较量的全球化背景下,如果不能通过军民一体化来强化国家战略体系和能力,国家就会在这场争夺未来国家安全发展主导权的竞争中败下阵来。

在党的十九大报告中有这样一句重要的表述:"实现中国梦强军梦",把中国梦和强军梦放在一起表述和推进。中国梦和强军梦,二者是相互支持、相互支撑的关系。中国梦为强军梦提供强大的支撑,因为国家如果不能富强,就不可能有足够的资源用于国防和军队建设,所以建设一支强大的军队必须要以中国梦的

---

[1] 许其亮. 学好强军理论　干好强军事业[N]. 解放军报,2014-08-01(1).

实现、要以国家的富强作为前提,即"富国强军"。但同时,一个国家成为世界强国、走向富强,要解决的一个重要问题就是不能"富而不强"。富了还要强,强有很多方面,而军事上强、国防上强——这是最重要的强,把富国和强军统一起来,一个基本的途径就是军民融合深度发展战略。推动中国和平崛起,以及崛起背景下军民一体化的发展,任重而道远。

5.5 "一带一路"倡议带来的发展新机遇

5.5.1 "一带一路"倡议与国防经济发展

"一带一路"是"丝绸之路经济带"和"21世纪海上丝绸之路"的简称。2013年9月和10月,中国国家主席习近平分别提出建议"新丝绸之路经济带"和"21世纪海上丝绸之路"的合作倡议。"一带一路"倡议是以基础设施作为抓手,希望在政策沟通、道路连通、贸易畅通、货币流通、民心相通的基础之上来建立利益共同体、命运共同体跟责任共同体。

"一带一路"涵盖亚太、欧亚、中东、非洲地区等,包括65个国家,总人口超过44亿,占全世界人口的63%,经济总量超过20万亿美元,占全球经济总量的30%,这些国家大多数为新兴经济体和发展中国家,普遍处于经济发展的上升期。实际上美国也看到它的好处。美国总统奥巴马在2011年的时候,曾经提出要建立亚太经济走廊,即亚洲连接印度洋跟太平洋的经济走廊,也提出建立新丝绸之路,要把阿富汗跟中亚五国连接在一起,让中亚五国有一个太平洋出海口。但是现在基本是无声无息。

"一带一路"倡议与我国目前国防经济产业的发展存在着重要的关联。"丝绸之路经济带"的国内涵盖范围包括陕西、甘肃、宁夏、四川等13个省市,包含在"三线建设"中我国中西部地区绝大部分地区。而这其中的陕西、甘肃、四川等省是我国军工企业聚集大省。例如陕西省,尤其是西安市,拥有着聚集了我国最强大的航空研发生产能力和最雄厚的航空产业配套资源的西安航空基地,基地累计注册企业500余家,是我国规模最大的民用航天产业基地和军民融合产业示范基地,其航空产业总资产和总产值均占到了全国的1/3强。我国门类齐全的军工体系中有14家国防军工大厂在西安市,"神州"系列、"天宫"系列、"北斗"系列80%的零部件是在西安市生产制造的。"21世纪海上丝绸之路"含上海、福建、浙江、广东、海南等5省市,均为我国东南地区重要沿海省份,其中直辖市上海以及广东省广州市、深圳市又是我国最重要的经济中心城市,这些城市对于我国国防经济的发展有着良好的区位条件和较为充足的人才资源。"一带一路"倡议的实施对于上述地区的国防经济发展具有十分重要的意义,但同时也对我国国防经济提出了新的要求。当前,我国国防经济还存在着军民经济如何融合发展、国防经济与地区经济如何进行更高层次且更具效率融合等一系列问题。这些问题的研究与解决,对我国国防经济在"一带一路"倡议下持续稳定发展具有重要意义。

国防工业作为一门十分庞杂的产业,拥有其完整产业链,前向相关产业与后向相关产业也较为发达。在旧的国防经济体制下,整个产业链呈现较为封闭的"纵向连接",即除去成品直接面对市场外,其他产业链隐蔽在各个环节的生产者之间。这样的生产模式对于国防经济全产业链的发展十分不利。随着"一带一路"倡议的进行以及对沿线各个国家产业的融合,国防经济应逐步由封闭的纵向连接转变为相对开放的横向连接。

"一带一路"倡议的实施为我国国防经济的发展提供了良好的契机。"一带一路"的国际合作推动军工"走出去",加强与外方政府的合作,推进建立军工技术合作联委会机制,深化双边军贸合作。例如建设中国国家航天局国际合作卫星数据共享服务平台,推动整星、地面基础设施、遥感数据及应用全产业链出口;充分利用国家原子能机构平台,推动签署一批政府间合作文件,加强与国际原子能机构等多边组织的合作并发挥好双边合作机制作用,推动核电、核燃料、核装备、核技术及相关服务"走出去"。我国国防经济工业特别是中西部以及东南沿海等"一带一路"倡议影响较为深刻地区的国防经济更应该专注于这个契机,从制度层面进行改革以促进新形势下国防经济的进一步发展。要从体制改革、产业链衔接、对地方经济影响等多方面进行调整,以适应新的发展要求。

5.5.2 "一带一路"倡议对军民一体化发展的影响

"一带一路"倡议的实施,推进了我国与沿线国家军事科技交流与合作,使军民一体化进入了更大范围、更高层次和更深程度。国防科技工业是天然的军民一体化载体,迄今为止,随着"一带一路"倡议推进,国防科技工业的对外交流合作取得了重要成绩。

第一,深化了核科技领域的国际合作。当前,"核电"已与"高铁"一样,成为中国的代表性"名片"。"一带一路"倡议提出以来,我国核电技术实现了稳进突围。相关统计数据显示,"一带一路"沿线的国家和地区中,除中国外,已有核电的国家和地区19个,计划发展核电的国家和地区20多个。我国已与阿根廷、巴

"一带一路"中基于知识融合平台的军民一体化产业发展研究

西、埃及、沙特、南非、英国、法国、约旦、亚美尼亚等多个国家签署合作协议。预计2030年前规划建设核电机组约240台,"一带一路"沿线和周边国家的新建机组数将占到约80%,我国力争2030年前在"一带一路"沿线国家建造约30台核电机组[①]。

第二,务实推进了航天多边(双边)国际科技合作。"一带一路"沿线国家的国防军工(尤其航空航天)技术实力较强。例如,"一带一路"西段中的意大利在航空航天领域的技术与产品均处于国际领先水平,尤其是航空发动机设计、制造,民用飞机和飞行系统的设计、制造和改装,民用电子技术,雷达制造,电信,遥感,空间轨道系统和科学探测卫星的研发与制造等。在"一带一路"中段,哈萨克斯坦的航天技术较为发达,拜科努尔发射场是世界上最大的航天基地之一,担负着俄罗斯航天发射任务的70%,创收35亿美元,拥有106家航天企业。乌兹别克斯坦则拥有中亚地区唯一能生产运输机的塔什干契卡洛夫飞机制造厂。借助"一带一路"带来的机遇,我国航空工业进一步融入世界航空产业链。在航空航天领域,我国已与30多个国家签署了航天合作协议,与"一带一路"沿线国家建立了良好的政府和商业合作机制,奠定了空间信息技术应用推广的良好基础。目前,在"一带一路"南线,我国围绕直升机、支线飞机和通用飞机产业,推进与亚非国家的技术合作,并且通过建立客户服务基地等方式,促进相关国家航空业的发展。在"一带一路"北线,我国与俄罗斯将开展宽体客机、重型直升机的合作,并将其打造成装备制造领域中俄合作的重要成果。

第三,推进了"一带一路"空间信息走廊建设。2016年,国防科工局、发展改革委发出《关于加快推进"一带一路"空间信息走廊建设与应用的指导意见》。该空间信息走廊以在轨和规划建设中的通信卫星、导航卫星及遥感卫星资源为主,适当补充完善天基资源和地面信息共享网络,形成"感、传、知、用"四位一体的空间信息服务系统,为"一带一路"沿线国家及区域提供空间信息服务能力,实现信息互联互通[②]。"一带一路"空间信息走廊建设与应用将推动军民深度融合,统筹建设和利用我国空间信息资源,打造技术先进可靠、服务优质广泛的空间信息走廊,积极服务于我国与"一带一路"沿线国家全方位互利合作,为"一带一路"建设提供强大动力,带动提升我国空间信息产业市场化、国际化水平,也为军民一体化产业的军民信息融合提供更多更好的资源。

第四,推进了"一带一路"教育行动。2016年,教育部印发了《推进共建"一

---

① 沈雁昕.统筹推进军民融合与"一带一路"[J].红旗文稿,2017(8):12-14.
② 中华人民共和国国家发展和改革委员会.加快推进"一带一路"空间信息走廊建设与应用的指导意见[Z].2016-10-22.

带一路"教育行动》的通知,与"一带一路"沿线国家教育加强合作、共同行动,促进民心相通,为政策沟通、设施联通、贸易畅通、资金融通提供人才支撑[①]。该教育行动的"教育行动五通""四个推进计划"以及对企业积极与学校合作"走出去"、联合开展人才培养、科技创新和成果转化的鼓励,有助于知识融合平台的搭建。高校及教育人员的最大优势在于学科门类齐全、人才资源丰富、对外交往便利、原始创新潜力强。以更开放的理念和更包容的方式搭建基于知识的开放式融合平台对军工产业的政治敏感度影响最小,同时又能最大化地满足国防安全需求,有利于促进军民一体化产业的知识融合。2012年以来,我国共有35万多人赴"一带一路"沿线国家留学。截至2016年底,"一带一路"沿线国家在华留学生有20多万人,与我国签订政府间文化交流合作协定的沿线国家有60多个。知识具有无国界性、包容性、开放性和专业性的特点,高校教师和科研人员在知识交流学习中发挥的知识创新作用,可以弥补军工企业能力差距在知识上存在的短板。

最后,"一带一路"倡议的实施,尤其是"21世纪海上丝绸之路"的建设,也为我国船舶企业、兵器工业、电子科技等带来了重要的战略机遇,有望进一步促进我国军民一体化产业的发展。

---

① 中华人民共和国教育部. 推进共建"一带一路"教育行动的通知[Z]. 2016-07-15.

第 6 章
"一带一路"对军民一体化产业发展的促进作用

"一带一路"倡议和军民融合战略为各行业发展指明了方向,带来了机遇,也必将引领军民一体化产业新一轮的大发展。

当前最为突出带有军民一体化产业特色的应属通用航空产业。2017年9月13日,中国航空工业集团公司副总经理陈元先在第六届中国直升机发展论坛开幕式上说道:"通用航空工业具有天然的军民融合属性,也是'一带一路'国际合作的重要领域。近年来,中国航空工业践行'一带一路'倡议和军民融合战略,按照开放、共享的发展理念,全面推进与各类主体的深入合作,共同加快航空产业发展。""特别是在直升机领域,我们以产品制造为核心,以通航运营为推手,形成了系列化的军、民用直升机产品谱系,建立起了较为完备的科研生产、市场营销和维护保障体系,取得了明显成效。"未来,我国通用航空工业将继续紧扣国家战略,主动适应通用航空产业面临的新机遇、新挑战,加快形成军民深度融合的产业发展格局,积极融入"一带一路"建设,联合各方力量,开展深入多样的合作,共同推动军民一体化产业的健康发展。

在黄朝峰的《战略性新兴产业军民融合式发展研究》一书里,其认为在理想情况下,完全独立的军用产业和民用产业,经过技术融合、需求融合,最后实现产业融合便能形成军民融合型产业。但笔者认为,在现阶段"互联网+"、大数据以及人工智能的时代,仅仅是技术融合和需求融合并不能完全实现军民融合型产业。军民一体化产业相比军民融合型产业,多了信息融合、知识融合和人员融合,这是从军民两用产业的源头——信息以及知识——着手来使军民产业从根本上实现一体化,是军民一体化产业和军民融合型产业唯一不同且非常重要的地方。

第 6 章 "一带一路"对军民一体化产业发展的促进作用

6.1 信息融合

军民信息融合(Information Fusion)是军民产业一体化发展的重要组成部分,是我国军民产业一体化的切入点,也是军民一体化产业发展的发动机。信息融合是协同多源信息(传感器、数据库及认为获取的信息)进行决策和行动的理论、技术和工具,旨在比仅利用单源信息或非协同利用部分多源信息获得更准确和更稳健的性能[①]。具体的融合对象可以是信号、数据、图像、属性和知识。

军民信息融合主要是指军民一体化产业发展中的信息交流、互动等。20世纪末,现代战争形态已经从机械化向信息化转变,信息化战争下的军民产业一体化首先要求军民信息融合。军民产业在多年的分割发展中已经形成各自的生态体系,在各自的领域中已经建立起其自身的优势。军民信息融合的第一步在于将这些优势进行互通和相互补充,从而发挥出军民一体化产业更大的潜能,并能实现国家平战结合、富国强军的战略目标。

信息是最重要的战略资源。据统计,目前我国80%的信息资源掌握在各级政府(军事机关)的多个部门手里。由于各部门业务口径不同,获得信息的全面性、准确性、一致性、及时性和有效性均无法保证,很多可以共享的非密信息得不到共享;标准不一致的数据信息可能导致政府与军队上层的决策偏差。因此,需要在政府的主导下,强化信息共享融合,搭建一个包括国防科技工业和希望民进军的非国防科技工业企业在内的军民信息融合平台。建立武器装备采购需求信息、科研生产与配套保障信息、国有和民营高技术企业及产品供给信息融合机制和发布平台,实行装备采购政策法规和相关信息的公开制度,切实解决民企"参军"的信息不对称与安全保密问题。将有关装备采购方面的政策法规、标准规范等尽可能进行解密处理,并公开发布,使所有潜在的厂商都能够通过正常渠道了解装备科研、采购和维修保障方面的政策和程序。发布信息的内容,必须对所有的潜在投标人或供货人一致,不得有任何信息歧视。

军民产业一体化中的信息融合涉及全环节、所有主体及对象。这就要求建立权威的、较高技术水平的军民产业一体化信息融合平台。军民信息融合平台的作用体现在平台的用户数量和数据量,只有数据量较大,平台的作用才能体

[①] DASARATHY B. Sensor fusion potential exploitation innovative architectures and illustrative applications [J]. Proceedings of IEEE,1997,85 (1): 24-38.

现,而平台的用户数量较大,平台的信息才能流动起来①。而"一带一路"空间信息走廊的建设,也为军民一体化产业的军民信息融合提供更多更好的资源。

6.2 知识融合

早期的知识融合(Knowledge Fusion)研究更多地面向军事领域与遥感测绘领域,随着传感器技术和计算机技术发展,知识融合的应用领域不断扩大,在产业界更多地体现在多源图像融合、比价系统、物联网信息融合等与互联网相关的应用上。随着知识科学的发展,知识融合的应用研究侧重于知识库系统中知识的转换、集成与融合,网络多源知识融合、大规模知识库的构建、知识图谱的构建都需要知识融合的方法与技术②。

受国防科技工业特殊性和军民体制机制的制约,军工、民用市场联系渠道不畅,军民两用技术、产品输出者无法及时掌握市场需求信息,接受者也缺乏识别、运用技术、使用产品的能力和手段,难以实现二者的有效对接与效益转化,有关技术和产品的知识往往止于外化阶段,阻碍了知识流动与创造,这就需要将其显性知识以成果推广的方式外部化。知识价值化是检验技术融合、市场(产品)融合成败的标准,通过技术或产品的推广与商业化运作,可实现资源的合理配置,实现经济效益和社会效益,接受市场检验并融入新一轮知识融合环节,有利于军民两用技术、产品的完善与发展。因此,从知识融合视角研究军民一体化产业,以实现军民产业中隐性知识和显性知识不断转化上升的螺旋运动,进一步促进技术融合、需求融合及产业融合(见图6-1)。

军民一体化产业发展知识融合是一个复杂的系统过程,既涉及军工、民用主体和外部环境因素,又存在着保密知识泄露、屏蔽等问题。构建军民一体化产业知识融合平台模型、研究知识融合框架、分析知识融合算法以及知识融合的评价方法,是有效实现军民产业一体化、减少或避免知识融合模式选择随意性和主观性的关键,也是促进军民一体化产业发展的关键。

---

① 唐光海. 军民信息融合发展路径与对策研究[J]. 技术经济与管理研究,2014(2):88-92.
② 祝振媛,李广建. "数据—信息—知识"整体视角下的知识融合初探:数据融合、信息融合、知识融合的关联与比较[J]. 情报理论与实践,2017,40(2):12-18.

第6章 "一带一路"对军民一体化产业发展的促进作用

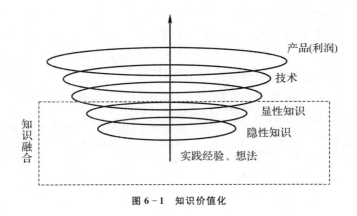

图 6-1 知识价值化

6.3 人员融合

知识到技术之间需要通过一个媒介——人。人是知识的载体,也是技术的供体和受体。因此,在军民一体化产业中,人员融合(Personnel Fusion)是不可缺少的重要过程。

以高知识、高技术为支撑的军民一体化产业离不开高级知识分子和高级科技人才的支持。目前,军民一体化产业的人员主要分布在高等院校、科研机构、军工企业和民用企业。承担科研任务的军队院校和科研院所数以百计,科研人员达数万人,能够在军民一体化产业支撑知识交流、知识创新、技术研发和技术创新等方面发挥重要作用。同样,民用工业系统也汇集了大量的科技人才,还有很多国防科技行业特别缺少的优秀企业家人才。人员融合,就是通过将部分军工体系和民用体系的人才引进一个有效的交流机制和平台,实现军地系统人员资源的优势互补,共同为军民一体化产业发展提供高效的智力扶持。

军民一体化产业的人员主要分布在高等院校、军工科研院所、民口科研单位、军工企业和民口企事业单位。在高等院校的人员,主要职能是为国防科技工业创新发展提供知识基础,担负在国防基础研究、预先应用研究与前沿探索方面的颠覆性研究等创新任务;在军工科研院所和个别民口科研单位的人员,主要职能是开发国防科技和武器装备发展的技术,实现技术的转化和创造性应用,担负突破性研究的技术攻关、技术集成验证、核心系统与平台研制等创新任务;在军工企业的人员,主要职能是从事针对特殊武器装备科研生产项目以及其他武器装备科研生产项目的总体、关键分系统、核心配套产品等生产,担负开发和应用先进工业技术、面向国内外市场开发新产品等创新任务;在民口企事业单位的人员,主要职能是承担国防基础研究和应用研究任务,以及国防核心装备项目之外的关键技术攻关以及研制、生产和维修任务。在军民一体化产业发展中,上述各单位的人员融合程度具体见表 6-1。

表 6-1　高等院校、科研机构和企业在军民一体化产业发展中的人员融合程度

单位类型	基础研究	预先研究			装备研制	装备军内科研	试验与鉴定	装备维修	人员融合程度
		应用基础研究	应用研究	先期研究					
军队科研单位	—	承担特色研究			—	负责	按职责分工工作	负责小修和中修	不融合
高等院校	平等参与	主体	平等参与	平等参与	—	—	—	—	充分融合
军工企业和科研院所	平等参与	平等参与	平等参与	"小核心"主体,其他参与	"小核心"主体,其他参与	—	经认证后参与	平等参与大修竞争	部分融合
民口科研单位和企业	平等参与	平等参与	平等参与	平等参与	大协作、专业化、开放型主体	大协作、专业化、开放型主体	—	平等参与大修竞争	充分/部分融合

同时,"一带一路"建设以沿线国家和地区的资源生产者、平台建设者和服务消费者为主体,"一带一路"教育行动以相关国家和地区的教育文化作为共享内容,运用现代技术整合、展示和利用,促进国际人员之间的知识交流、技术合作、成果共享,对我国军民一体化产业人员对外交流与融合产生了积极的影响。

6.4　技术融合

技术融合(Technology Fusion)是引发产业融合的一种重要机制。所谓技术融合,是指迄今为止不同产业分享共同的知识和技术基础的过程①。进行技术融合的根本原因在于不同技术可以满足同一需求,以及不同技术进行融合能产生新的功能或提高已有生产效率,而技术融合的源泉都是技术创新。技术创

---

① 胡金星. 产业融合的内在机制研究:基于自组织理论的视角[D]. 北京:复旦大学,2007.

第6章 "一带一路"对军民一体化产业发展的促进作用 |

新是推动经济增长、维护国家安全和决定国家竞争力的重要因素。随着电子计算机、生物工程、新材料、原子能、空间、隐形、激光等高技术的发展及其在军事领域的广泛应用,科学技术的军民兼容程度不断提升,国防经济与国民经济、军用技术与民用技术界限的日渐模糊,技术创新活动的交叉融合已成为科技发展新的增长点。各国通过大力发展两用技术,采取各种政策措施,加大军民一体化的国防科技工业基础建设,实现国防和经济的双重发展目标。在军民融合国家战略指导下,技术融合是军民一体化产业发展的重要基础。

技术的本质是知识,军民一体化产业发展中的技术融合实质上是技术的知识创造、转移与价值应用再现的过程。因此,对技术融合进行深入研究,必然涉及知识融合的问题。军民技术融合主体主要包括技术供体和技术受体两部分,具体涉及军用、民用企业、高等院校、科研院所等。技术受体和供体两用技术成果知识融合能力、融合意愿、双方信任程度等影响技术融合活动的产生及其融合效果,技术供体知识融合能力和意愿决定了军民两用技术能否供给的问题,而技术受体对融合知识的主动投入能力以及对知识进行学习和管理的能力是技术融合的关键。瑞士苏黎世联邦理工大学教授 Fredrik Hacklin 通过观察和分析实际案例,提出一套可用于分析技术融合的演化框架。他将整个融合过程划分为知识融合、技术融合、应用融合和产业融合四个时间序列[①]。德国明斯特大学教授 Clive - Steven Curran 等提出类似框架,不同之处在于将应用融合替换为市场融合[②],具体如图6-2所示。

军民技术融合为民用产业和国防科技工业带来军民两用技术,但只有当技术融合驱动军民产业完善生产技术和工艺流程,军民产业技术融合形成共同技术基础,使得军民产业边界模糊、产品性能和服务性能相似,达到需求融合后才能最终导致产业融合。技术融合更应强调知识创造和对先进的军、民技术引进、内化、吸收及再创新能力的提升,以形成适用于军民的通用技术,引导技术知识价值化并使之扩散,而非机械式、传统式显性知识到显性知识的技术转移。从知识视角研究军民融合深度发展、技术融合问题,有利于军工、民用企业将技术知识融合内化为适用于军民领域通用的技术,打破原有的军民技术分离壁垒,进而形成通用的技术基础,帮助军工、民用企业深化认识和选择科学、高效的技术融

---

① HACKLIN F. Management of convergence in innovation [M]. Heidelberg: Physica-Verlag, 2007.

② CURRAN C, BRORING S, LEKER J. Anticipating converging industries using publicly available data [J]. Technological Forecasting & Social Change, 2010, 77(3): 385 - 395.

合模式，推动军工企业和民用企业实现技术创新和资源有效配置，实现国防与民用工业有机结合，共享科技资源，努力形成军民产业一体化发展格局。

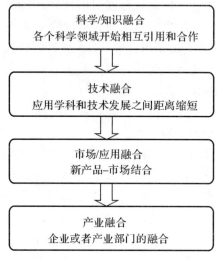

图 6-2　融合事件的理想化时间序列

6.5　需求融合[①]

无论是军品使用者还是民品使用者对产品的要求都在不断地改变，而需求的改变为军民产业一体化发展提供了动力。在外部环境或条件的驱动下，军品使用者和民品使用者对装备或设备的升级提出更高要求，一种同时满足军民需求的军民一体化产品将会出现，这就标志着军用产业和民用产业一体化的开始。

---

① 从"融合"作为一个普通词汇的角度来看，在汉语中，"融合"经常与"整合""集成""聚合""趋同"等词汇作为较为相近的概念进行使用。在英文中，表达"融合"的词汇主要是"fuse（fusion）"，表示"整合"或"集成"概念的词汇包括"integrate（integration），aggregate（aggregation），combine（combination），mashup"等，表示"聚合"或"趋同"概念的词汇为"convergence"。从字面上讲，"融合""整合""聚合"都具有将内部相互联系的部分有机地融合为一个整体，实现一体化的意思，但"聚合"的含义中包含更多"集中许多事物，创新事物"的意味，比前二者的一体化表现更强烈。因此，在信息融合、知识融合、技术融合和人员融合里，用"fusion"表示"融合"；在需求融合和产业融合中，则用"convergence"表示"融合"，在服务保障融合中，用"integration"表示"融合"。

第6章 "一带一路"对军民一体化产业发展的促进作用

在技术可行的条件下,需求融合(Demand Convergence)最终导致产品或市场融合。军民一体化产业是面向重大战略需求而发展的产业,属于需求拉动型产业,因此,军民一体化产业的需求融合对军民融合深度发展具有重要作用。需求融合是军民一体化产业发展的重要拉动力。在"互联网+"和大数据下的信息时代,高速发展的科技创新、雄厚的社会经济实力以及开放的市场环境促使国防科技工业和民用产业的需求方形成相同或相似的产品需求。目前,在国家经济社会发展"十三五"规划纲要中确立的 100 个大项目[1],军用需求和民用需求已经出现融合趋势。在高端装备制造领域,军用飞机、军用卫星、舰艇制造以及军用机器人等军用智能装备,在技术开发、后勤保障等环节均能实现资源共享和产业融合。从宏观层面看,军民一体化产业发展既服务于国家经济建设,也服务于国防安全建设。从微观层面看,军民一体化产业的产品既服务于民用企业生产需求、人们生活需求以及其他民间用途,又服务于武器装备生产、国家信息安全建设。如高性能计算机既服务于军事用途,又能为天文、气象服务;北斗卫星导航系统既可用于军事训练和作战,又能为民用导航服务等。

不过在军民融合战略下的需求,主要指的是军事需求。军事需求,是军事领域作战需求向经济建设领域的延伸,是对作战需求实施经济保障的重要前提。在实践中,军事需求集中表现为国防与军队建设中由军方提出的、需要依托国民经济系统供给保障的各种要素及项目的需求,包括军事人力、物力、财力和科技力等方面的质量要求和数量需求。该类军事需求通常具有军民两用、建设周期长、实现途径多样、综合效益大等特点。习近平总书记强调指出,要在国家层面加强统筹协调,发挥军事需求主导作用,更好地把国防建设和军队建设融入国家经济建设发展体系。这一重要论述,揭示了军事需求是军民融合深度发展的逻辑起点和源头。离开了军事需求,军民融合就成了无源之水、无本之木[2]。当前,我国的军民融合阶段迫切需要强化军民融合的需求牵引,进一步完善科学权威的军事需求生成提报机制、军地需求对接机制和军事需求全程管理机制,确定重要领域、重大项目的需求融合,努力实现需求与供给无缝链接。

以军民融合发展战略为指导,围绕军民一体化产业发展实践工作,构建由任务需求、业务需求、用户需求、数据需求和配套需求等构成的纵向贯通军地各级,横向覆盖相关业务领域的军民融合需求体系,能够更好地牵引需求融合。其中,

---

[1] 盘点:"十三五"期间中国要上的 100 个大项目[EB/OL].[2016-03-05]. http://news.sohu.com.

[2] 国防大学国防经济研究中心.中国军民融合发展报告 2016[M].北京:国防大学出版社,2016.

任务需求包括宏观层面任务需求(组织管理体系、工作运行体系和政策制度体系)、主要领域任务需求(基础设施、科技、装备科研生产、人才培养、社会化保障、国防动员)、新兴战略方向任务需求(海洋、太空、网络空间、核和生物安全、能源安全)等。业务需求包括军民融合发展战略管理、业务协同和信息共享等方面业务需求。用户需求包括军方、政府、专家智库、科研院所、高校、民口企业等用户主体的军民信息与知识交流的需求。数据资源需求包括基础数据、原始引接数据、业务工作数据、综合分析数据等方面数据资源需求。配套需求包括军民信息与知识交流制度规范、理论研究等方面的需求①。

6.6 产业融合

产业融合(Industry Convergence)是指通过放松管制来降低行业进入壁垒或者通过技术创新使产品突破产业边界以促进不同需求融合,不同产业内企业采取兼并、一体化、多元化经营突破产业边界相互渗透,最终使得多个独立产业得以合并②。自20世纪80年代以来,产业融合由于在形成新产业、促进产业结构调整以及优化资源配置等方面的作用而受到学术界关注,对产业融合问题的研究也由最初基于信息技术的产业技术交叉融合现象研究拓展到其他产业及多种类型产业融合领域。产业边界模糊化、技术和产品融合化等成为当今产业的发展特征。

广义的产业融合理论认为,产业融合是由于通用性技术在一系列产业中广泛应用与扩散,导致过去各自独立的产业边界模糊的过程③。因此,有些学者将军民融合型产业发展看成是军民技术融合、军民企业融合、军民需求融合和军民制度融合共同作用的动态过程。其中,技术融合是起点,企业融合是实现途径,需求融合是重要拉动力,制度融合是外部推动力④。笔者认为产业融合不仅仅是从技术融合开始,还应追溯到技术融合之前的信息融合以及知识融合。军民

---

① 吕彬,李晓松,肖振华. 基于复杂巨系统理论的军民信息交流体系研究[DB/OL]. 仰山智库,[2017-10-31]. https://mp.weixin.qq.com/.

② 马健. 产业融合论[M]. 南京:南京大学出版社,2006.

③ SAHAL D. Technological guideposts and innovation avenues [J]. Research Policy, 1985, 9(14):61-82.

④ 彭春丽,黄朝峰. 战略性新兴产业军民融合式发展的产业融合分析:以核能产业为例[J]. 科技进步与对策,2014,22(31):97-101.

一体化产业发展涉及军工产业和民用产业之间的信息、知识、技术、人员、需求、制度等要素的协同发展,军民一体化产业融合从信息融合开始,到知识融合,进而到人员融合、技术融合、需求融合,最后才能实现军民一体化产业融合,这也是前文提到的军民一体化产业与军民融合型产业的不同之处。军民一体化产业发展可看作是产业融合的特殊应用,即伴随军民信息交流互动、知识共享和技术突破,军工产业和民用产业之间的壁垒被打破、产业边界逐渐模糊。

6.7 服务保障融合

服务保障融合(Service Security Integration),即着眼于优化配置和高效利用社会服务资源,进一步推动军队自我服务、自我保障向购买服务和依托社会保障转变。深化生活保障社会化,可以拓宽社会优质资源利用范围,提升军队饮食、军人住房、商业服务、营区物业等领域保障社会化的层次水平。此外,服务保障融合可为急时和战时条件下运用地方人员、运力、物资、设施设备等资源提供有效机制和办法,逐步推进战场建设、作战技术保障社会化。

服务保障融合,根据具体内容,可分为设施设备服务保障融合、装备维修服务保障融合、后勤服务保障融合以及人员服务保障融合。

设施设备服务保障融合,即把军队冗余的军事资源向民用输出,日后在军队需要时再将民用的设施设备即时转为军用。例如将军队的非作战车辆实行社会化,学习美国军队的车辆管理办法,一切向基层靠拢。美国陆军现有10个作战师,其中6个重装师(骑1师、装1师、步1师、2师、3师、4师),4个轻装师(82空降师、101空降师、轻步25师、第10山地师)。其重装师每个师配备各型汽车5 000余辆,轻装师装配各类飞行器约数百架,而美军各中枢指挥机关所配给的车辆却屈指可数,以美军最高军事学府——国防大学为例,整个学校仅有7辆专车(配备6名司机),其中卡车1辆(用于后勤保障)、轿车2辆(配属校长和信息资源管理学院院长使用)、面包车4辆(校内人员长途公出使用或接待来访者)。而且,美国部队的将军在退出现役后,将不再享有使用专车的待遇。另外,设施设备服务保障融合还综合考虑了军地需求,推进国家港口、机场、公路、铁路等重大基础设施建设贯彻国防要求,提高国家现代综合交通体系对国防和军队建设的战略支撑能力。依托地方移动通信网络、测绘系统、气象观测等信息资源,加快军队信息化建设。统筹军民标准建设,建立民标采用、军标转化、军民通用标准制定和信息共享体制机制,研究制定物联网、导航定位、集成电路、无人机等领域军民通用标准体系。

"一带一路"中基于知识融合平台的军民一体化产业发展研究

装备维修服务保障融合,就是使军队装备保障由自我封闭、自成体系、自我保障,转变为依托社会保障资源,建立"军转民""民参军"的装备维修保障体制,实现军民一体的装备维修服务保障。随着高新技术装备陆续配发部队,对装备维修保障提出了新的更高要求,使得装备维修保障的难度越来越大,迫切需要地方的、社会的保障力量更多地参与装备的维修保障活动。实行装备维修服务保障融合并不是削弱建制保障力量在装备维修保障中的主体作用,而是把军队不能或不宜承担的军事装备维修保障工作交给地方保障力量来完成,从而弥补建制保障力量在装备维修保障中的不足,使装备维修保障具有预期的效费比,达到提高装备的战备完好性和任务成功性、降低寿命周期费用的目的[①]。

后勤服务保障融合,即利用社会资源,在平时为军队物资、军队饮食、军人住房、商业服务、营区物业等生活领域提供保障,在战时为作战物资、作战动员提供精准保障。在平时的后勤服务保障工作中,军地双方可严格执行"军民融合"的方针,建立适应平战快速转换的工业生产体系以及技术标准。例如在民船的建造上,考虑军事运输的需要,留有加改装余地;在商用港口的基础设施建造上,考虑"民转军"的可能,均由军方出资,进行加改装,使其既不影响平时使用,又利于战时征用。有的商船在设计时就留有有直升机升降平台、安有军用的高频无线电通信设备等,按照国防部的统一标准,确保满足防务需求。同时,整合国家和军队物资储备资源,建设一批军民融合物资集散和储备基地,探索将军队物资储备纳入国家物资储备体系的方法途径,逐步实现重要战略物资储备一体化。

人员服务保障融合,指的是军队退休人员、退役人员以及非现役人员的服务保障与社会体系的相互融合。例如,国内的军民融合(北京)装备技术研究院是一家汇集退休军队干部、地方商业人员组成的私营中介机构,主要从事为民营企业提供认证咨询、商品推荐等工作,连续多年开展民技军用论坛和展览;国外的"黑水国际"是一家诞生于美国军工联合体、与美国国务院合作的、由美国海军特种部队"海豹突击队"退役军人组建的私人保安公司,主要提供私人军事、安全顾问、保安服务、培训和后勤等业务。这不仅成功地为军内退休、退役人员的生活提供社会化保障,还通过服务地方经济解决了就业问题。军队的非现役人员分为两类,一类是非现役文职人员,类似地方的职员,主要从事军队和地方一些通用专业事务,不穿军装,比如军队院校的教师、图书管理员等。这些文职人员多数为退役军人,因为退役军人往往具有良好的专业素养和过硬的军政素质,也有

---

① Office of the Deputy under Secretary of Defense. DOD materiel readiness and maintenance policy fact book [R]. Washington DC: Headquarters Department of the Army, 2012.

社会各单位中符合资格的教员、地方高等院校的毕业生等。另一类是非现役公勤人员,类似地方的工人,主要从事军队和地方一些通用服务保障事务,不穿军服,比如炊事员、公务员、汽车修理工等。目前,军队非现役人员全部是合同制,主要集中在非作战部队,以医院、老干部服务机构、院校居多。这类人员既非政府公务员,也非军队的现役干部,但工资参照军队连以下干部和初级士官部队,每年进行两次野外训练,若有战时状态则可以应招回现役部队。其中,对于非现役文职人员的服务保障融合,即是在军队人力资源结构需优化重组的时代背景下,将这些非现役的文职人员招聘到军队院校的教学岗位,作为军队院校新的一类人才群体,成为军队院校教员队伍的重要组成部分,成为我国军队院校人才队伍的重要组成部分[①]。在制定非现役文职人员福利待遇和社会保障制度时,既要参照事业单位同类岗位人员和当地政府的有关规定,也要参考军队文职干部的有关规定。这样的人员服务保障融合,不仅能优化军队院校人力资源结构、调整军队院校人力资源配置方式、提高资源配置效率,还能建立和完善军民结合、寓军于民的军队人才培养体系的需要,进而实现军地院校人力资源的优势互补、资源共享的重要条件,对于建立中国特色军民融合式发展体系具有重要意义。

---

① 郭琳达. 军民融合视角下中国军队院校非现役文职人员的配置优化研究[J]. 经济研究导刊,2014(34):146-149.

第7章
军民一体化产业知识融合平台的构建

在"一带一路"建设中要想落实军民一体化产业发展,则要依托"一带一路"国际科技园区联盟,强化与世界知名科技产业园的合作,更好地融入全球经济[1]。此外,中国可与在丝绸之路经济带上个别军工科研院所密集、科技实力雄厚的国家构建军民要素资源交汇和军地技术互动创新的平台,为中国"向西开放"提供强劲动力[2]。其中所提的"世界知名科技园"和"平台"即为知识融合平台的具体实例。军民一体化产业知识融合平台是为军转民、民进军提供交流、互动、资源优化等的知识共享支撑平台。由于我国长期以来国防科技工业的计划调控模式与民企的以市场调控为主的模式不相协调,要想实现顺畅的军、民两个体系的信息交流、知识共享、技术转移就需要有权威的、专业的、平民的军民一体化产业知识融合平台。"一带一路"建设通过知识融合平台,可以大大促进军民一体化产业的发展;同时,基于知识融合平台的军民一体化产业发展也为"一带一路"建设提供强有力的支持。对军民一体化产业知识融合进行分析的基础上,笔者结合"一带一路"建设背景,参考大量文献资料,提出从平台主体和其他构成要素两个方面来推动军民一体化产业知识融合平台的构建。

---

[1] 付军峰. 打造"一带一路"创新之都[N]. 华商报,2015-12-16.
[2] 张一辰. 西安高新区"抢滩"军民融合,打造"一带一路"创新之都[N]. 中新社,2016-07-18.

第 7 章　军民一体化产业知识融合平台的构建

7.1　军民一体化产业知识融合平台的构成要素

7.1.1　军民一体化产业知识融合平台的主体

军民一体化产业知识融合的主体主要包括知识供体和知识受体两部分,具体涉及政府、军用与民用企业、高等院校、科研院所等。在"一带一路"建设中,知识融合平台的主体主要指沿线国家中与我国军工单位一直友好合作的、不会对我国军事安全产生威胁的国家的军民产业园区或军工企业、单位等机构,"一带一路"教育行动中的国内外高等院校、跨境教育组织等机构。

不同主体由于知识创新能力、学习能力、经济实力、资源管理能力、合作意愿等不同,因此对于知识融合采取的形式也不尽相同。其中,企业学习能力是对技术等方面知识的识别、学习、吸收、创造并融合形成自身优势的能力;企业管理能力是对内部资源进行整合、沟通、协调的能力以及与对外利益相关者建立良好关系的能力;知识主体合作意愿及其关系影响融合的效果。因此,影响军民一体化产业知识融合平台主体的因素包括知识创新能力、学习能力、合作意愿、研发投入、合作关系、管理能力等。

在该平台的体系中,政府发挥引导作用,高等院校以及科研机构发挥主导作用,军用与民用企业的积极参与起促进作用。

7.1.2　军民一体化产业知识融合平台的其他构成要素

在军民一体化产业知识融合平台上,除了以政府、军用与民用企业、高等院校、科研院所为主的知识融合平台的主体外,还有其他构成要素,比如努力促使民用技术及其工业基础与国防技术及其工业基础融合在一起形成具有单一的国家技术和工业基础的、同时满足军用和民用两种需要的共同的技术、工艺、人力、装备和材料等。

基于军民一体化产业的知识融合平台是技术、工艺、人力、装备、材料、物流、资金、产品等要素的信息统一体。

7.2 军民一体化产业知识融合平台的知识融合框架研究

在军民一体化产业的知识融合平台上进行知识融合,首先要了解该平台内的知识融合的系统框架。而知识融合的系统框架又是基于军民一体化产业的本体及融合规则建立的,因此本节先介绍什么是本体,以及军民一体化产业的本体构建方法。

7.2.1 军民一体化产业知识本体构建方法

本体是一种促使知识重用、知识共享和建模的模型。在哲学中"Ontology"是一种对存在的系统化解释,用于描述事物的本质。在计算机领域中,用小写"o"开头表示本体(ontology),表示一个实体,是对某个领域应用本体论的方法分析、建模的结果,也就是对客观世界的某个领域抽象为一组概念及概念与概念之间的关系[1][2]。目前,本体在信息系统、自然语言理解和基于知识系统等方面得到广泛的应用[3]。

军民一体化产业知识是一种高质量的生产要素,可以使军民一体化产业劳动力和资本生产的效率大幅度提高,加快我国军民融合的信息化进程。军民一体化产业知识还是一种特殊的领域知识,是军民信息应用的基础,像军民一体化产业语言处理系统和军民一体化产业专家系统都离不开军民一体化产业知识。然而,军民一体化产业知识与其他的领域知识有很大的差别,有自己独特的特点。首先,军民一体化产业知识涉及的学科知识较多,比如,航天、航空、航海、计算机、生物、医学等等,这就加大了对军民一体化产业知识处理的难度。如何使这些知识得到共享、重用,特别是在军工产业和民用产业的企业之间进行通信,使信息和知识得到有效的共享和应用,目前仍是一个巨大的挑战。其次,军民一体化产业知识量大。以前这些知识都是以一种自然语言的形式存于文本载体中,很难处理这些自由结构的知识,知识无法得到有效的应用。要开发出有效

---

[1] 张维明,肖卫东. 语义信息模型及应用[M]. 北京:电子工业出版社,2002.
[2] USCHOLD M, GRUNINGER M. Ontologies: principles, methods and applications [J]. The Knowledge Engineering Review, 1996,11(2):93-136.
[3] 陆汝钤. 世纪之交的知识工程与知识科学[M]. 北京:清华大学出版社,2001.

第7章 军民一体化产业知识融合平台的构建

的、智能的、高效的系统,离不开知识理论作为基础。然而,本体作为一种精粹的知识理论,能够帮助解决这些知识表达问题。本体是领域知识中概念、属性、过程及其相互关系形式化描述的基础。这种形式化描述可成为知识软件系统中可重用和共享的组件,让机器能够理解;为人与人之间、组织与组织及计算机之间通信提供了统一的术语和概念,使知识共享成为可能,同时也有利于知识的获取,可以提高获取的速度和可靠性[1]。

军民一体化产业本体就是刻画军民一体化产业领域实体、属性、关系和过程的一种模型,目的是让军民一体化产业知识更好地重用、共享和处理。本书遵循 Gruber T.[2]构造本体的 5 个指导原则和 Uschold M. 与 Gruninger M.[3]的构造方法学框架设计军民一体化产业本体。

(1) 军民一体化产业本体体系

基于本体思想建立军民一体化产业体系,最基本的就是对军民一体化产业知识按照某种标准进行分类,在这种标准下,该分类集合应该构成军民一体化产业知识的一个划分[4]。本书将军民一体化产业知识分为三大部分:军民一体化产业生产对象、军民一体化产业生产资料和军民一体化产业生产过程。如图 7-1 所示。军民一体化产业生产对象是本体体系的中心,一般来说,一种静态知识,不易改变。军民一体化产业生产资料是指军民一体化产业进行生产时所需要使用的资源或工具。军民一体化产业生产过程可以看作是军民一体化产业生产对象的生产周期不同阶段的组合。

首先,军民一体化产业生产对象按照生产方式和生产目的不同,可分为军用产品、民用产品和军民通用产品。军用产品依照产品类别不同,分为航空、航天、航海等武器装备制造和其他军事专用品。对于民用产品,按照类别可分为航空、航天、航海等除去武器装备和军事专用品的、供普通群众使用的物资产品。对于军民通用产品,同样按照产品类别可分为航空、航天、航海等具有军事及商用应用可能的产品。对于军用航空产品,可按照品种分为战斗机、军用运输机、军用直升机等;对于军用航天产品,按照品种分为人造地球卫星、月球探测器、月球载人飞船和行星际探测器等;对于军用航海产品,可按品种分为军用战列舰、军用

---

[1] 谢能付,王文生. 农业知识本体构建方法[J]. 农业网络信息,2007(8):12-16.

[2] GRUBER T. Towards principles for the design of ontologies used for knowledge sharing[J]. International Journal of Human-Computer Studies, 1995, 43(5/6):907-928.

[3] USCHOLD M, GRUNINGER M. Ontologies: principles, methods and applications[J]. The Knowledge Engineering Review, 1996, 11(2):93-136.

[4] 集合 $\subset 2^A$ 成为集合 A 的一个划分(partition),而且仅当 $\cup P = A$ 并且 $\forall a, b \in P$,如果 $a \neq b$,则 $a \cap b = \emptyset$。划分确定一个等价关系,反之亦然。

"一带一路"中基于知识融合平台的军民一体化产业发展研究

潜艇等。以此类推,民用产品类别和军民通用产品类别也分别按品种划分。

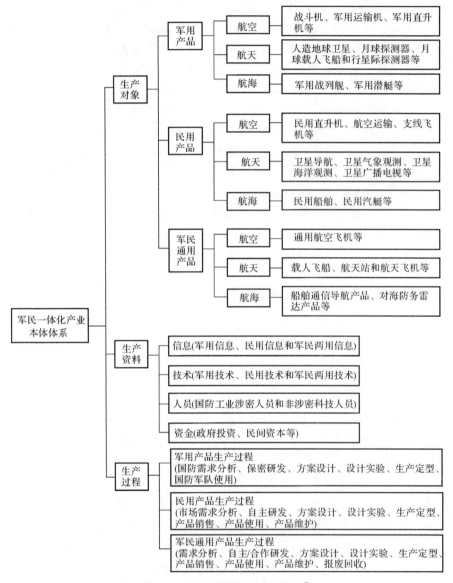

图 7-1　军民一体化产业本体体系①

---

① 依据我国工业和信息化部国防科工局联合发布的 2017 年度《军用技术转民用推广目录》和《民参军技术与产品推荐目录》等资料划分产品类别以及品种等。

第7章 军民一体化产业知识融合平台的构建

其次,军民一体化产业生产资料可分为知识、技术、人员、信息、资金等内容。每类再按照生产对象划分,如知识可划分为国防保密知识和通用知识,技术可划分为军用技术、民用技术和军民两用技术,人员可划分为国防工业涉密人员和非涉密科技人员,信息可划分为军用信息、民用信息和军民两用信息,等等。

最后,生产过程是根据生产对象生产周期中不同生产阶段的集合,通常是一种时间系列。根据生产对象不同,生产过程分为军用产品生产过程、民用产品生产过程和军民通用产品生产过程。军用产品生产过程主要分为国防需求分析、保密研发、方案设计、设计实验、生产定型、国防军队使用;民用产品生产过程主要分为市场需求分析、自主研发、方案设计、设计实验、生产定型、产品销售、产品使用、产品维护;军民通用产品生产过程主要分为需求分析、自主/合作研发、方案设计、设计实验、生产定型、产品销售、产品使用、产品维护、报废回收等。

以生产对象为体系中心,其他军民一体化产业知识通过关系与之连通,也就是说,从生产对象出发,能找到相关的知识,如相应的政策、法规和知名专家等。

(2)军民一体化产业本体:属性、关系和公理

在这里,笔者将形式化的军民一体化产业(Civil-Military Integration Industry,CMII)本体定义为

$$CMIIOnto = (Onto\_Info, CMII\_Concept, CMIICon\_Relation, Axiom)$$

其中,$Onto\_Info$ 表述对本体基本信息描述,包括本体名称、创建者、设计时间、修改时间、目的和知识来源等本体的元数据信息;$CMII\_Concept$ 就是军民一体化产业知识概念的集合,$CMIICon\_Relation$ 就是本体中概念的关系集合,包括层次关系和非层次关系;$Axiom$ 包含本体中存在的公理集合,下面分别进行阐述。

军民一体化产业本体中的属性与关系。属性(attributes)和关系(relations)是构建本体的基础。先要进行分类,属性和关系的分类好坏决定了整个本体体系的优劣和本体知识共享的程度。实际上,在对本体分类时,某一程度上已经将属性进行了分类,但是还未达到刻画事物特征的程度,因此还需要对这些概念中的属性进一步分类。换句话说,本体的属性是不同的属性类的组合,如军用产品的航空领域的飞行器属性可以进一步划分为材料属性、重量属性、零件属性等。

为了进一步说明属性,笔者以航空产品本体为例,来说明在构建本体时如何对属性进行分类。对于航空产品本体,一个属性类刻画了航空产品本体的一组特征。在具体分析、实现属性类时,在全局范围里采用继承机制尽可能减少数据冗余,达到知识重用。

"一带一路"中基于知识融合平台的军民一体化产业发展研究

航空产品知识内容的范围很广泛,涉及计算机学、数学、物理学、化学、机械、管理学等很多方面。航空产品知识的属性就从这些不同的知识总结出来的:首先,航空产品属于产品,它具有产品、功能、结构三个贯穿于整个产品生命周期的核心属性;其次,航空产品还有自己的特有属性,如高复杂度的产品属性类。航空产品属性类的分类结构如图7-2所示。为了本体管理的方便以及反映属性之间固有的层次关系,航空产品的属性及关系也描述为一个本体体系,称为航空产品属性本体。这个本体不会有任何实例,而只能由航空产品来实现它。

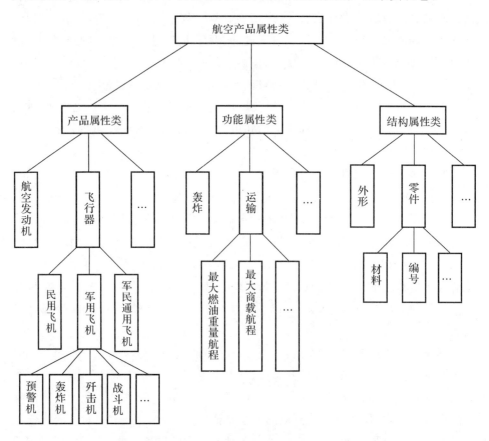

图7-2 航空产品属性类的分类结构①

在具体实现某个属性类时,除了在本领域来考虑该属性类的定义,还有必要

---

① 本书根据《中国航空百科词典》中的航空工业本体属性性质术语进行概念属性和属性分类。中国航空百科词典编辑部. 中国航空百科词典[M]. 北京:航空工业出版社,2000.

第 7 章 军民一体化产业知识融合平台的构建

从整个本体库中考虑属性类关系,有助于重用属性类、属性类细分、整合和归类。所谓属性关系(简称"属关"),就是每个属性类包含若干属性,形成航空产品某一方面的完整描述。当定义属性时,有多种方法表示这个关系。可以指定该属性的领域和范围,属性定义成为一个现存属性的特殊属性,如子属性。例如:

〈owl:ObjectProperty rdf:ID="madeFromGrape"〉
　　〈rdfs:domain rdf:resource="#wine"/〉
　　〈rdfs:range rdfs:resource="wineGrape"/〉
〈owl:ObjectProperty〉

另一定义:

〈owl:ObjectProperty rdf:ID="hasComponent"〉
〈rdfs:domain rdf:resource="框"/〉
〈rdfs:range rdfs:resource="飞机蒙皮"/〉
〈owl:ObjectProperty〉

在军民一体化产业本体中,类中除了定义属性,还定义关系,也是类中一个很重要的部分。关系主要是用来描述概念之间关系的,它通常表示一个命题和断言,表现为动词。关系能将一个概念和其他概念和实体联系起来,起到一定的知识连通作用。

表 7-1 中给出了目前军民一体化产业类中的一些关系。另外,表 7-1 中的"框"和"飞机蒙皮"既可以是关系也可以作为属性,也就是前面提到的属关。

表 7-1　军民一体化产业中的关系举例

名称一	名称二	关系描述
军用产品	飞机	整体与局部关系
飞机	运输机	继承关系
框	飞机蒙皮	属性关系
…	…	…

在建立了军民一体化产业本体和军民一体化产业知识库之后,还有一个非常重要的任务,那就是对知识进行检查和推理,而这些仅依据现有的本体是无法实现的,这就需要建立一个满足一致性的公理库。

军民一体化产业本体中的公理很多,有些公理可以组成集合用来集中说明学科中某些特定的类、关系、属性之间的联系和制约,有些公理是用来对知识库中的知识进行检验和推理的。表 7-2 列出了 5 条公理,并对其进行了解释。

表 7-2 公理举例

公理 1	所有 X:军民通用产品 存在 Y:通用航空飞机 属于(Y,航空产品(X))↔属于(X,军民一体化产业(X))①
公理 2	所有 X:军民通用产品,所有 Y:通用航空飞机,存在 P:部件 属于(Y,组件(X))→属于(P,产品结构(X)) ∧ 属于(Y,单一零件(P))
公理 3	所有 X:军民通用产品 存在 Y:字符串,存在 Z:字符串 属于(Y,航空产品(X))→属于(Z,私人飞机(Y))
公理 4	所有 X:军民通用产品 相似于(X,别名(X))②
公理 5	所有 X:军民通用产品 真包含(X,构成(X))③

总之,军民一体化产业本体论服务还有助于语义网站(语义网是种智能网络,不但能够理解词语和概念,还能够理解它们之间的逻辑关系,可以使交流变得更有效率和价值,十分有利于资源的检索)对多种语言的军民一体化产业资源进行描述并把它们联合起来,在获得这些资源过程中增加功能性及相关性,并为共享军民一体化产业领域内的通用说明、定义和关系提供一个框架。

本书从本体角度考虑,希望建立一个真正意义上的、基于本体的共享军民一体化产业知识库。在国内,迫切需要建立一个完善的、共享的军民一体化产业知识库体系,为加快军民深度融合发展打好基础。

7.2.2 基于军民一体化产业本体和融合规则的知识融合框架

参考谢能付对农业知识服务中的知识融合的关键技术和方法研究框架④,本书从基于军民一体化产业本体和融合规则的角度对军民一体化产业知识融合平台中的知识融合的关键技术和方法进行研究,研究框架如图 7-3 所示。在整个技术框架中:

a. 军民一体化产业本体和融合规则是军民一体化产业知识融合的基石;
b. 基于军民一体化产业本体的知识表示和匹配以及基于概念属性的融合

---

① 属于(x,A)的含义:谓词:x 属于集合 A。
② 真包含(A,B)的含义:谓词:集合 A 真包含集合 B。
③ 相似于(A,B)的含义:谓词:表示 A 与 B 在某一方面相似。
④ 谢能付. 基于农业本体和融合规则的知识融合框架研究[J]. 安徽农业科学,2013,41(1):395-397.

第7章 军民一体化产业知识融合平台的构建

规则挖掘和自动选择是知识融合的关键环节;

c. 为了找到更合理的融合知识,更能满足用户(军民一体化产业知识融合平台的主体)查询需求,融合结果评估是提升知识融合方法的必要手段。

因此,以上3个部分构成了知识融合的完整体系框架。

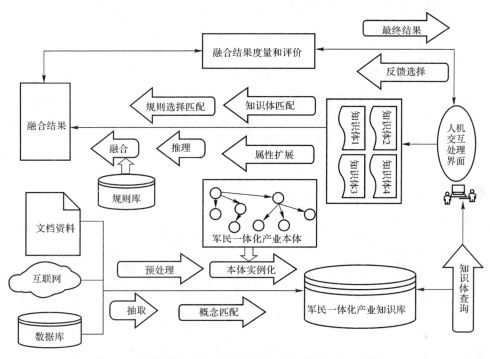

图7-3 基于军民一体化产业本体和融合规则的知识融合系统框架

基于上面的系统框架,主要从三个方面进行研究:

第一,用户需求的知识表示,探索如何利用查询本体翻译用户需求为知识融合提供有效的支持,并在此基础上完善用户查询本体。知识表示技术的选择决定于需要表示知识所属的领域、知识利用方式及知识利用目的。支持军民融合深度发展的知识应用需求和管理需求,驱动着对军民一体化产业知识表达方法和存储手段的集中研究。知识表示的目的不仅是将知识用数据结构的形式存储在计算机中,更重要的是能够方便且正确地利用和管理知识。知识表示过程就是把知识编码成某种数据结构的过程。同一种知识可以有多种不同的表示形式,而不同的表示形式所产生的效果也可能不一样。合理的知识表示,可以使问题的求解和利用变得更加方便、高效;反之,则会导致问题求解和利用的低效。一般来说,对知识表示的要求主要有七个方面:表示能力、可利用性、可组织性、

"一带一路"中基于知识融合平台的军民一体化产业发展研究

可维护性、可实现性、可理解性、自然性。

蔡盈芳引入"形式化敏感性"一词讨论知识表示要求对形式化的要求,因为其认为形式化程度是可以衡量知识表示是否全面的标准[①]。蔡盈芳对知识形式化敏感性做出了如下定义:

知识形式化敏感性:知识表示要求对形式化的需求程度,记为

$$F(w_i) \rightarrow \begin{cases} 1 & w_i = T_{强} \\ 0 & w_i = T_{无} \\ -1 & w_i = T_{弱} \end{cases} \quad (7-1)$$

式(7-1)中,T 为知识表示要求,$T_{强}$ 为要求形式化强的要素,$T_{无}$ 为要求形式化一般的要素,$T_{弱}$ 为要求形式化弱的要素。

知识表示形式化值:知识形式化敏感性之和,记为

$$F(v) = \sum_{i=1}^{n} F(w_i) \quad (7-2)$$

式(7-2)中,$F(v)$ 为形式化需求,$F(w_i)$ 为单项值,i 为基数。

知识表示评估要素值见表7-3。

表7-3 知识表示需求与形式化程度对应关系表[①]

变量名	表示需求	需求性质	形式化影响	形式化程度
w_1	表示能力	表达性	负相关,形式化越高,表示能力越弱,反之则表示能力越强	-1
w_2	自然性	表达性	负相关,形式化越高,自然性越差,反之自然性越好	-1
w_3	可维护性	表达性	负相关,形式化越高,知识的插入、删除、修改越难,反之则方便维护	-1
w_4	可实现性	表达性	负相关,形式化越高,可实现性越低,因为许多知识无法进行形式化表示	-1
w_5	可利用性	利用性	正相关,形式化越高,推理性越强,可利用性越强,反之则越弱	1
w_6	可组织性	利用性	正相关,形式化越高,知识的可组织性越强,反之越弱	1
w_7	可理解性	利用性	不相关	0

从表7-3可知,知识表示要求主要在两方面,一是表达性需求,二是利用性需求。表达性需求是指表示能力、可维护性、可实现性和自然性,利用性需求是指可利用性、可组织性和可理解性。这两方面在形式化方面是一个矛盾体,形式

---

① 蔡盈芳. 基于本体的航空产品知识库构建研究[D]. 北京:北京交通大学,2011.

化高了,则知识的表示能力、可维护性、可实现性和自然性就会降低,如果形式化低了,则知识的可利用性和可组织性差,同样知识表示效率也会降低。那么知识表示方法的选择就是要求在形式化程度上综合考虑各方面的因素,选择形式化适中的知识表示方法。

第二,基于军民一体化产业本体,研究军民一体化产业知识之间匹配合并和概念属性的融合方法,多策略选择、评估融合用户需要的军民一体化产业知识。

第三,对知识融合的结果进行分析和评价,以保证融合知识是用户最需要的知识。

7.2.3 基于军民一体化产业本体的知识抽取、清理和匹配算法

基于军民一体化产业本体的知识融合目的是将满足用户需求的相关知识内容加以合理地抽取、组织、演化和融合等,并加以适当的知识表达,使之成为一个完整、正确、无歧义的知识体。这种知识抽取和组织完全依赖于对知识间的各种关系的认识、挖掘和组织,在一定程度上,体现为一种隐式的关联。而军民一体化产业本体为知识组织以及之间的语义关联提供了坚实的基础。首先,将对异构知识源的知识进行抽取和聚类,确定候选知识体集合。在此基础上,深入语义层,探索研究知识间的复杂关系。这将有助于解决和实现不同知识模型、不同知识粒度之间的映射而后转换,为下一步语义规则选择和融合提供基础。

军民一体化产业的产品具有很高的复杂性,知识内容数据十分庞大。一种型号的军用飞机,零件数达十几万个,知识库需要描述每个零件的属性、构成、原理、设计与制造方法、维护方法等,再加上实例,仅一种型号飞机的知识将达几百万数据。此外,军民一体化产业的产品知识库是多种存储格式的知识共存,也是多种成分的知识共存,这样在知识获取的过程中,军民一体化产业知识抽取选用的技术以文本挖掘技术为主,数据挖掘技术为辅。在文本挖掘法中,基于自然语言的方法效率低已较少使用;基于规则的方法由于其效率高逐渐成为主要方法,但其效果依赖于规则的数量和质量,而规则的学习与确定仍旧处于研究之中;基于本体的信息抽取技术是先将目标信息进行语义标注后进行信息的抽取,抽取效率较高,其主要缺点是对本体的依赖性。军民一体化产业的知识库由于是基于本体的表示法,本身构建了一个本体库,因此军民一体化产业的知识库知识获取中的知识抽取采用基于本体的方法具有较高的效率。

知识抽取是通过一定的算法从信息源中抽取出知识,即运用信息抽取算法,把具有知识属性的内容提取出来。基于本体的知识抽取,是以 Web 页面信息项

本体定义为基础,对单个样本页面信息项路径进行启发式学习,对所有样本页面集中信息块路径进行归纳学习,识别结构相似的信息块子树位置,以准确划定信息抽取区域,降低页面噪声。将经过噪声处理的样本页面自动解析成页面的结构本体①。换句话说,知识抽取可以是从信息源中抽取出有用的知识,它分为文档级知识抽取、段落级知识抽取和词语级知识抽取。根据知识抽取原理,知识抽取过程如图 7-4 所示。

7.2.4 基于语义规则的军民一体化产业知识融合技术

在确定了用户需求的一组知识体集合后,需要对知识体所包含的知识进行残缺性、不一致性、冗余性等方面的处理,形成最终的知识体,以满足用户的需求。其中最主要的是对军民一体化产业本体的概念、概念属性进行显示定义语义规则,并对每个融合单元确定融合类型和可适用的规则集,最后对融合算法进行评估、筛选和组合,完成融合过程。

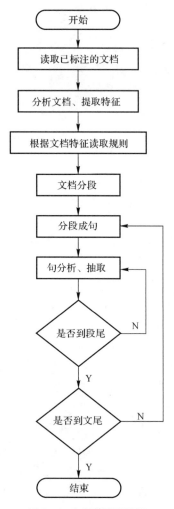

图 7-4 知识抽取流程图

---

① 柳佳刚,陈山,黄樱. 一种改进的基于本体的 Web 信息抽取[J]. 计算机工程,2010,36(2):39-44.

第 8 章
军民一体化产业知识融合平台的运行机制

军民一体化产业知识融合平台采用市场化机制运作,面向社会开发,连接军队、企业和产业,着力研究共性与关键性技术,并提供各种各类知识共享、信息交流、互动,提升科学技术潜力,为科技动员提供高效、综合的知识共享和信息交换渠道。基于军民一体化产业的军民知识融合不仅是产业链的不再分割,还需要通过知识融合平台统筹军民一体化产业发展的人才及人才培养,因此,建设军民一体化产业知识融合平台不仅需要政府、军事动员机构、民品生产企业等重要主体参与,还需要科研机构、高等院校等科技服务单位积极参与。

8.1 知识融合平台的"冰雹"模型

把军民一体化产业比作一次冰雹的形成过程,在"一带一路"背景下,关于军民产业的信息、技术、人员、产品的知识凝结成"有核体",即知识融合平台,经过技术融合、需求融合和产业融合上升的反复运动过程,最终形成冰雹,汇聚到积雨云(军民一体化产业)中,如图 8-1 所示。

军民一体化产业知识融合平台的"冰雹"模型在结构上由里到外主要由 5 部分组成:

第一层:为"冰雹"的核心层,即知识。他们是军民一体化产业的源头。

第二层:为知识融合平台,通过知识融合平台实现有关军民信息、人员、技术、产品的信息融合,知识融合和人员融合。

第三层:为技术融合、需求融合、产业融合和服务保障融合。顶部"产业融合"与"服务保障融合"指实现军民产业一体化,中部"需求融合"指国防军工企业与民用企业等单位的军用需求和民用需求融合,底端"技术融合"最靠近知识融合平台,指军民两用技术的融合。

第四层:为军民一体化产业的发展。

第五层:为"一带一路"背景。"一带一路"为军民一体化产业的形成创造了良好环境。

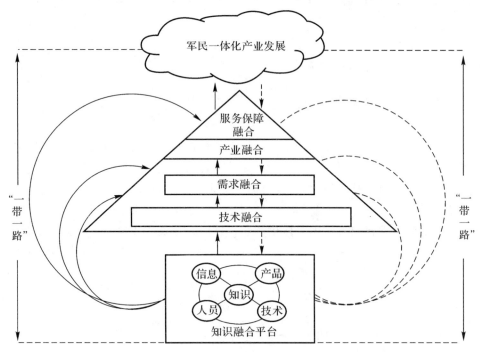

图8-1 军民一体化产业知识融合平台的"冰雹"模型

8.1.1 知识融合平台组织架构

根据军民一体化产业知识融合平台应具备的知识与需求对接、资源整合和优化、知识管理与运营、知识融合效果评价等功能,科学构建其组织架构,具体如图8-2所示。知识融合平台管理运行涉及军地各方资源协调整合,其各中心和职能设置应能够有效发挥资源整合配置的作用。

第 8 章　军民一体化产业知识融合平台的运行机制

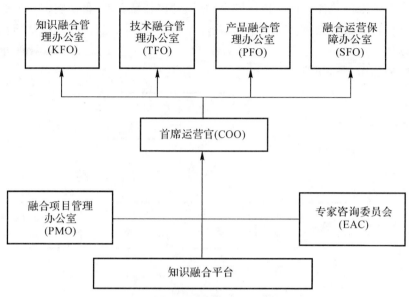

图 8-2　知识融合平台组织架构

平台首席运营官(COO)一般由政府相关军民融合管理部门担任,副职由政府和军队相关军民融合领导机构担任,从顶层设计上解决军地资源协调问题。

融合项目管理办公室(PMO)设立地方岗位(地方公务员和事务性雇员)和现役军人岗位,负责协调对接政府和军队相关军民融合管理部门,发布军民融合重大科技项目需求;派出联络员与民口单位对接军地的项目需求,帮助军工体系外的资源更好地进入平台内部,共同跟进管理军民融合项目。这里的联络员包括服务"民参军"的中介组织机构,例如,中央层面的,2007 年成立的非盈利性组织——中华全国工商业联合科技装备业商会,目前在全国有 1 000 多家企业会员,影响力较大;地方政府层面的,如深圳市特种产业协会、军工产业联盟、特种装备产业协会等多个政社分开、独立运行的涉军中介组织;微观层面的,如军民融合(北京)装备技术研究院等私营机构;下设对外合作办公室,该办公室为事业单位,设企业法人按企业化运作,负责与进入平台内的高等院校、民口科研机构和社会资本进行合作,安排国际学术交流研讨等事务,采用教育财政投入、科技税收优惠、政府创投引导等方式,吸引社会资本对军民融合重大科技项目产生的知识成果进行投融资,加快推进军民一体化产业的知识融合与科技成果转化进程;下设人员融合管理办公室,对在军民融合项目中的涉军保密/非保密人员、非涉军人员等分别进行安排与管理;下设融合效果评估办公室,负责对平台内军民一体化产业的知识融合、技术融合、产品融合等全过程进行评估。该办公室的人

"一带一路"中基于知识融合平台的军民一体化产业发展研究

员组成吸纳军民一体化产业领域专家、知识管理领域专家,科学制定知识融合效果评价指标体系,内容包括军民一体化产业相关知识的完备性和内容精确度、军民一体化产业知识成果数量、知识成果转化率等。具体的融合项目管理办公室组织结构如图8-3所示。

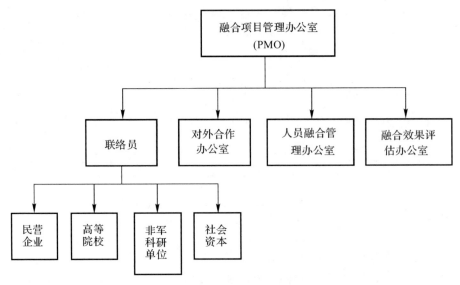

图8-3 融合项目管理办公室组织结构图

知识融合管理办公室(KFO)设立地方岗位(地方公务员和事务性雇员),从事知识库、科研数据库、人才数据库和成果数据库的建设,对成果转化和知识产权管理制度制定。

技术融合管理办公室(TFO)为事业单位,下设企业法人,按企业化运作,但仍按事业单位内设部门予以支持,负责促进相关领域的军民两用技术融合、技术转移和推广,使军、民产业技术边界趋于模糊。

产品融合办公室(PFO)为事业单位,下设企业法人,按企业化运作,推进军民产品的融合。

融合运营保障办公室(SFO)设立事务性雇员岗位,负责人事、财务、行政、网络建设、宣传等。

专家咨询委员会(EAC)为军民一体化产业知识融合平台发展提供决策建议。

第 8 章 军民一体化产业知识融合平台的运行机制

8.1.2 知识融合平台运行机制

依据军民一体化产业知识融合平台组织架构,有效发挥政府引导作用和市场在资源配置中的决定性作用,激发知识融合平台主体活力,其运行机制如图 8-4 所示。

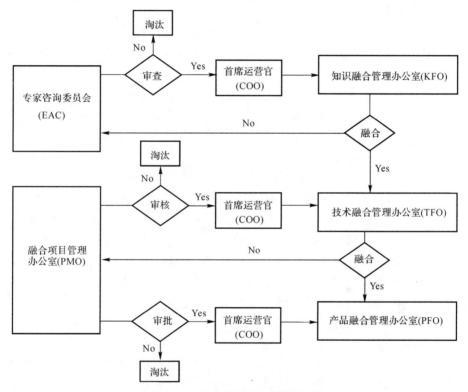

图 8-4 知识融合平台"三审"运行机制

"三审"机制即审查机制、审核机制和审批机制。审查机制,由知识融合平台负责知识领域准入审查的管理机构——专家咨询委员会,直接对申请进入单位的知识水平、研发能力等进行审查。若审查通过,则上报给首席运营官进行备案并进行下一步骤。审核机制,由融合项目管理办公室根据国家军民技术规范体系及最新的《军用技术转民用推广目录》和《民参军技术与产品推荐目录》,对申请单位进行资质与条件的审核。若达到有关技术的标准,则审核通过,上报给首席运营官备案,由首席运营官安排下一步工作。审批机制,由融合项目管理办公室召集专家咨询委员会举行会议,讨论有关生产军民产品的单位准入的资质条件、合作办法,根据条例、标准以及军民产品的生产要求、产品认证体系等进行审批。若审批通过,则上报给首席运营官并安排后续工作。

(1) 首席运营官(COO)

COO对专家委员会审查通过的项目及单位进行备案后分配给知识融合管理办公室,对通过融合项目管理办公室审核和审批的项目及单位进行备案后分别安排给技术融合管理办公室和产品融合管理办公室。

(2) 融合项目管理办公室(PMO)

PMO对接政府、军队等相关军民融合管理部门,组织军地科技研发领域相关专家研究提出军民融合重大科技项目的知识需求,并面向社会发布。采取竞争性外包机制,吸引整合军队科研院所、高等院校、中科院、企业科研中心等优势科技资源与人才参与重大科技项目,对遴选出的合作机构组成军民一体化产业知识战略联盟。该办公室具有审核申请进入军民技术领域的单位的权力,以及审批申请进入军民产品领域的单位的权力。

(3) 专家咨询委员会(EAC)

EAC由政府部门、军队部门、军工集团、中科院、军地院校、民营企业和中介机构等单位军民融合相关领域专家组成,重点开展军民一体化产业建设相关重难点问题研究。该委员会具有审核有关知识方面的项目及单位的权力,以便发挥知识导航作用引领军民一体化产业知识融合平台的发展方向,对公共服务性、具有竞争力的运营模式等各方面进行把握、平衡和高效率提升。由于项目研发成果是对国家利益具有重大影响的集群式系列化知识产权,平台拥有科技成果所有权和处置权,知识融合主体、知识创新主体也可视情况享有科技成果转化所获收益的合理比例分成。

(4) 知识融合管理办公室(KFO)

KFO通过对区域内有关军民一体化产业现存业务系统数据、网络数据、多媒体数据、政府数据以及相关文档资料的研究、调查和摸底,建立知识库,提供知识服务。通过对区域国家重点实验室、国防重点实验室、大型科研设备等调研,建立科研设施数据库,促进科研设施整合流动。通过对区域内科研人才、知识管理人才、知识管理团队等的研究和调查,建立人才数据库,为军民一体化产业的知识融合提供人才供需状况。建立具有军民一体化产业特色的专利数据库、基础知识产权数据库,搭建知识产权信息系统、交易系统、价值评估系统等系统,为军民融合重大科研项目产生的集群式系列化科技成果开展知识产权咨询评估服务,适度增加发明主体的收益比重,有效激发知识融合平台上各主体的知识融合、知识创新活力。统计汇总军民科技成果信息,建立数据库并进行发布,促进军地之间的信息共享。

(5)技术融合管理办公室(TFO)

TFO负责推进军民两用技术创新在军工产业和民用产业之间的扩散,促进技术融合而提高军、民产业的生产技术和工艺流程,消除军、民产业的技术性进入壁垒,使这两个产业形成共同的技术基础,并使军、民产业的技术边界趋于模糊。军民两用技术的融合可以为新的军民通用产品和服务的出现提供机会,通过改进产品设计使军民通用产品结构更趋于合理,降低企业的成本、提高产品质量、降低价格,为消费者带来巨大的收益。

(6)产品融合管理办公室(PFO)

PFO负责推进军用产品和民用产品的融合,在军民融合国家战略下实施军民通用产品认证,对于贯彻国家军用标准和认证体系,吸纳社会优质资源参与武器装备科研生产。

8.2 知识融合平台"冰雹"模型的实现路径

军民融合企业、科研机构和政府管理部门等都在积极探索军民一体化产业知识融合的发展路径,希望建立军民信息交流与互动、知识共享的平台,积极推进军民一体化产业发展,推进军民深度融合,实现富国强军的伟大中国梦。知识融合平台的运行按照军民一体化产业的发展阶段可以分为五个阶段:第一阶段是以协同制造为核心的军民信息融合,是以协同制造和深入交流为核心的信息融合;第二阶段以知识的交流、学习和共享为核心的军民知识融合,是模型的中心路径;第三阶段以技术转移为核心的军民技术融合,是较为普遍的融合手段;第四阶段是以产品交易为核心的军民需求融合,是传统交易的体现;第五阶段是以军民一体化产业为核心的军民产业融合发展路径,是军民知识融合的最终目标。

8.2.1 以协同制造为核心的军民信息融合路径

协同制造是充分利用 Internet 技术为特征的网络技术、信息技术,将串行工作变为并行工作,实现供应链内及跨供应链间的企业产品设计、制造、管理和商务交易等合作生产模式,最终通过改变业务经营模式达到资源充分利用的目的。

国防建设所需的科技含量在逐步增加,而成熟部件的生产中有相当一部分用于军民两用技术的发展,在国防科技工业体系中生产的优势和竞争力逐渐削弱,因而需要将国防科技工业的原有部分生产任务转移到非国防科技工业体系中去,形成以国防科技工业优势企业为塔尖的军品供应链,中下层供应体系采用军民协同制造的方式来实现。这就要求建立以协同制造为核心的军民信息融合体系,以敏捷制造、虚拟制造、网络制造甚至是全球制造来实现我国现代化的国防建设。同样地,国防科技工业的部分生产产能也可以参与非国防科技工业优势企业的产品供应链,实现非战时为民品提供产品配套生产,从而促进经济的快速发展。

协同制造下的军民信息融合不仅涉及产品交易和技术转移中的生产标准、双方需求信息等,同等重要的是产品协同设计、生产计划协同以及物流、资金安排等全供应链的协同。一方面,可以为优势企业生产产品在全供应链范围内组织进行合理的资源配置,降低竞争优势不明显的环节的自我管理复杂度和投资力度,便于更加专注于自身的核心竞争力部分;另一方面,可以通过供应链扩充竞争性产品的选择范围,确保协同制造的产品采用的技术先进性和较高的性价比。

协同制造下的军民信息融合的关键在于其供应链管理系统和管理能力培养。基于我国国防科技工业部分企业优势明显,首先应立足于部分优势行业进行供应链管理系统开发和实施,并在全环节供应链的基础上实现协同制造。同时,将军民两用技术和相关民用产品通过供应链与电子商务相结合实现协同制造与电子商务营销的内外全面信息融合。

8.2.2 以知识的交流、学习和共享为核心的军民知识融合路径

在有关知识经济与知识管理的讨论中,有一种知识的分类方法是经常使用的,就是把知识分为"显性知识"或称"言传性知识"(Explicit Knowledge)与"隐性知识"或称"意会性知识"(Tacit Knowledge)两类。前一种知识是可以用语言文字表达的,在书籍、杂志、报纸、设计文件、图纸等载体中包含的就是这一类知识。对一个企业来说,设计图纸、工艺文件、手册、管理规程、数据库与计算机程序等,都是宝贵的知识资源。这些资源由于可以用语言文字传递、交流和保存,其作用和影响是比较明显的。由于这类知识可以编码输入计算机,所以也有人称之为可编码的知识(Codified Knowledge)。知识分布在两部分:企业内部和企业外部。在企业内部中,以知识员工为代表的个体拥有高度个人化的隐性知识,企业只有整合了这些隐性知识才能保持持续的竞争优势。而企业是一个开放的知识系统,知识不仅仅弥漫于企业内部,还存在于与企业利益相关的组织或群体中。企业的外部知识既包括隐性知识,也包括显性知识,对企业具有非同寻

第 8 章　军民一体化产业知识融合平台的运行机制

常的价值。

　　军转民和民进军都涉及军民双方的知识交流和互动,这中间的知识流都是双向的,且是受多因素影响的。在军民一体化产业中的军企或民企针对内部知识的学习和外部知识的学习渠道就如同传感器一样,通过内外部的知识交流、学习和共享,把感知到的关于军民两用技术、军民通用产品等知识进行收集和局部处理,然后传递给企业的"知识融合平台",得出关于军民一体化产业发展所需要的、有效的、全面的知识,如图 8-5 所示。

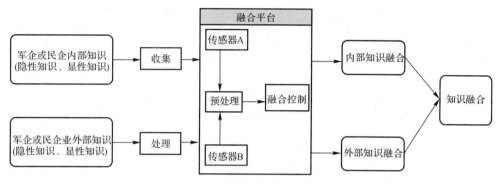

图 8-5　军民知识融合路径图

　　对于知识融合的过程,首先是企业内部知识的融合,然后是企业外部知识的融合,最后是企业内部与外部知识之间的融合。基于知识交流、学习和共享的知识融合的路径是收集、处理且通过融合来完成它们之间的连接的。"收集—融合平台—融合"这一部分是军民一体化产业中的军企或民企通过内部知识联系促进融合的过程;"处理—融合平台—融合"这一部分是军民一体化产业中的军企或民企通过外部知识联系促进融合的过程。

　　"收集"的过程是指军民企业自身内部人员之间、部门之间对知识进行收集,在整理之后进行知识融合。

　　"处理"的过程是通过军民企业外部与内部之间的知识交流、学习和共享,经过特殊的渠道如产学研合作、举办学术研讨会等方式,最终完成知识融合。

　　"融合平台"的作用是传感器 A、B 进行知识的接收,之后就进行知识的处理,融合平台进行提取,得出对军企和民企有用的知识,进而产生知识融合。

　　其中,隐性知识和显性知识的融合可提高军民企业的竞争力。隐性知识主要是指来源于实践经验,无法加以明确地描述,在各种专家的头脑中,看不见、摸不着,但却被业界广泛认可的一种知识形态;显性知识指可以加以描述,并能够形成如计划、手册、程序等。相对于显性知识,隐性知识是隐含的、未经编码的、高度个人化的知识,不易为竞争对手仿制和模仿,是构成企业核心竞争能力的基础。融合的过程是隐性知识与显性知识之间的不断转化,一方面是隐性知识向显性知识的转换,目的在于整理、合并隐性知识,使隐性知识显性化,转化后的显性知识更有利于知识的传播与扩散;另一方面,则是隐性知识向隐性知识的转化,其目的是累积企业独有的技能,促进企业核心能力的发展。具体过程如图8-6所示。

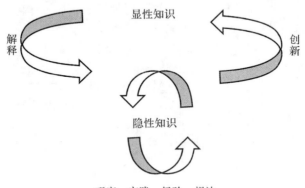

图8-6 隐性知识到显性知识的融合过程

此外,个人知识和组织知识的融合是军民企业知识融合的重要原动力。个人知识具有专有性,是个人在长期的工作实践中积累和创造的产物;企业中的组织是由个人知识所组成的,既不能脱离个人知识而独立存在,也不是个人知识的简单汇总,具有非加和性、整体性的知识特质。在企业中,组织知识与个人知识持续地发生交互与融合。在融合的过程中,一方面相对零散的个人知识能够不断地融入组织知识之中,形成组织新的知识体系;另一方面组织知识也能够被迅速地传播到个人,成为个人知识的一部分,进而体现到个人的工作中去。通过个体知识与组织知识的不断融合,知识的数量持续增加、质量显著提高。新的知识不断地被创造出来,又被不断地补充到个体知识和组织知识中去,形成良性的循环。具体如图8-7所示。

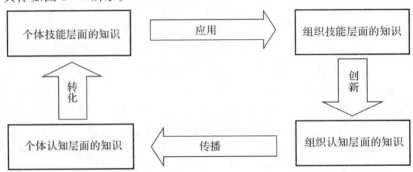

图8-7 个体知识与组织知识的融合过程

再次，内部知识与外部知识的有效融合是知识融合的重要条件。面对日益开放的市场环境，企业与外界的信息与知识交流呈现爆炸性增长的趋势。在企业内部知识与外部知识融合的过程中，知识的互动、协同关系不断强化，形成了复杂的融合过程。在这种融合过程的作用下，组织从外部吸收的信息和知识不断转化为组织内部的信息与知识的一部分，在转化的过程中，新的知识不断地被创造出来，使得组织的知识增加。具体如图8-8所示。

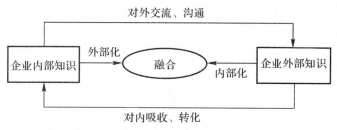

图8-8 内部知识与外部知识的融合过程

最后，在知识融合过程中，军民企业内的现有知识与各种新知识不断发生着相互作用，有序的知识能够提高与外界无序知识融合的程度。对军民一体化产业中的军企或民企来说，为了保证知识融合的效率，要减少因为知识无序性造成知识融合的困难，建立完善的知识库；要在知识库中对现有的有序知识进行更新和重构，在组织知识库中及时增加新知识和新技能，并不断把各种原有知识和新知识进行融合。这种融合是一种知识量的积累和质的突破相结合的过程。

8.2.3 以工作任务为核心的军民人员融合路径

在军民一体化产业中，不同体系、不同单位的人员承担着不同的工作任务，不同的工作任务要求的人员融合程度也不同，故以人员工作任务为核心分别进行人员融合（见图8-9）。

尽管科学技术在最终应用上有军用和民用之分，但科技的源头是不分军民的基础理论研究。爱因斯坦1916年发现了受激辐射概念，以这一研究为原理的激光器在1960年被首次成功研制，之后激光技术被广泛应用于军事领域，还催生了激光武器等新概念武器。因此，要从基础研究阶段就重视为军事武器装备发展提供源泉和力量支撑，增强基础研究成果的军民共享与相互转化的力度。在基础研究和预先研究中，高等院校的人员、民口科研机构与企事业单位人员以及承担基础研究和预先研究的部分军工科研院所人员，都可以基于高等院校这个平台进行充分的融合，因为高等院校比较擅长自由探索类基础研究，在产生新

"一带一路"中基于知识融合平台的军民一体化产业发展研究

思想、新观点、新理论、新方法方面表现十分活跃。譬如在美国国防部的基础研究项目中,大约70%是由大学及其附属研究机构完成的。这样做的好处是一方面可以促进这些机构的知识积累与知识扩散,是知识与技术扩散的一条很好途径;另一方面就是为科技创新与产业发展培养后备人才。通过完成军方的科研项目,大学及其附属研究机构培养了大量的科学家、工程技术人员,而这些人才将来就可能进入美国国防工业部门或军方实验室,成为这些领域的科学家或工程师;他们也可能进入民事部门,成为新技术的开发者、使用者,或一个新产业的创立者、推动者和发展者。最典型的案例就是斯坦福大学及硅谷高新技术产业的发展。我国现今有2 800多所高校,教职工200多万人,各类高等教育机构在校生3 500余万人,居世界第一。根据英国QS全球教育集团发布的"2017年世界大学排名",我国内地有39所高校上榜,其中12所高校实力跻身进入世界百强,成为拥有世界百强大学最多的亚洲国家。但目前我国国防装备科研依靠高校力量不够,若充分利用好这样一支规模庞大、充满活力的创新大军,就能够有效增强我国国防的原始创新能力。

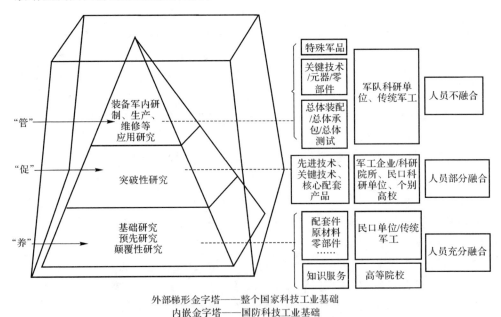

外部梯形金字塔——整个国家科技工业基础
内嵌金字塔——国防科技工业基础

图8-9 以人员工作任务为核心的军民人员融合架构体系

颠覆性研究,主要是对颠覆性技术,又称革命性技术、变革性技术、破坏性技术,即对已有传统或主流技术产生颠覆性效果的技术的研究。加强颠覆性技术的前沿布局,抢占国际竞争制高点,已成为我国深入实施《中国制造2025》、推进

第8章 军民一体化产业知识融合平台的运行机制

强国建设的核心任务之一。颠覆性技术的发展,源于各领域的技术融合,或是传统技术深化后实现的跃迁突变。如果缺少必要的技术积累,即便发现了颠覆性技术的潜在方向,也难以实现持续的提升与突破。因此,颠覆性研究必须在夯实的基础研究之上,鼓励原始创新,这就要求颠覆性研究需要依托各专门化的学术和研究机构,以及庞大的创新资源体系,即国防部门需要与工业部门、高校、科研院所建立广泛的合作关系,充分利用各方面的智力资源,满足国防技术创新需求,确保国防技术的先进性。颠覆性研究的路径复杂,失败率较高,需要建立灵活、宽容的创新管理体系与产学研环境,鼓励科研人员勇于超越现有技术体系与模式,尝试新的研究范式与思路,充分融合高校、科研院所以及企事业单位的人员,发挥这些领域顶尖人才的创造性与能动性。总之,在这部分的单位与人员,都以军事需求为牵引,立足经济社会发展和科技进步的深厚土壤,主动发现、培育、运用可服务于国防和军队建设的前沿尖端技术,捕捉军事能力发展的潜在增长点,最大限度实现民为军用。

突破性研究,是指由国防机构牵头组织工业界、学术界和独立成员等专家进行研讨,对国防关键技术的筛选和评估,结合现状及未来发展趋势,最终确定"突破性技术"及其所在领域和方向的研究。这类基于识别技术的研究,是以科研机构为平台,将个别高等院校和军工、民口企事业单位的人员纳入进来,进行部分的人员融合,共同调研、研讨、研究以及评估识别对国防未来先进制造领域的突破性技术领域。

装备军内科研、特殊军品生产与维修,由于涉及军方的敏感领域,主要由军队科研单位承担这类任务,其他单位的人员融合不了。要想实现人员融合,不仅是科研机构和企事业单位要"民参军",人员更要参军,通过一系列保密审查、资格认证等流程进入军队体系才能融合。

政府在对待上述不同单位不同工作任务的人员,也要有自己的一套管理办法与措施。对于从事基础研究、预先研究和颠覆性研究的这类人员,政府应多采取"养"的办法,除了给予良好的薪资和生活待遇外,还要给予其充分的信任和自主权,并通过法律保障其创新成果,充分激发这类人员的创新活力与激情。对于承担突破性研究的人员,政府应采取"促"的办法,建立专门的研究机构和配置人员,设立专项资金,加大对突破性技术的支持力度,促进研究的发展。对于承担军内装备科研、特殊军品生产及维修等任务的军队人员,政府采取"管"的办法,根据国家相关政策法规进行管理并执行相关措施。

8.2.4 以技术转移为核心的军民技术融合路径

技术转移是实现军民技术融合的一种模式,是实现不同领域技术互相借鉴共享的有效途径。技术转移的过程有多个基础因素参与,主要包括技术本体、技术供体、技术受体、转移环境等因素。具体的技术转移概况如图 8-10 所示。

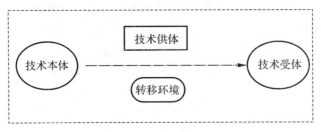

图 8-10 技术转移概况

技术本体是整个技术转移资源的源头,是转移过程中最核心同时也是最基本的要素。技术供体是技术本体的所有者,技术受体是技术转移成果的接受者。就军民一体化产业的技术转移而言,转移环境主要考虑军民两用技术所处的经济、技术、政策等环境要素。军民两用技术可以在不同主体之间转移,转移可能发生在军工企业和民用企业之间,也可以在高等院校与科研单位之间,甚至在不同国家涉及军民一体化产业的高等院校、科研单位、军工企业与民用企业之间转移。

军民技术转移包括军用技术转民用和民用技术转军用。

(1)军用技术转民用

军用技术转民用,即原本用于军事领域的技术,通过技术两用化等一系列转变后用于民用领域,有这种潜质的技术又被称为"军转民"的军民两用技术。军用技术用于民用领域是军转民的重要内容。军转民是以民用为目的,对一国国防资源的二次开发,并对国防经济发展体系中的资源进行重新配置。军转民技术开发专项在成立之初,明确了实现国防科技工业高新技术产业化,为国防科技工业的发展培育新的经济增长点,增强国防科技工业的核心竞争实力,同时推进我国民品产业结构的调整和民用产品的升级换代的重要指导思想,从而明确了军工技术转向民用领域的发展方向。医药、新材料、新工艺、电子信息、生物、能源开发利用技术、光机电一体化、环境保护等高新技术领域为推广军用技术转民用的主要发展领域。目前军用技术在远程教育、减灾防灾、气象预报、导航定位、卫星通信等民用方面的应用,切实改善了人民的生活水平。

第8章 军民一体化产业知识融合平台的运行机制

(2) 民用技术转军用

民用转军用的技术融合方式,是指民用领域的技术通过技术两用化用于军事领域,而在民用领域具有这种潜力的技术,又被称为"民转军"的军民两用技术。随着高新科技革命的强劲发展,我国民用技术水平渐趋高端。据统计,80%以上的关键民用技术能够直接满足军事需求,因此我国民用技术也能为我国国防建设服务提供丰富资源,是构建军民融合式科技创新的可靠技术基础。经过近几十年的科技发展,我国民用领域发展起一批具有基础研究实力的高校和民口科研机构等,这些机构在基础研究和基础应用研究的前沿领域取得了较多的研究成果,并做出了巨大贡献,如西北工业大学、哈尔滨工业大学、北京理工大学等。另外,民用企业是在市场的竞争状态下发展起来的,竞争的压力迫使民用企业注重人才的引进、培训和激励,一批锐意创新且具有实力的高端人才推动着民用高新技术企业迅速发展。这些民用企业有创新意识而且充满活力,给军工企业的发展注入新鲜血液。

技术转移是我国国家创新体系建设中的薄弱环节,为解决这一问题,2007年,科学技术部、教育部、中国科学院联合出台《国家技术转移促进行动实施方案》,首要举措就是支持建设多层次的国家技术转移示范机构,包括区域技术转移及服务联盟、综合性技术交易服务机构、行业或专业性技术转移机构、大学和科研机构技术转移机构以及国际技术转移基地等。不同于民口间的技术转移,军民技术转移受到国防知识产权、保密、准入、标准等一系列政策制度和标准体系的制约,因此,军民技术转移,需要坚持以政府和军队为主导,充分发挥市场配置资源的决定性作用,自上而下建立专门的、专业的军民技术转移服务机构。

构建国家军民技术转移服务机构,首先,军队各级和军工相关部门应调整设立专职的技术转移管理机构,从政策上、管理上主动推进军民技术间的相互转移;其次,充分发挥现有技术转移中介服务机构(如绵阳军民两用技术交易中心、西安科技大市场等)作用,依托其专业化服务能力、市场化运作水平,为高效推进军民技术交易提供全过程服务;再次,依托体制内相关单位设置界面机构,作为军队或军工技术转移管理机构与技术转移中介服务机构之间的沟通桥梁,及时协调和处理军民技术转移中的各种具体问题,实现计划管理与市场运作间的无缝衔接[①]。

总之,军民技术转移在技术进步和发展中具有极其重要的地位,它是实现军民技术融合的典型模式,也是国家创新体系的重要组成部分。同样,技术转移也

---

① 崔晓莉,孙小静,尹艳,等.关于构建国家军民融合技术转移服务体系的思考[EB/OL].[2017-10-21]. http://www.zhanlueyanjiu.com/CN/news/news126.shtml.

是我国实施自主创新战略的重要内容,是创新成果转化为生产力的重要途径。具体的军民技术转移、交易和转化的路径如图 8 – 11 所示。

有关统计资料表明,目前国外军事装备技术中 85% 是军民两用技术,纯军事技术仅占 15%。许多国家都根据本国国情和国际环境采用不同的创新途径和创新模式,加快军民两用技术的转化。在我国实施军民融合发展战略的过程中,军民两用技术成为军民融合的核心,国防科技企业大力发展军民两用技术,在满足国防装备制造的基础上,积极生产民用产品,促进国家经济建设。

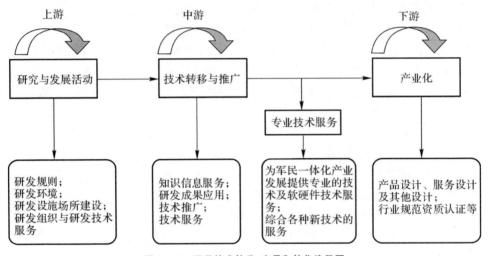

图 8 – 11 军民技术转移、交易和转化路径图

8.2.5 以产品交易为核心的军民需求融合路径

对军民产业一体化的要求之一主要是军民企业(国防科技企业和民企)的需求融合。需求融合主要分为两种情况:一是国防科技企业直接成立民用产品生产和销售部门,面向市场收集需求信息;二是通过民企代理国防科技企业的民品来适应市场选择和信息对接。而这两种情况都需要军民企业建立自己军民两用产品的需求融合平台,来收集处理市场信息,为军民企业,尤其是国防科技企业逐步转变为平战都能适应的军民融合体系打下基础。

军方采购中也涉及军民需求融合问题。首先,民企等非国防科技企业在生产军品或军品备品配件时应该了解军方需求,并严格按照军品生产标准和规范进行供给。这样,相应的需求信息就需要在军民两方进行互动交流。良好的需求信息交互平台将有利于民进军的军民一体化产业发展。因此,需要在政府的主导下,建立以产品交易为核心,包括国防科技工业和希望民进军的民企等非国防科技工业企业在内的军民需求融合平台,该平台主要基于军民双方在产品交易前、交易中和交易后了解信息、交流和互动需要而存在,如国家军民融合公共服务平台(http://jmjh.miit.gov.cn)就是以产品交易等为核心的军民融合需求平台。

8.2.6 以军民一体化产业为核心的军民产业融合路径

随着科技产业革命和新军事变革的迅猛发展,国防经济与社会经济、军事技术与民用技术的界限趋于模糊。世界军事强国纷纷打破军民分割、自成体系的格局,更多地利用国家资源和社会力量提升整体防务能力。美国是实施军民一体化建设的典型国家,90%以上军品都由民营企业生产。俄罗斯充分发挥国防工业对国民经济的带动作用,军民两用技术在国防工业中占70%以上。英、法、以色列等国也大力推进军民技术双向转移、军地资源双向利用,大大提高了国民经济平战转换的能力和效率,提高了国防实力与国防潜力。各国实践充分证明,军民产业融合已成为顺应世界变革发展的大势所趋。

从产业角度看,军民一体化产业是军民产业融合的一种形式。在理想情况下,完全独立的军工产业和民用产业,经过信息融合、知识融合、技术融合、需求融合最后实现产业融合,形成军民一体化产业。军民一体化产业一旦形成,意味着拥有稳定的市场、生产者、生产销售维修体系以及配套硬件和软件。

从产业融合的过程看,军民产业融合发展就是通过军工产业与民用产业之间的渗透、交叉和重组等方式,激发原有产业链、价值链的分解、重构和功能升级,引发产业功能、形态、组织方式和商业模式的重大变化。从融合的具体层面看,军民产业融合就是要让军用信息与民用信息、军用知识与民用知识、军用技术与民用技术、军品需求和民品需求、军用产品与民用产品、军用市场与民用市场等相融合。其中,知识是主体,其他都是知识的配置资源。知识链是最难靠政府的引领来推动的,产业链和(产品)贸易链则是最易被拉动的。一旦知识链形成并且被带动了,产业链、创新链和(产品)贸易链便也跟着形成且被拉动。具体如图8-12所示。

以军民一体化产业为核心,军民产业融合促进了军工产业创新,进而推动军民整体产业的结构优化和发展。同时,军民产业融合使原先固化的业务边界与市场边界相互交叉与渗透,使得产业间由原先的非竞争关系转变为竞争关系。这种市场化的竞争使得原先在两个产业体系内独立配置的社会资源最终以优化资源配置为目标,对军用与民用系统资源配置诸要素进行整合和重构,形成军用与民用系统协调发展合理的资源配置模式,提高资源的利用率。

"一带一路"中基于知识融合平台的军民一体化产业发展研究

当今世界各国的军工产业的竞争不再是单一产品间的质量竞争而是转向了产业的全价值链的竞争,也就是产业价值链各个环节的竞争。没有哪个国家在军工产业的所有环节都具有竞争优势。军工产业只有走军民一体化产业发展的道路,整合军民产业价值链中具有竞争力的环节,才能在世界军工产业的未来发展中拥有竞争优势。产业融合是为了适应产业增长而促成的产业边界收缩和消失的产业动态发展过程,在这一过程中产业链发生分化、延伸或变形,重新赋予产业链各个环节对整个链条带来的价值和利润①。军民产业融合使得原本分立的产业价值链部分或全部实现了融合。与原有的产业相比,融合后的军民产业不仅具有更高的附加值,而且创造了更能满足国防需求和民用市场的产品和服务。

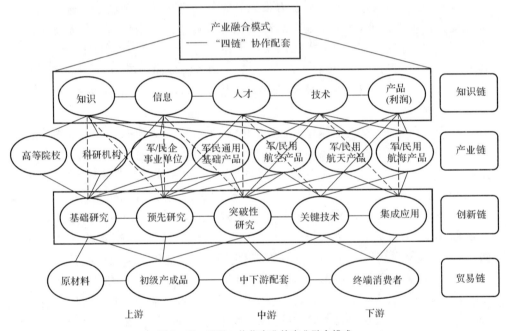

图 8-12　军民一体化产业的产业融合模式

8.2.7　以社会化为核心的军民服务保障融合路径

建立和完善以社会化为核心的军民服务保障融合体系对我国国防建设的设

---

① KIM N, LEE H, KIM W, et al. Dynamic patterns of industry convergence: evidence from a large amount of unstructured data [J]. Research Policy, 2015, 44(9): 1734-1748.

第8章 军民一体化产业知识融合平台的运行机制

施设备、装备维修、后勤服务和人员保障都起着至关重要的作用。

在设施设备服务保障融合方面,为全面优化设施设备的资源配置,军方和地方企业可以采取设施设备租用模式,即通过签订"设施设备租用"协议,军队工厂可租用装备研制单位或社会其他保障力量的资源,完成部分装备修理任务;地方军工也可以租用军队工厂设施设备,完成所分配的装备维修与改进任务。一方面可提高各类保障力量设施设备利用率并可相互提供一定资金来源,另一方面各方也因无需购置通用设施设备而节省建设资金。

在装备维修服务保障融合方面,为了充分利用民间力量进行装备维修保障,可成立相应的组织管理与领导机构,如设立一些专门机构来负责平时管理及战时协助联合司令官进行合同管理;或是采用外包方式、公私混合方式和就地私有化方式等合作方式与军队装备维修承包商签订合同或协议来完成装备维修保障任务。必要时,军队还可协调指挥承包商雇员伴随部队的作战行动,参与装备维修保障任务。军队可采取向承包商提供经济补偿、额外业务以及减免税费等方法来保障承包商取得相应的利益。在满足军事需求的前提下,利用市场经济杠杆,通过引入竞争机制、评价机制、监督机制、市场准入机制等,实行招标、投标,择优选用装备维修保障承包商。在维持军队核心维修保障能力的基础上,鼓励私营企业参与军队的装备维修保障,对非核心的装备保障任务通过竞争来完成。这样不仅全面提升了军队装备维修保障的服务质量,还有效降低了装备维修保障的经费投入,大大提高了装备维修保障效益。同时,着眼战时部队高技术装备维修力量缺口,推进高新技术武器装备专业保障队伍建设,加强针对性实战化训练演练,形成支前保障能力。充分利用武器装备科研生产能力和资源,积极参与武器装备维修保障和服务,推进完善军民一体化维修保障体系。

在后勤服务保障融合方面,许多后勤工作,特别是那些非战斗性的工作,完全可以由当地市场或国内国际资源承担起来。例如在美英联军后勤基地中,几乎所有领域都有私营公司所承包的项目,如营房维修、军人服务社、伙食供应、语言交流、娱乐项目、环境清扫、物流等大都是外包给地方服务公司,美军主要用合同方式规范其行为。同时,作战部队的生活品和普通油料等物资补给,可适度从当地直接采购。这样充分利用市场运行的内在规律,激励民间企业,依靠主承包商制度以及外包的方式,使众多的商人在巨大经济利益的驱使下,为军队服务,或直接走向战场,为作战部队提供大量的后勤物资和后勤服务保障。这些民间企业都将成为战场上不可或缺的"神秘部队",不仅能够增强国家军队的后勤保障力,更能提高军队的战斗力。

在人员服务保障融合方面,既要利用军队退下的优质人力资源服务地方经济或社会文化建设,也要充分发挥和利用社会优质人力资源为军队现代化建设服务。随着军队编制体制改革的不断深化,非战斗力减员趋势越来越明显,军队可以考虑放宽政策,将部分不涉及安全问题的岗位面向地方人才市场公开招聘,减轻军队编制体制负担,提高人力资源利用效率。这样一来,从军队出来的人员有了再就业的社会化服务保障,从社会引进的优秀人员在部队人才建设的过程中也享有同等级别岗位人员的福利待遇和社会保障,形成依托市场、军民一体的社会服务保障体系。

按照"精心服务保障、精细服务保障、精准服务保障"的要求,推进新形势下军民一体化服务保障体系的构建。对国防和军队建设而言,要想尽最大可能使国防建设依托经济社会建设基础,一要做到应融则融、能融尽融,凡是能利用社会资源的就不另铺摊子,能纳入地方发展体系的就不另起炉灶,能依托社会发展的就不重复建设。二要聚焦打赢,把非核心建设部门交给地方,对"小专用"管住管好、建优建强,对"大通用"放开放活,优胜劣汰。三要强化资源共享,只要不影响国防安全,能放开则放开,让更多的国防资源为经济建设服务,更多的社会资源为国防建设所用。

第 9 章
军民一体化产业知识融合的评价方法

知识融合求解的结果可能在正确性、及时性和完整性等质量属性方面不能满足用户需求,或由于用户查询表示不清产生一些不相关的融合实体,因此需要对融合结果进行确认。融合结果评价的目的是判断知识融合方法是否有效,能否达到实际应用,是否达到系统的预期目标。

9.1　军民一体化产业知识融合效果的评价标准

知识融合的目的是为了找到更合理的解,更能满足用户查询需求。笔者参照相关学者的知识融合评估标准①②③,定义了完备性和内容精确度两个评估标准来评估融合结果 K 的质量。

定义 9.1:给定一个知识融合问题 $KF = (BF, \omega, FR)$ 以及它的可能解 K_1,K_2,如果 K_1,K_2 与真实解 K 在属性值上通过相似性(Sim_k)评估后,$Sim_k(K_1, K) > Sim_k(K_2, K)$,则称 K_1 是 K_2 的精炼,记为 $K_1 \angle_k K_2$,也称为 K_1 比 K_2 更接近真实解 K,其中相似性函数根据属性的约束来确定。

---

①　谢能付. 基于语义 Web 技术的知识融合和同步方法研究[D]. 北京:中国科学院计算技术研究所,2006.

②　李彬,刘挺,秦兵,等. 基于语义依存的汉语句子相似度计算[J]. 计算机应用研究,2003,20(12):15-17.

③　XIE Nengfu, LIU Wenyin. An answer fusion method for web-based question answering[C]. Edinburgh: 15st International World Wide Web Conference. 2006.

实例 9.1：给出 K_1 和 K_2 为两条不同知识断言，K_1：(C919,飞机类型,客机) 和 K_2：(C919,飞机类型,干线客机) 以及真实解 K：(C919,飞机类型,国产干线民用客机)。这样，可以说 K_2 更接近真实解 K_Q，这种相似函数是根据概念细化或泛化来确定的。

定义 9.2：给定一个知识融合问题 $KF = (BF, \omega, FR)$，它的解 K 以及真实解 K_Q，如果 $K_Q \subseteq K$，则称 K 为完备解。

由于最后融合的结果都可以看作一个知识体，因此内容精确度的评估方法可以定义为

$$\text{内容精确度}(\text{Content Precision}) = \text{Sim}(K, K_Q) = \frac{\sum_{i=1}^{n} \text{Sim}_s(K \cdot s_i, K_Q \cdot s_i)}{n} \tag{9-1}$$

其中，$\text{Sim}_s(a,b)$ 表示计算两个槽值的相似度。对于数字型，主要从单值和多值来考虑。

(1) 单值类型

对于单值类型，其真实值为一个数或一个区间值，而融合值则可能是以或规则、闭区间规则、最大规则、最小规则等规则融合而成的。其中或规则和闭区间规则需要预处理，将值转化为单个数值，以方便比较。本书对于或规则连接的值，直接对所有的值求平均值；对于区间值，则用中间值代替。对于单值类型的数字值相似度计算方法为

$$\text{Sim}_s(a,b) = 1 - \left| \frac{b-a}{b} \right| \tag{9-2}$$

其中，b 为真实值，a 为融合值。

(2) 多值类型

而对于一个多值的数字属性来说，其值的分布情况很难确定，因此难以根据单值的计算方法来计算。但对于多值数字类型，知识融合默认规则算出的值都可以转化为集合，因此其相似度计算方法为

$$\text{Sim}_s(a,b) = 1 - \frac{|a-b| + |b-a|}{|b| + |a|} \tag{9-3}$$

其中，a 和 b 都是集合，b 为真实值，a 为融合值。

而对字符串类型的值来说，则从以下两个方面来考虑。

(1) 值可比较

值可比较主要是指来自不同信息实例的属性值间具有一种层次或包含关系。如飞机类型有两个值"客机"和"干线客机"，则认为值"客机"是"干线客机"的泛化，而后者是前者的细化。通常泛化关系有两种类型：part-of 和 is-a。

假设两个属性值为单值情况，对于多值来说，只是一个循环处理过程。如果

第9章 军民一体化产业知识融合的评价方法 ┃

两个属性值是可以对比的,并且具有 is-a 关系。另外,假设这两个值 v_1,v_2 存在于一个具有 is-a 关系的概念结构中,如果不满足 is-a(v_1,v_2) 和 is-a(v_2,v_1),则 $\text{Sim}_s(v_1,v_2)=0$,否则,假设 is-a(v_1,v_2),如果 v_1 为真实值,则 $\text{Sim}_s(v_1,v_2)=\prod_1^k \frac{1}{n(L_i(v_1))}$,其中 $n(L_i(v_1))$ 表示以 v_1 开始计数的第 i 层的概念个数,k 是 v_2 所在的层次。如果 v' 是 v_1 为直接下位①,则 v' 为第二层的概念,以此类推,就可以计算出概念间的相对层数。 如果 v_2 为真实值,则 $\text{Sim}_s(v_1,v_2)=\frac{1}{n(L_{v_2})\times \text{DL}}$,$n(L_{v_2})$ 表示以 v_1 开始计数的 v_2 所在层的概念个数,DL 表示 v_1 和 v_2 所在的层次差。如图 9-1 所示。

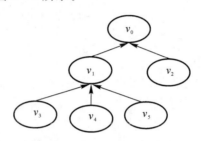

图 9-1 具有 is-a 关系的属性值

如果 v_0 为真实值,从上面计算公式可知,$\text{Sim}_s(v_0,v_2)=1\times 1/2=1/2$,$\text{Sim}_s(v_0,v_3)=1\times 1/2\times 1/3=1/6$,而 $\text{Sim}_s(v_1,v_2)=0$。当 v_3 为真实值时,则 $\text{Sim}_s(v_0,v_3)=1/(3\times 2)=1/6$,$\text{Sim}_s(v_1,v_3)=1/(3\times 1)=1/3$。

对于 part-of 关系,可以用相同的方法来计算两者的相似性。

(2)值不可比较

对于两个值不可比较来说,很难给出一个定量评估方法。但如果融合值与真实相同,则编辑距离为1,如果不相同,仍可以用编辑距离或者基于单词的方法来计算两者的相似性。但对于长字符串来说,编辑距离仍然有问题,但可采用基于向量空间的方法,并利用同义词典辅助计算向量中的词的语义相似性,以计算两个长字符串的语义相似度②③。

---

① 直接上位/下位:给定两个概念 C_1,C_2 满足 is-a(C_1,C_2)。如果对任意一个概念 $C'\neq C_2$,满足 is-a(C_1,C'),则有 is-a(C_2,C') 也成立,我们称 C_2 和 C_1 的直接上位,同时称 C_1 是 C_2 的直接下位。

② 李彬,刘挺,秦兵,等. 基于语义依存的汉语句子相似度计算[J]. 计算机应用研究,2003,20(12):15-17.

③ XIE Nengfu, LIU Wenyin. An answer fusion method for web-based question answering[C]. Edinburgh:15st International World Wide Web Conference. 2006.

9.2 知识融合算法

知识融合算法的目标是通过某种可流程化实现的处理过程将已有的知识元素按照约定的规则进行比较、合并和协调等融合运算,从而产生出新的可用知识对象内容,同时对原有的知识元素进行优化。例如,如果有两个简单的知识元素分别为 K_1 和 K_2,在它们各自所在的知识领域中并无其他联系,但当应用到某一实际问题 P 时,发现它们"合成"的新知识元素 $f(K_1,K_2)$ 确是一个有效的解知识,则可以将规范化表示后的 $f(K_1,K_2)$ 作为一个融合结果加入原有的知识库中,同时通过本体概念约束对 K_1 和 K_2 进行适当的更新处理,f 的实现过程就是知识融合算法的设计过程。

知识融合算法设计过程中需要解决三个基本问题,即知识结构的差异性、知识扩展的开放性和知识更新的随机性[1]。如果知识元素的表示结构存在差异,则很难直接进行处理,从算法结构来看,至少要求输入的是可处理的规格化数据集合。为解决这一问题,本书在前面通过引入本体论方法消除了知识对象表示方式上的差异,使得融合处理过程中考虑如何进行融合运算。知识扩展的开放性是指知识元素的结合可能是两个对象之间,也可能是多个对象之间发生的,而融合的结果一般并不是唯一的,根据 Eric 在其文章"Fusing Legal Knowledge"中[2]的分析,有时候即使是被认为"错误"或者"不完全正确"的知识对象可能在应用过程中也会被验证为有效,如果将这些因素全部考虑在内,融合结果可能会是一个相当庞大的规模,所以在进行知识融合处理的同时,必须考虑如何对运算后的知识元素规模进行有效合理的控制。针对这一问题,本书将前文本体中的知识概念描述与解知识空间演化理论[3]相结合,将融合算法结果的开放规模控制在相对合理的范围内。知识更新的随机性是指知识处理过程中,一个系统的知识应该向什么方向演变是无法预知的,所以很难给出具有特定趋势指导的融

---

[1] BRAIN J G, DICKSON L. Knowledge fusion [C]. Proc. of the 7th Anuual Workshop on Conceptual Strcuture: Theory and Implmentation. Spring - Verlag Published,1992:158 - 167.

[2] GREGOIRE E. Fusing legal knowledge [C]. Proc. of the 14th IEEE Int. Conf. on Information Reuse and Integration. Las Vegas, 2004:522 - 529.

[3] 缑锦. 知识融合中若干关键技术研究[D]. 杭州:浙江大学,2005.

第9章　军民一体化产业知识融合的评价方法

合算法[①]。为此在知识融合算法中,要尽可能构造各种随机改动的操作,根据应用结果的反馈来判断改动的成功与否。如果将这一过程完全放在融合处理之后进行,则相当于在一个庞大的空间中作随机搜索,而本书在阐述处理知识扩展开放性问题措施的同时对随机更新引出的搜索空间规模也有较好的控制作用,并在算法中引入适用的融合规则,以使搜索结果尽可能收敛于较好的解。

总而言之,知识融合主要是将多结果信息合并成一个信息实体。因此,知识融合算法首先需要选择知识融合的候选实例(因为初级融合结果经常返回大量的信息实例,实例过滤主要是将对重复或无用的信息实例即信息冗余过滤掉,挑选出适合参加知识融合的信息实例),再根据特定属性选择不同的融合规则融合属性值。知识融合算法步骤可以描述为以下五步。

第1步:对每个质量属性分配指定的权值(用户也可以自由指定)。

根据每个质量属性的权值,计算信息实例的综合质量值,选择最大综合质量值的信息实例作为融合结果。

$$dq = \sum w_i DQ_i \quad (9-4)$$

其中,w_i 是对应质量属性元素 DQ_i 的相应的权值,$\sum w_i = 1$。

用户可自由指定某一个或多个质量属性作为自己的偏好选择,以符合用户需求。在这种情况下,只需要指定该质量属性对应的权值为1,即表示用户对信息的选择只考虑这个质量属性。

第2步:指定质量属性值或综合质量值的阈值。

当从某个质量来考虑信息冲突时,其方法与排序方法差不多,没有过多考虑内容上的不一致性。在基于单质量属性考虑信息选择时,其主要策略是选择质量属性最大的信息作为最终选择答案。例如,q_a 为权威性,如果其值 $q_1 > q_2$,则选择 ω_1 为最终答案。

第3步:根据所求质量属性值或综合质量值与其阈值比较,确定候选实例对象。

在大数据和"互联网+"的环境下,信息的更新是不确定的、经常性的。另外,关于同一对象的实例描述可能会存在不同的信息源中,这些实例描述往往由不同的信息提供者来修改、更新。对于这些信息源的集成系统而言,很自然会导致信息的不一致性。但是,两个来自两个信息源的信息虽然具有不同的创建时间戳,却不一定说这两个信息是不一致的。因此,假定有一个时间段,如果这两个信息的时效属性值都在这个时间段内,则这两个信息时效程度是相等的。

---

① 陆汝铃. 人工智能(上、下册)[M]. 北京:科学出版社,1996.

对于一个对象 o 以及描述实例 ω_1, ω_2，从时效性来说，实例选择可以分为两方面：一方面，如果 ω_1, ω_2 来自同一信息源，对于其创建时间 t_1, t_2，有 $t_1 < t_2$，则认为 ω_2 是可选实例。通常，对于同一信息源，信息的更新导致信息冗余。如果实例创建时间越新，则认为其信息的时效程度越高，其过时程度也越高。另一方面，如果 ω_1, ω_2 来自不同信息源，一般来讲，不可能根据创建时间的绝对值来判断时效程度。这是因为对不同信息提供者来说，其发布时间不可能同步，因此，要根据时效段来评估时效程度，以确定实例的选择。

第 4 步：根据等效实例进行聚类，确定融合类型。

实例判别主要是根据属性值来对来自多信息源的实例进行识别，对同一的实例的描述进行聚类。

定义 9.3：给定一个概念 C 及其两个实例 i_1, i_2，如果 $IA(i_1) = IA(i_2)$，则称 i_1 与 i_2 互为等效实例，记为 $i_1 \approx i_2$。表示对现实世界的同一个对象的不同描述的两个实例。

定义 9.4：给定一个概念 C 及其两个实例 i_1, i_2，如果 $i_1 \approx i_2 \wedge DA(i_1) = DA(i_2)$，则称 i_1 是 i_2 的一个复制，记为 $i_1 = i_2$，这种现象也称为实例级的冗余。

定义 9.5：给定一个概念 C 及其两个等效实例 i_1, i_2，如果它们在属性 a 上值相等，则称 i_1, i_2 是在属性 a 上值是冗余的。如果 i_1, i_2 在所有的属性值上都相等，则称 i_1 是 i_2 的冗余实例。

如果从冗余的角度来考虑，则称等效实例是在属性值上的冗余，而实例复制则是在实例上的冗余。在知识融合方法研究中，初级融合并不将冗余的实例直接过滤掉，而让其参与知识融合过程的计算和评估。

无论是属性融合、实例融合还是概念融合，都需要进行等效实例判别。等效实例判别有两个目的：一是只有在等效实例上进行融合才有意义；二是删除冗余性，特别是在处理实例级的冗余上将十分有帮助，而且也作为属性值冗余的一个充分条件。

第 5 步：根据用户或系统提供的默认规则选择进行融合计算，得出最终结果。

在实际的知识融合应用中，一般由用户通过用户界面自由地选择规则，系统根据规则来融合相应的实例，得到最终的融合结果。

第 9 章 军民一体化产业知识融合的评价方法

9.3 知识融合实例分析

近年来,国家高度重视"军转民、民参军",以军工产业为主体,创办多种类型的军民融合产业园区,创造了相当可观的经济效益。但总的来看,我国国防科技成果军民一体化水平还较低。据权威部门统计,西欧国家转化率为50%~60%,美国更是高达80%左右,而我国近10年仅有10%~20%的国防专利最终转化应用于商业生产,潜在的发展空间巨大。

从国际经验看,商业航天、通用航空两大领域有望打开"军转民"巨大市场空间。在商业航天发展上,美国已经逐步形成军用、政府、商业三足鼎立的情况。据统计,截止到2016年6月美国在轨运行的地球轨道卫星共576颗,其中商业卫星286颗,占了半壁江山。据美国卫星产业协会(SIA)统计,2015年,全球航天产业营业收入达3 353亿美元,同比增长4%。卫星产业是全球航天产业的主要组成部分,全球卫星产业收入达2 083亿美元,同比增长3%,市场空间巨大。近年来,我国通用航空业发展迅速,截至2015年底,通用机场超过300个,通用航空企业281家,在册通用航空器1 874架,2015年飞行量达73.2万小时。但总体上看,我国通用航空业规模仍然较小,基础设施建设相对滞后,低空空域管理改革进展缓慢,航空器自主研发制造能力不足,通用航空运营服务薄弱,与经济社会发展和新兴航空消费需求仍有较大差距。2016年5月17日,国务院办公厅印发《关于促进通用航空业发展的指导意见》,对进一步促进通用航空业发展做出部署,预计通用航空业的经济规模将超过1万亿元,到2020年初步形成安全、有序、协调的发展格局。

航空工业是军民一体化产业中典型的知识密集型产业,对知识有着迫切的需求。随着我国通用航空产业迅速发展,在通用航空制造企业中推行知识管理也是十分必要并且有效的。据统计,我国通用航空工业系统形成数据至少有几十个 TB(1 TB=1 024 GB),但这些数据却只是一直存储在系统里,只有偶尔有需要时才作为历史记录进行查询,其使用价值没有被充分发掘。究其原因,是通用航空工业及其产品知识库构建技术的缺失,在知识获取、知识表示以及利用等方面上的技术都缺少可行的解决方案。加之,本体和语义网技术的引入对知识管理的研究产生重大影响,本体强大的知识表示方法使得基于本体的知识库成

"一带一路"中基于知识融合平台的军民一体化产业发展研究

为新一代知识管理系统的自然选择①。目前,在军事②、旅游③、教育④等多个领域已经开展利用本体构建知识库的研究与应用。因此,研究以现存业务系统的数据为知识源,对基于本体的通用航空产品全生命周期各阶段的知识获取、知识表示、知识存储、知识融合、知识利用等问题进行深入研究,有利于解决提高通用航空产品知识应用效果的技术难题,对通用航空工业的知识管理具有重要的意义。

  20世纪90年代,美国波音公司(Boeing)就建立了多型号的产品性能数据库,部分地实现了无纸化和异地协同,将研发中的信息交换、问题处理和经验分享放在一个实时动态的虚拟化环境中。而率先以数字化的方式为航空公司客户提供维修、工程和运营方面的综合数据查询等知识服务的也是波音公司,其在2000年5月推出了知识管理平台MyBoeingFleet.com。该系统所提供的关于技术方面的知识支持,能够提高航空公司飞机利用率、降低飞行成本并改进业务流程⑤。空中客车公司(Airbus)和波音公司一样,也建有庞大的设计试验知识库,将已有的知识充分利用到通用航空新产品的设计试验中,这样能够大幅缩短产品试验的时间和减少产品试验的数量,进而缩短新产品的研发周期⑥⑦⑧。可见,知识库对提高通用航空工业的制造水平具有重要作用。为此,2008年,中国航空工业公司集团把知识管理作为管理创新的重要措施提了出来,并把建设具

---

  ① RAZMERITA L, ANGEHRN A, MAEDCHE A. Ontology-based user modeling for knowledge management systems[C]. Johnstown: Proceedings of the 9th International Conference on User Modeling, 2003:213 – 217.

  ② 刘晓娟,李广建,化柏林.知识融合:概念辨析与界说[J].图书情报工作,2016,60(13):13 – 19, 32.

  ③ 钟福金,辜丽川.旅游领域本体的构建与应用研究[J].图书情报工作,2011,55(12):105 – 108.

  ④ 曹灿.基于本体的软件工程课程知识库研究和应用[D].北京:北京林业大学,2010.

  ⑤ 周默鸣.波音知识管理护航中国航空公司[EB/OL].[2002 – 09 – 02]. http://www.21cbh.com/HTML/2002 – 09 – 02/6470.html.

  ⑥ DRUCKER R. The post capitalist society [M]. New York: Harper Business Press, 1993.

  ⑦ RAMESH B, DHAR V. Supporting systems development using knowledge captured during requirements engineering [J]. IEEE Transactions on Software Engineering, 1992,16(5):122 – 125.

  ⑧ IANSITI M, MACCORMACK A. Developing products on internet time [J]. Harvard Business Review,1997,75(5):108 – 117.

第9章 军民一体化产业知识融合的评价方法

有一定数据的知识库作为重点任务进行规划①。

知识管理是从多个不同的知识源融合信息和概念,而通用航空工业制造企业的知识源往往是多源且异构的②。通用航空现有的研究成果与国内有关成果仅是关注于产品的知识管理,特别是很多研究成果只关注产品设计知识的管理与应用,并没有将产品生命周期其他阶段产生的知识纳入管理。这主要是因为通用航空工业不仅在产品知识库方面,而且在整个知识库方面尚未形成系统的理论,在实践上也缺少成功的典范。另外,在分析通用航空产品知识库构建技术研究方面,由于通用航空产品的军工性质以及在国家战略中的重要地位,相关公开文献很少。施荣明以知识的现代创新理论为基础构建了以航空产品设计经验为主的航空产品知识库③。陈永当等研究了面向航空发动机设计的知识本体结构、准则、构建方法等技术基础,提出基于知识本体的航空发动机设计知识组织模型的框架及特征④。钟佩思分析了面向复杂产品的机械设计尤其是并行设计智能决策支持的过程特点,构建了领域知识的知识表示、知识获取和知识库模型,还进行了实例研究⑤。黄卫东等则结合航空产品研发中设计知识管理体系的构建,研究在环境和个性轮廓条件下的基于本体语义标注的知识需求及获取关键技术,提出与反馈概念相关联的知识检索办法⑥。刘继红教授则深入研究复杂产品的设计知识物化理论与方法。其中所谓的知识物化理论,即包括设计信息和知识的产生(新知识获取)、表达(形式化)、组织(体系化)、共享(知识传递)、检索(已有知识的获取)、运用(物化)⑦。蔡盈芳认为建立航空产品知识集成管理的分类与表达模型,能够使航空产品全生命周期过程中的全部知识进行有效的集成,并且解决航空产品全生命周期知识获取的技术难题,会大大提高业

---

① 致力企业内容与知识管理. 航空制造业的知识管理实践[EB/OL]. [2011-08-08]. http://www.kmpro.cn/html/anli/case/jijin/10868.html.

② UNMAN G D. Toward the idea mechanical engineering design support system [J]. Research in Engineering Design-Theory Applications & Concurrent Engineering,2002,13(2): 55-64.

③ 施荣明. 知识工程与创新[M]. 北京:航空工业出版社,2009.

④ 陈永当,姜寿山,杨海成,等. 基于知识本体的航空发动机设计知识组织模型[J]. 航空制造技术,2007(11): 62-65.

⑤ 钟佩思. 面向并行设计智能决策支持的知识库系统研究[D]. 哈尔滨:哈尔滨工业大学,1999.

⑥ 黄卫东,谢强,丁秋林. 产品设计中基于本体理论的知识管理研究[J]. 信息与控制,2007,5:573-577.

⑦ 刘继红. 面向复杂产品装配的人机协同设计研究[J]. 数字制造科学,2004,2(1-2):1-35.

务系统数据转化为航空产品知识的效率①。

9.3.1 基于本体的通用航空产品知识库设计

参考许鑫在本体驱动的专题知识库模型基础上提出的知识库构建流程的6个步骤②,结合通用航空产品知识特点应用到通用航空制造业领域,得出基于本体的通用航空产品知识库形成过程(见图9-2)。

图9-2 基于本体的知识库模型

通用航空产品知识范围指的是通用航空产品全生命周期知识,主要包括通用航空产品设计知识、通用航空产品试验知识、通用航空产品制造知识、通用航空产品销售知识等。基于本体和通用航空产品全生命周期知识框架具体如图9-3所示。通用航空产品知识范围作为知识库形成的第一步,对后面知识库的构建具有非常关键的作用。在以通用航空现存的业务系统数据为主要知识源的本体知识库基础上,还可以利用大数据技术进行数据采集与分析本体实例填充,这样是为了让知识库更加适应通用航空产品的主题,在实践中不断丰富本体库,最后整理成资源为通用航空领域的制造企业与相关人员提供知识库服务。

现有知识库构建方法主要有直接处理知识、依靠大众知识构建和自动知识获取三种方法③。根据通用航空产品知识具有复杂性、分布性、变化性等特点,结合这三种方法,参考蔡盈芳的以现存业务系统数据为主要来源的航空产品知识库构建方法以及佟明川等的基于多源异构数据的知识库构建方法④,给出通用航空产品知识库整体设计流程(见图9-4)。

---

① 蔡盈芳. 基于本体的航空产品知识库构建研究[D]. 北京:北京交通大学,2011.

② 许鑫,郭金龙. 基于领域本体的砖题库构建:以中华烹饪文化知识库为例[J]. 现代图书情报技术,2013(12):2-9.

③ GETMAN A P, KARASIUK V V A. Crowdsourcing approach to building a legal ontology from text [J]. Artificial Intelligence and Law,2014,22(3):313-335.

④ 佟明川,陈明锐,许斌,等. 基于多源异构数据的市政管理知识库构建[J]. 海南大学学报(自然科学版),2016,34(3):228-236.

第9章　军民一体化产业知识融合的评价方法

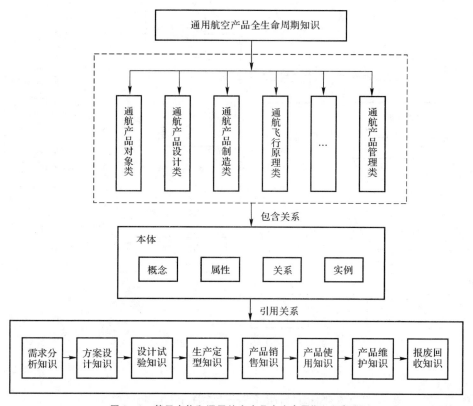

图9-3　基于本体和通用航空产品全生命周期知识框架

基于本体的通用航空产品知识库构建图中主要包括两大模块,分别是知识库的构建和知识库的利用与完善。在构建过程中涉及收集、处理数据,并把数据以结构化形式保存在知识库中。在应用知识库中,主要包括知识接口、展示、查询三个基本功能,以便在实际运用中通过反馈改进知识库。总体流程如下:以通用航空工业现存系统数据为主要知识源,同时在大数据环境下收集海量的互联网数据[①]以及政府数据,整合已有的语义文档等文献资料,形成整个知识库的数据来源,把这些数据概念化、结构化处理形成知识库,然后在实际的运用中根据通用航空产品事件反馈不断进行知识库的调整与改进,并为通用航空领域的应用提供知识服务。

---

① Ontology development 101: a guide to creating your first ontology [EB/OL]. [2016-09-01]. http://protegewiki.stanford.edu/wiki/Ontology101.

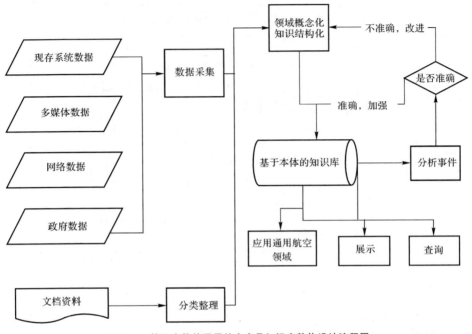

图 9-4 基于本体的通用航空产品知识库整体设计流程图

9.3.2 基于本体的通用航空产品知识库构建

(1) 功能模型构建

为通用航空领域的制造企业和相关人员提供信息,构建实现支持通用航空产品快速研制的知识库理论与技术体系。国外现有的知识库功能主要集中在为通用航空公司客户提供维修、工程或运营方面的数据查询,或是产品某一方面,如产品设计的知识查询,这是通用航空产品知识库的重要基础。不过要形成完善的知识库,还需要在此基础上设计其他的功能和服务,比如关注通用航空产品全生命周期的知识。通用航空产品是技术含量高、产品结构复杂的高科技产品,因此,通用航空产品知识内容非常丰富,涉及多个学科的知识与技能,具有独特的特点。通用航空产品全生命周期包括产品设计、产品试验、产品制造、产品销售、产品维修等阶段,每个阶段的知识都不一样,并且每个阶段知识的内容、数量以及种类等都会随着产品的功能开发以及技术手段的变化而变化。本部分结合学者们对知识库的研究以及当前通用航空工业对知识管理的实际需求,将通用航空产品知识库服务功能分为知识集中管理功能、知识仓库存储功能、共享与检

第9章 军民一体化产业知识融合的评价方法

索功能、推理功能和自动获取功能五大类。构建的功能结构模型如图9-5所示。

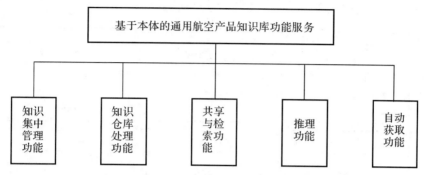

图9-5 基于本体的通用航空产品知识库功能结构

知识集中管理功能就是把通用航空产品全生命周期过程中所形成的所有知识都按一定的结构集中在一起进行管理。

知识仓库处理功能类似传统的产品数据库,用于组织和存储产品知识,但比传统的产品知识库多了一个功能,就是采用通用航空领域本体逻辑结构将通用航空产品全生命周期过程中所形成的各种知识集成在一起,在高层次上组织知识,最后使知识的组织和存储都可以独立于知识逻辑处理过程。

共享与检索功能是知识管理系统具备的基本能力。通用航空产品知识库首先必须具有较强的共享功能,意味着该知识库也应具有较好的检索利用功能,能够快速准确地检索出知识。

推理功能是指利用本体能够提供非常强的语义,加上其概念间的关系模型,在知识利用上可辅助解决通用航空新产品设计、试验、制造过程中的问题。

自动获取功能是本知识库的核心功能。通用航空产品是一种复杂型产品且涉及的学科非常多,需要管理的知识量非常大,用手工获取知识、构建知识库将很难实现。因此,利用计算机的交互学习,在领域专家和知识工程师的配合下,直接从样本中获取知识,完善知识库。

(2)知识库模型设计

基于本体的通用航空产品知识库是借鉴其他知识库原型而构建的,大多数的知识库都采用DSpace系统的三个层次,存储层、逻辑处理层和应用层,每个层次之间依照严格的顺序来排列[①]。知识库管理的知识内容为通用航空产品全

---

① 王媛. 基于DSpace系统的数字图书馆体系结构研究[J]. 图书馆工作与研究,2011(5):51-53.

"一带一路"中基于知识融合平台的军民一体化产业发展研究

生命周期知识,根据通用航空产品全生命周期知识分类和本体的特点,结合朱维乔的基于大数据的IR构建模式框架①以及黄炜等的知识库三层架构②研究,形成基于本体的通用航空产品知识库的四层架构(见图9-6)。

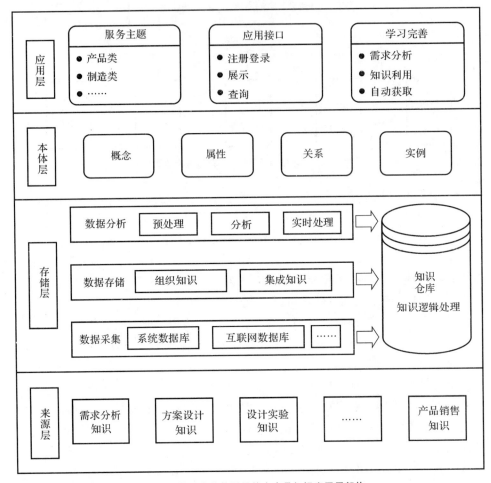

图9-6 基于本体的通用航空产品知识库四层架构

系统的每层架构由多个模块组成,并且由相应的接口连接。本书知识库的模型设计是在一般知识库的三层架构基础上添加了一层结构,从而进行详细描

---

① 朱维乔.面向大数据的机构知识库构建模式创新研究[J].图书馆学研究,2014(13):32-36.
② 黄炜,余辉,李岳峰.网络反恐知识库构建[J].情报杂志,2017,36(5):170-176.

第9章 军民一体化产业知识融合的评价方法

述,丰富和完善知识库模型。

来源层表示知识产生的任务来源,保证通用航空产品从研发到销售等每一阶段产生的知识都能得到管理。该层是最底层,其中的知识都是未经加工的知识,是知识的产生阶段。

存储层是产品知识的存储单元,主要由文档型存储的文件管理系统、数据型的数据库存储系统以及物理存储设备构成,描述了产品知识的具体存储形式。存储层通过存储和组织数据最后集中在知识仓库,为知识逻辑处理进行准备。

本体层是将存储层的知识用语义形式来描述,即用本体的建模基元将知识形式化和语义化,包括描述产品知识概念划分及其相互关系,以提供利用。本体层是存储层和应用层之间沟通的桥梁。

应用层是知识库的最高层,是知识库构建的关键,也是和知识库使用者的交互层。该层描述了产品全生命周期知识所属的服务主题、应用接口和学习完善内容,为知识的广泛应用提供基础。应用层要满足交互的要求,还要能允许相应的服务和需求信息提交到知识库中,对知识库进行实时的更新,提高通用航空产品知识库的实用性。

在实际案例运用中,首先是通用航空产品知识库的建立与完善,即对通用航空产品本体库的知识表示。产品结构知识在通用航空产品知识中是非常典型的产品知识。在通用航空产品中,组成产品的最小单位是零件,因为一个产品是由零件组成组件,组件组成部件,部件再构成产品而来的。产品结构知识是非常重要的知识,本书采用美国斯坦福大学开发的基于知识的、开源的本体编辑工具 Protégé,对生成的本体文件进行编码操作,并用 OWL 语言表示[1][2],下面就通用航空某类零件的表示方法进行论述并举例。

〈? xml version="1.0"?〉

〈rdf:RDF

    xmlns:protege="http://protege.stanford.edu/plugins/owl/protege#"

    xmlns:rdf="http://www.w3.org/1999/02/22-rdf-syntax-ns#"

    xmlns:rdfs="https://www.w3.org/2001/XMLSchema#"

    xmlns:owl="https://www.w3.org/2002/07/owl#"

---

[1] 刘晓燕,王晶,单晓红. 基于本体的学术知识地图构建:以国内动态能力研究为例[J]. 情报理论与实践,2017,40(7):122-126.

[2] 刘锴锋,王红军,左云波. 基于本体及 Web 文本的数控机床知识获取[J]. 电子测量与仪器学报,2017,31(4):651-656.

```
xmlns="http://www.owl-ontologies.com/unnamed.owl">#"
xml:base="http://www.owl-ontologies.com/unnamed.owl">
<owl:Ontology rdf:about="">
<owl:imports rdf:resource=" http://protege.stanford.edu/plugins/owl/protege">
</owl:Ontology>
……
<owl:Class rdf:ID="型代号">
    <rdfs:subClassOf>
        <owl:Class rdf:about="#产品知识"/>
    </rdfs:subClassOf>
    <rdfs:subClassOf rdf:resource=https://www.w3.org/2002/07/owl#Thing/>
    <owl:DatatypeProperty rdf:ID="实例">
        <rdfs:domain rdf:resource="#零部件"/>
        <rdfs:range rdf:resource=https://www.w3.org/2001/XMLSchema#string/>
    </owl:DatatypeProperty>
    ……
<owl:DatatypeProperty rdf:ID="案例">
    <rdfs:range rdf:resource=http://www.w3.org/2001/XMLSchema#string/>
    <rdfs:domain rdf:resource="#机床加工通航零部件"/>
</owl:DatatypeProperty>
<owl:DatatypeProperty rdf:ID="案例编号">
    <rdfs:domain rdf:resource="#案例"/>
    < rdfaype rdf:resource = http://www.w3.org/2002/07/owl#FunctionalProperty/>
    <rdfs:range rdf:resource = http://www.w3.org/2001/XMLSehema#int/>
</owl:DatatypeProperty>
<owl:DatatypeProperty rdf:ID="案例类别">
    <rdfs:domain rd#resource="#案例"/>
    < rdfaype rdf:resource = " http://www.w3.org/2002/07/owl#
```

第9章 军民一体化产业知识融合的评价方法

FunctionalProperty"/〉
　　〈rdfs:label〉案例种类〈/rdfs:label〉
　　　〈rdfs:range rdf:resource=http://www.w3.org/2001/XMLSchema#boolean/〉
　　〈/owl:DatatypeProperty〉
　　　……
　〈案例编号 rdf:datatype="http://www.w3.org/2001/XMLSchema#int"
　〉100200101〈/案例编号〉
　　〈案例种类 rdf:datatype="http://www.w3.org/2001/XMLSchema#boolean"〉机床加工通航零部件〈/案例种类〉
　　　〈/产品知识〉
　〈/rdf:RDF}

第 10 章
基于知识融合平台的军民一体化产业人员融合管理

在知识融合平台里,知识融合固然很重要,但若没有通过人员融合将知识融合的结果往下传递,知识融合的效果也发挥不出来。因此,本书专列一章讲述基于知识融合平台的军民一体化产业人员融合管理,并以某国防军工企业为实例进行了人员融合管理的实证分析。

10.1 人员融合的管理

正如本书前面所提到的人员融合中的人员,是指分布在高等院校、科研机构、军工企业和民用企业的高级知识分子和高级科技人才。这类人员也称为知识型人员。在企业里,则称为知识型员工。

彼得·德鲁克(Peter F. Drucker)最早提出"知识型员工"概念时,是指掌握和运用符号和概念、利用知识和信息的人,具体指企业的经营管理层人员[1]。杰克·斯旺(Jacky Swan)认为大多数对知识型员工的研究都会综合考虑不同的职业和角色……因此可以根据其所从事的工作进行区别定义[2]。笔者认为,知识

---

① DRUCK P F. The landmarks of tomorrow[M]. New York: Harper & Row, 1959: 249.

② SWAN J, NEWELL S, SCARBROUGH H, et al. Knowledge management and innovation: networks and networking [J]. Journal of Knowledge Management, 1999, 3(4): 262-275.

型员工是指具备一定知识和技术，从事有关知识的获取、加工、创造和应用工作的人。

10.1.1　知识型员工的融合

在军民一体化产业里，是以工作任务为核心进行人员融合的。同样，知识型员工的融合，也是以工作任务为核心进行的。在军民一体化产业里的高等院校、科研机构、军工企业和民用企业，其知识型员工会同时接触到军工项目和民用项目，尤其是基础研究、预先（应用研究）和突破性研究项目。在这几类研究的工作任务中，知识型员工可充分融合也可部分融合。这意味着员工可参与军工项目的研发，也可参与民用项目的研发，甚至是参与跨项目的研发，即在企业对军工项目和民用项目并行实施过程之中，同时兼顾军工项目与民用项目，或是同时参与军工项目工作组与民用项目工作组。

10.1.2　知识型员工的跨项目管理

由于跨项目管理的相关研究尚未成熟，国内外学者尚未对此概念做出系统的界定。因此，笔者借鉴项目管理相关文献，认为：跨项目管理是在企业多项目并行实施过程之中，通过针对性地对需要同时兼顾几个项目，或是同时参与几个项目组工作，即需要跨项目工作的人力资源，进行培训和激励以及绩效的动态监控来实现组织战略目标的一种管理活动。

跨项目管理的关键在于对在企业多项目并行实施过程中，那些需要同时承担不同项目工作的人员进行的管理，而多项目管理则是一种基于组织的，站在组织的高度对现行组织范围内所有的项目进行计划、组织、执行与控制的管理活动。

10.1.3　知识型员工的管理策略

(1) 知识型员工的自我管理策略

1) 获取知识，构建学习网络

获取知识是指通过一定的方式从某处获得已存在的知识的过程[①]，显性知

[①]　纳塔拉詹. 知识管理[M]. 赵云飞，译. 北京：中国大百科全书出版社，2002.

识是指能够通过文字、图表等形式,易于表述、处理和共享的知识①。而隐性知识以个人经验为基础,包括技能、信念和价值观等多数难以编撰的内容②。企业或组织可以通过特定的途径和方式,促进员工头脑中隐性知识显性化③。

2)存储知识,优化知识架构

在学习知识管理理论及方法的基础上,需要基于个人的未来发展规划,对包含通用知识、专业知识及其他与工作或生活相关的知识进行系统、科学的管理,并能够依据外部环境的变化进行及时调整和完善,优化自身的知识架构,提升个人绩效。

3)应用知识,发挥知识价值

知识型员工积极地学习、传播知识,目的在于更好地应用知识为集体与个人及社会创造更多的效益与价值,在不断获取、存储知识的同时,更要强调知识的转化和实践应用,以谋求知识价值的最大化。

(2) 知识型员工的组织管理策略

1)以人为本的文化管理

知识型员工的工作过程多以团队合作的方式进行④。良好的企业文化能够增强员工的凝聚力,激发员工的集体荣誉感和工作积极性,企业通过建设"以人为本"的企业文化,可以营造平等互助、合作互信的关系氛围,培养员工的契约精神,激励员工不断自我完善,从而提高员工绩效并减少其流动性⑤。

2)科学的绩效评价管理

绩效评价管理的有效性直接影响组织员工的工作表现及最终绩效水平,它是企业人力资源管理的核心组成部分⑥。绩效评价不单局限于工作结果,同时强调对过程的管理,通过考核、反馈、修正、完善等程序,引导员工发现自身存在的不足与发展潜力。将绩效评价结果与员工的薪酬及职业发展相结合,能够激发员工工作热情,提高业务素质和能力,促进组织战略发展目标的实现。

---

① NONAKA I. The knowledge-creating company [M]. Harvard Business Press, 2015:175-187.

② 王方华. 知识管理论[M]. 太原:山西经济出版社,1999.

③ 游麟麟. 显性与隐性:获取知识的维度及其实现途径[J]. 学术交流,2005(7):189-192.

④ 王素艳. 基于心理契约视角的知识型员工管理策略研究[J]. 中国乡镇企业会计,2013(3):175-176.

⑤ NEWELL S. Enhancing cross-project learning [J]. Engineering Management Journal, 2004, 16(1):12-20.

⑥ 乔黎黎. 浅析信息化在工业企业管理中的应用[J]. 通讯世界,2014(7):113-114.

3）合理的激励策略

a. 薪酬激励。有效的薪酬激励制度能够极大地激发人的工作积极性，提升工作表现和员工绩效。企业可以基于对知识型员工需求的分析判断，从增加奖励与实施差异化这两方面保证企业薪酬制度的公平性，提高员工对薪酬的满意度。另外，在对知识型员工薪酬结构的调整过程中，需要强调以绩效考评为基础，以绩效薪酬为主体[①]。

b. 工作激励。内容丰富且具有一定挑战性的工作能够帮助知识型员工获取更多成就感。一方面，企业可以丰富员工的工作内容，根据组织的实际需要和知识型员工的能力水平，随时调整和增加其工作任务的挑战性；另一方面，可以适当增加其工作自主权，激发知识型员工的工作责任感，提升工作积极性和自主性。此外，可以根据知识型员工的工作特性，实行弹性工时制。

c. 成就激励。尊重需要和自我实现需要的满足能够有效提升员工的工作满意度[②]。一方面，企业可以通过给予优秀的知识型员工表扬和奖励，对其工作表现进行赞扬和肯定，激发员工的荣誉感，满足其尊重需要；另一方面，企业可以通过为知识型员工提供良好的学习和晋升渠道，以更优异的绩效表现为企业贡献价值，满足知识型员工的自我发展和自我实现需要。

10.2 人员融合的评价方法

人员融合评价方法的重点是对融合过程中的人员进行考核与评价。而以工作任务为核心进行融合的人员，需要对其工作绩效进行评价。科学的绩效评价，也是对知识型员工管理的一种策略。绩效是员工的工作结果、工作行为，也包括工作能力的综合，即在一定时期内发挥个体的工作相关能力，为最终达到组织目标所付出的努力。绩效的内涵既包括员工的产出，也关注其具体的表现，同时还要考虑员工工作过程中的潜在付出。

10.2.1 绩效评价及其方法

绩效评价是指运用科学有效的方法，针对员工所承担的工作，对员工在完成

[①] 禹程昕. 知识型员工薪酬激励问题分析[J]. 经营管理者,2017,(12):196-197.
[②] 邱畅. 知识型员工管理的困境及其激励策略[J]. 沈阳师范大学学报(社会科学版),2014,38(2):86-88.

工作及履行职责时的表现进行科学的正式评定,也称作绩效考评、绩效评定、绩效评估等。个人绩效会因时间、空间、环境等因素有所差异而产生不同的结果,所以企业对个人绩效的评价应视具体情况具体分析,多角度、动态地评价。绩效评价能够表述的成果,或者说意义主要在于:加强价值取向选择,营造合理的工作氛围;提供有关员工的薪酬、奖金分配等相关财务决策方面的信息以及员工的调动、晋升和解聘等人事决策信息;评价员工对组织所做的贡献;辨别员工在接受学习、教育等方面的各种需要;掌握人力资源质量的优秀与否,以便于计划或修改人力资源蓝图等。

绩效评价所涵盖的内容包括突出结果、个体特质和行为3个层次,这与绩效的概念是吻合的。绩效评价的具体操作取决于企业自身的条件禀赋以及侧重点。360度反馈评价法、核心业绩指标法、目标管理法和平衡计分卡等都是常用的、科学的绩效评价方法。尽管方法经常使用,但是也存在着一定的缺陷,如忽视定性指标、指标体系不完全、实施困难和不适于个人等。绩效评价是一项比较繁杂的工作,涉及方面广泛,影响深远,因此企业要采用合理有效的措施保证和提高绩效评价的质量,以期达到应有的效果。

(1)绩效评价的常用方法

在对绩效管理相关文献回顾和分析的基础上,对一些具有代表性的、较为常用的绩效评价方法进行简单介绍。

1)目标管理法(Management By Objectives,MBO)

目标管理法是一种业务管理计划和绩效考核方法,它将员工和管理人员共同制定的由企业战略目标层层分解出的个人目标作为考核依据,对员工的绩效进行评估[①]。尽管上下级间共同沟通以制定绩效目标有助于解决研发类知识员工的工作专业性强、难以被考核者理解的难题,但该类员工的绩效不易量化、难以观测等特征,使其绩效考核不宜选用以考核个人绩效结果为主、重视短期目标实现的目标管理法。

2)层次分析法(Analytic Hierarchy Process,AHP)

层次分析法由美国运筹学家托马斯·萨蒂(Thomas L. Saaty)于1977年在《无结构决策问题的建模——层次分析法》中首次提出[②]。该方法基于研究问题的需要,首先将一个复杂系统分解为各个子目标,依据子目标间的联系,建立一

---

① 韩伯棠,尚赞娣.人力资源绩效评估方法的比较与选择[J].科技管理研究,2002,22(6):76-79.

② SAATY T L. A scaling method for priorities in hierarchical structures [J]. Journal of Mathematical Psychology,1977,15(3):234-281.

第10章 基于知识融合平台的军民一体化产业人员融合管理

个有序的阶层结构,并对子目标的相对重要性做出两两之间的比较,获得判断矩阵。继而了解每一阶层中的子目标对上层目标的重要性,最终获得每个子目标对这个复杂系统的重要性。层次分析法就是利用这种判断矩阵,对定性描述的指标做出比较准确的估计,可以为决策者提供更多的信息,避免评价出现误差。但是判断矩阵过大的话,会使得各阶层的信息出现矛盾,不能达到一致性的结果。

3) 平衡计分卡(Balanced Scorecard, BSC)

20世纪末,美国学者罗伯特·卡普兰(Robert Kaplan)和大卫·诺顿(David Norton)首先开始对平衡计分卡进行理论研究。平衡计分卡从财务、客户、内部流程、学习和创新4个角度出发,为企业制定相应的绩效考核长、短期目标,最终检验企业是否达到当初制定的绩效标准[1]。平衡计分卡的一个重要功用在于它阐明了绩效考核应该与企业的战略相结合(Banker等,2004)[2]。

平衡计分卡适用范围广泛,对于企业、研究机构、社会组织等机构用来改善绩效,达成预定目标都有很好的促进效果。但在实际实施过程中,平衡计分卡也暴露了一些缺陷:没有全面本土化;忽视了一部分利益相关者;企业难于指标的选择和权重的分配;企业实施平衡记分法难度大,成本较高;企业缺乏明晰的战略与有效的信息沟通系统;缺乏企业管理者的积极支持等。所以平衡计分卡在国内运用成功的实例较少。

4) 模糊综合评价法(Fuzzy Comprehensive Evaluation, FCE)

模糊综合评价法是利用模糊数学的概念与其他的评价方法相结合的方式来评价一些不能用准确的数字来描述的定性问题[3]。模糊评价法根据指标的大小和各个指标在评价过程中的权重来确定评价矩阵,经过模糊转化对系统做出评价。这其中的指标所占的权重值也需要由专家来确定,由于人的主观判定自身也是一种模糊性评价,这就说明模糊评价在处理问题时的可行性。模糊综合评价方法的缺点是不能很好地解决评价指标中的评价信息的重复问题。

5) 数据包络分析法(Data Envelopment Analysis, DEA)

DEA方法是著名运筹学家查恩斯(Charnes)和库珀(Cooper)等学者提出的

---

[1] KAPLANAND R S, NORTON D P. Using the balanced scorecard as a strategic management system [J]. Harvard Business Review, 1996, 74(1):75-86.

[2] BANKER R D, CHANG H, PIZZINI M J. The balanced scorecard: judgmental effects of performance measures linked to strategy [J]. Accounting Review, 2004, 79(1):1-23.

[3] 颜艳梅. 公共工程项目绩效评价研究[D]. 长沙:湖南大学,2006.

"一带一路"中基于知识融合平台的军民一体化产业发展研究

一种系统分析方法,用于评价多投入多产出部门之间的相对有效性[①]。DEA方法的优点是不需要预先估计变量参数,只需要将实施某个方案时的指标的输入和输出的比值作为变量,这样人为主观因素对于评价方法结果的影响就比较小。同时相比较其他评价方法,DEA法在减少误差方法更胜一等。

但是DEA方法的缺点也是比较明显的。首先DEA法中的每个决策单元的数量可能会比较多,各个单元都是有效的,并且都会优先考虑单元自己对于评价结果的影响比重,这就导致某种结果出现的比重是会随着决策单元的改变发生变化的,那么决策单元之间就缺乏可比性。

6) 神经网络法(Artificial Neural Network, ANN)

神经网络法是基于现代神经生物学的理论成果,用于模拟人脑进行信息处理的方法系统,在识别和分类等方面效果非常出色,并且可以用来处理突发的或是不正常的数据并及时做出评价结果。它不但具有数据处理的一般计算能力,而且还具备知识的思维、学习和记忆处理功能[②]。目前在工业生产、航空航天、金融期货等多个领域都有着广泛应用。

神经网络法需要同时处理多项数据,并且需要考虑太多的因素,譬如系统的结构体系、系统的要素、数据的表现等。但目前的机器模拟技术缺乏足够强大的硬件支持,同时在模拟过程中也是十分耗时的。

(2) 绩效评价的常用方法比较

在实际的应用过程中,每种评价方法都是有自己的优点和不足的,见表10-1。这就需要我们针对不同的系统,采用不同的评价方法或是几种评价方法相结合的方式来解决某个问题。

表10-1 绩效评价的常用方法比较

方法名称	适用范围	优点	不足
目标管理法	目标比较容易量化的员工绩效考评	战略一致性高,有利于内部的交流协作	难以对员工绩效进行横向比较,忽视考核定性指标
层次分析法	多指标、多层次、多方案的系统综合评价和决策	考虑各个绩效因素对绩效考核结果的影响考虑较充分,考核结果具有较高的准确性	难以满足一致性检验要求

[①] CHARNES A, COOPER W W, RHODES E. Measuring the efficiency of decision making units [J]. European Journal of Operational Research, 2007, 2(6): 429-444.

[②] 杨南. 基于神经网络学习的统计机器翻译研究[D]. 合肥:中国科学技术大学, 2014.

第10章 基于知识融合平台的军民一体化产业人员融合管理

续表

方法名称	适用范围	优点	不足
平衡计分卡	战略评价	长期、可持续发展的评价制度,有助于组织核心的能力的衡量与提升	指标的确定与权重协调分配比较困难,开发成本较高
模糊评价法	对受多种因素影响的事物进行评价	能够客观地按综合分值对考核对象进行评价和排序;根据模糊评价集上的值对考核对象划分等级(徐娜娜,2010)[①]	评价过程本身不能解决信息重复问题,难以确定隶属函数
数据包络分析法	同类型单位相对有效性或效益的评价	权重受主观因素影响较小,运算误差小	易出现大量决策均有效的情形
神经网络法	工业制造、医药航天、商业金融等	类型分类及识别方面优势突出。人为主观因素的影响小	机器模拟技术耗时,难以精确分析模型的各项性能指标、体系结构通用性

这些方法共同的缺点在于很难对评价过程中存在的"模糊性"和"随机性"做很好的处理。评价指标体系中定性指标的评价值具有不确定性,在这种情况下,一些企业所进行的绩效考核过程便会不可避免地存在评价的模糊性和随机性。因此,想要更加有效地对企业研发体系中的跨项目知识型员工绩效进行评价,就必须构建合适科学的绩效评价方法,以得到大多数人认可的绩效评价结果。

基于云模型的综合评价模型,利用云发生器算法实现评价指标的定量分析和定性分析间的相互转换[②],能够综合考虑复杂系统的"模糊性"和"随机性",极大地减少决策过程中因主观意识上的不确定性带来的偏差。因此,本书将对传统的层次分析法加以改造,构建层次分析法与云模型相结合的综合评价模型。利用 AHP-云模型获得最后的评价结果,不仅可以通过云的期望给出评价中心值位置,得到评价结果对于各个等级的隶属度,还能够通过获得的云模型参数及其所对应的云图。通过云滴的分布情况,更直观地掌握评价结果,分析出在跨项目员工绩效的评价过程中存在的"模糊性"和"随机性",从而获得更加细腻、真实的评价结果。

[①] 徐娜娜. BP 神经网络在企业绩效评价中的应用[J]. 企业科技与发展,2010,(10):149-151.

[②] 张莹,代劲,安世全. 基于云模型的定性评价及在学评教中的应用[J]. 计算机工程与应用,2012,48(31):210-215.

10.2.2 跨项目知识型员工绩效评价指标体系的构建

本书的人员融合的研究对象是有关军民一体化产业中的跨项目知识型员工,本节将在识别出研究对象绩效评价指标关键因素的基础上,构建具有公平、合理和客观的军民一体化产业中企业研发跨项目知识型员工绩效评价指标体系,为后续的员工评价和管理工作奠定研究基础。

10.2.2.1 指标体系的构建原则

企业研发体系中跨项目知识型员工具有需要同时承担多个项目、工作周期长、多以团队的形式进行脑力活动等特点,在对其进行绩效考评的时候,需要做到从多维度、多视角反映他们的工作付出和成果。构建科学、公正、客观、真实的跨项目知识型员工的综合评价指标体系是一件复杂的系统工程,因此在选取评价指标时应当遵循科学的构建原则。

(1)一致性和全面性原则

一致性是指各评价指标所指向的绩效目标要保持一致,均服务于企业整体性目标的实现。全面性是指在对企业研发体系中跨项目知识型员工进行绩效评价时,应当针对绩效内涵,综合结果绩效、行为绩效、能力绩效这三方面进行全面的考虑和设计。事实上,员工的工作结果并不能代表其现实工作能力的高低和所付出的努力程度。过多的侧重研发成果的考量,会使员工倾向参与投资小、风险低、周期短的项目,从而不利于企业的长远发展。

(2)差异性和独立性原则

在对绩效评价指标进行描述时要注意措辞严谨,明确每个指标所代表的含义。差异性原则强调要保证评价者能够对不同评价指标的内涵进行区分,避免模糊现象。独立性原则是指各评价指标间要有明确的分界,防止含义重复。

(3)可靠性和可操作原则

可靠性原则要求保证研发体系中全体跨项目知识型员工适用于统一的评价标准及内容,并且不会因为评价方法或评价者的不同而导致评价结果有明显差异,即确保评价标准及内容具备良好的可靠性。可操作性原则要求指标数据便于收集,评价过程便于理解和操作,避免形成繁杂、无序的指标群[①]。

---

① 杨勇进. 浅析人才评价的基本原理[J]. 山西高等学校社会科学学报,2009(4):22-25.

10.2.2.2 跨项目知识型员工绩效评价指标体系的初步构建

目前,专门针对企业研发体系中跨项目知识型员工的相关研究尚未成熟,国内外关于知识型员工绩效评价指标的选取往往根据员工所处的行业以及各学者的研究角度的差异而有着不同的侧重。笔者在参考大量文献的基础上选取了几种代表性的观点。

尚从永等[①]在对相关文献分析整理的基础上,从工作业绩、工作能力和工作态度三个方面初步构建了高科技公司研发人员绩效评价指标体系,并采用问卷调查和德尔菲法从初步构建的共37项三级指标中筛选出最终评价指标体系:工作业绩层面包括科研任务完成率、获得专利数量、科研成果获奖项数、同比科技成果增长率和研发费用控制率共5项二级指标;工作能力层面包括专业技术能力、沟通协调能力和独立开发新产品或项目的能力共3项二级指标;工作态度层面包括成就导向、技术保密性、团队合作精神、出勤率和安全卫生意识共5项二级指标。

李成龙[②]构建了由创新行为、创新业绩、创新能力、创新知识和基本素质5项一级指标、30项二级指标、15项三级指标所组成的创新型研发人员的绩效评价指标体系。其中,创新行为层面包括协作精神、团队意识、工作积极性和主动性等7项二级指标;创新能力层面包括科研鉴别能力、发现解决问题能力、信息加工能力、人际交往能力、表达能力和独创能力6项二级指标;创新业绩层面包括成果推广应用的经济及社会效益、专著的数量级质量和申请及授权的专利数等9项二级指标;创新知识层面包括专业知识、基础理论知识、知识更新及外语水平4项二级指标;基本素质层面包括科研道德、事业心、纪律性及身体素质4项二级指标。

侯宇辉[③]通过问卷调查等方法,设计了国防工业研究所研发人员绩效评估体系,主要包括思想品德、工作能力、工作态度、工作成果和自我改进5项一级指标,其中工作能力指标从专业知识与学习能力、独立工作与创新能力、分析及解决问题能力、现代化工作能力和技术经验总结能力5个方面确定;工作态度指标

---

① 尚从永,唐孝中. 高科技公司研发人员绩效评价体系的构建与应用[J]. 赤峰学院学报(自然版),2015(12):153-155.
② 李成龙. 企业创新型研发人员绩效评价指标体系研究[D]. 北京:中国石油大学,2009.
③ 侯宇辉. 国防工业研究所研发人员绩效评估研究[D]. 哈尔滨:哈尔滨工程大学,2007.

从事业心与进取心、主动性与积极性、协作精神、工作的服从性、工作出勤率5方面细分指标;工作成果层面包括工作责任难度与目标完成情况、工作数量、工作质量、工作秩序和完成工作节点情况5项二级指标。

梁美[①]构建了由工作态度、工作能力、工作业绩和学习成长能力4项一级指标构成的高知识型员工绩效评价指标体系。其中,工作态度层面包括工作积极主动性、工作纪律性和工作责任心3项二级指标;工作能力层面包括专业知识水平、组织管理能力、研发能力、沟通能力和团结协作能力5项二级指标;工作业绩层面包括工作数量、工作质量、工作效率和创造性成果4项二级指标;学习成长能力层面包括终身学习能力、发展潜力和共享能力3项二级指标。

舒国珍[②]从能力、态度、业绩3项总指标出发建立了某机械制造业知识型员工绩效的评价指标体系,共分为10项二级指标和24项三级指标。其中能力指标层面由专业技能、创新能力、学习能力、承压能力确定;态度指标层面分为工作态度、团队精神、服务态度、人际交往能力4项二级指标;业绩指标下包括工作质量和工作效率2项二级指标。

王娟[③]从品德、能力、智力和绩效4个方面构建了企业知识型员工绩效评估的指标体系。品德主要体现在思想素质、品德素质和身心素质3个方面;能力主要由创新能力、学习能力、组织协调能力、业务能力、分析决策能力确定;智力指标层面包括综合知识、专业知识、实践经验、分析判断力、思维想象力和观察应变力;业绩从工作质量、工作数量、工作效率和工作难易程度4个方面进行细分指标。

对于企业研发体系中跨项目知识型员工的绩效评价指标体系的构建,本书从一般绩效理论出发,充分考虑跨项目知识型员工的特征,遵循指标体系构建的条件和原则,同时结合相关专家学者的理论著作和建议,从影响知识型员工绩效的众多因素中提取工作能力、工作业绩和职业态度这三方面的因素来对企业研发体系中跨项目知识型员工进行综合评价,初选评价指标体系见表10-2。

---

① 梁美. 基于层次分析法的企业高知识型员工绩效评价体系构建[J]. 柳州师专学报, 2013, 28(3):77-79.

② 舒园珍. 某机械制造业知识型员工绩效考评评价系统设计开发[D]. 南昌:江西财经大学, 2016.

③ 王娟. 企业知识型员工绩效的综合评价[J]. 经济研究导刊, 2010(36):111-113.

第10章 基于知识融合平台的军民一体化产业人员融合管理

表 10-2 军民一体化产业的企业研发体系中跨项目知识型员工绩效评价初选指标体系

目标层	一级指标	二级指标	三级指标
企业研发体系中跨项目知识型员工绩效评价指标体系	工作能力	专业素质	逻辑思维能力
			承压能力
			业务知识与专业技能
			学习能力
			问题分析与处理能力
			观察应变能力
		团队协作能力	团队协作意识
			沟通协调能力
			经验总结与知识共享能力
		创新能力	创新思维能力
			持续改进能力
			科研鉴别能力
	工作业绩	项目经验	项目数量与级别
			项目完成情况
			业务领域影响
			科研成果受奖级别及效益
		工作目标完成情况	工作完成效率
			工作完成品质
			工作计划与总结的完成情况
			内部报告质量
			信息收集与传递的及时性和有效性
	职业态度	成就动机	
		工作责任感	
		工作积极性	
		工作纪律性	
		保密意识	

10.2.2.3 跨项目知识型员工绩效评价指标体系的最终确定

(1) 因子分析法简介

因子分析(Factor Anlysis),也叫因素分析,是通过寻找众多变量的公共因

"一带一路"中基于知识融合平台的军民一体化产业发展研究

素来简化变量中存在复杂关系的一种统计方法。它将多个变量综合为少数几个"因子"以再现原始变量与"因子"之间的相互关系。多变量大样本虽然能够为科学研究提供大量的信息,但是在一定程度上增加了数据采集的工作量,且在大多数情况下,许多变量之间可能存在着相关性,这意味着表面上看彼此不同的变量并不能从各个侧面反映事物的不同属性,而恰恰是事物同一种属性的不同表现。如何从众多的相关指标中找出少数几个综合性指标来反映原来指标所包含的主要信息,这就需要进行因子分析。

因子分析主要应用在:①寻找基本结构。在多元统计中,经常遇到诸多变量之间存在强相关的问题,这给分析工作带来很多困难。通过因子分析法,可以找出几个较少的有实际意义的因子,反映出原来的数据结构。②数据简化。通过因子分析法,可以找出少数几个因子代替原来的变量做回归分析、聚类分析、判断分析等。

因子分析法的因子初始模型为

$$x_i = a_{i1}F_1 + a_{i2}F_2 + a_{i3}F_3 + \cdots + a_{im}F_n + \mu_i \quad (10-1)$$

因子分析把每个原始标量分解为两部分:一部分由所有变量共同具有的少数几个因子构成,即所谓的公共因素部分;另一部分是每个变量独自具有的因素,即所谓特殊因子部分。其中 $F_i(i=1,2,3,\cdots,n)$ 叫作公共因子,它们是在各个变量中共同出现的因子。我们可以把它们看作多维空间分布中相互垂直的 m 个坐标轴。$\mu_i \sim (0, \varphi_i^2)$ 表示影响 x_i 的特殊因子,指原有变量不能被因子变量所解释的部分,相当于回归分析中的残差部分。a_{ij} 是因子载荷(或权重、负荷),它是第 i 个变量在第 j 个主因子上的载荷,反映第 i 个变量在第 j 个主因子的相对重要性。因子分析的初步结果不能直接达成本书目的,故需要计算主成分的综合得分,以此作为评价依据。

因子分析的主要过程可简述为如下几个步骤。

第1步:确定前提条件。

因子分析前提要求是原有变量间具有较强的相关性。通常采用的方法有:①计算相关系数矩阵,当其中大部分相关系数值小于0.3时,则各个变量之间大多为弱相关,不适合进行因子分析。②进行统计检验。主要方法有巴特利特球形检验(Bartlett Test of Sphericity)和KMO(Kaiser-Meyer-Olkin)检验两种。

第2步:因子提取。

提取因子的方法有主成分分析法、主轴因子法、Alpha因子提取法等,用于确定为描述数据而需要的因子个数及其计算方法。

第3步:因子旋转。

在因子提取时,通常提取初始因子后,对因子无法做出有效解释,因子旋转

第10章 基于知识融合平台的军民一体化产业人员融合管理

的目的在于改变每个变量在各因子上的载荷量大小,更好地解释因子。

第4步:计算因子得分。

计算因子得分是因子分析的最后一步,有了因子得分便可利用因子变量对样本进行分类或评价等研究,进而实现降维和简化的目标。

(2)跨项目知识型员工绩效评价指标关键要素的筛选

本书对于研发体系中跨项目知识型员工绩效评价指标关键要素的筛选,选择了20名跨项目知识型员工为样本,向10位专家提供数据对指标进行打分。由于篇幅有限,本书仅以工作能力为例在文中进行展示。最终的评分结果经过标准化后见表10-3。其中横向 $X_1, X_2, \cdots, X_{12}$ 代表表10-2中一级指标"工作能力"下的12个三级指标,即进行因子分析的12个变量,纵向 $Z_1, Z_2, \cdots, Z_{20}$ 代表20个员工样本。

表10-3 标准化后的数据

	X_1	X_2	X_3	X_4	X_5	X_6	X_7	X_8	X_9	X_{10}	X_{11}	X_{12}
Z_1	0.38	-1.28	0.91	1.10	0.67	-0.58	1.09	0.10	-0.51	-0.41	1.43	0.70
Z_2	-0.63	-0.37	-1.69	-0.90	-0.22	0.79	-0.83	-0.57	-1.23	-0.41	-0.52	-0.42
Z_3	-1.13	-1.28	-0.39	-1.57	-0.22	-0.58	-0.83	0.10	0.94	-0.41	-0.52	-0.42
Z_4	2.38	1.46	0.91	0.43	0.67	1.47	0.45	0.77	0.22	0.96	0.13	0.70
Z_5	0.38	-0.37	0.26	-0.90	-1.12	0.79	-0.19	-0.19	-1.23	-1.77	-1.18	-0.42
Z_6	-1.63	0.55	-1.04	-1.57	-2.01	-1.95	-1.47	-0.57	-0.51	-0.41	-1.17	-0.99
Z_7	0.88	0.55	0.91	-0.23	0.67	1.47	1.09	0.77	0.22	0.27	0.13	0.14
Z_8	-0.13	-1.28	-1.04	-0.23	-1.12	-0.19	-1.47	-1.24	-0.51	1.64	-0.52	0.14
Z_9	0.38	1.46	0.26	0.43	-0.22	-0.19	-0.19	-0.19	-0.19	0.96	0.13	0.14
Z_{10}	-0.63	0.55	-1.04	-0.23	-1.12	-1.95	-0.19	-1.24	-0.51	-0.41	-1.82	-1.55
Z_{11}	0.88	-1.28	0.26	0.43	-0.22	0.79	-1.45	-0.19	-0.51	-0.41	0.13	-0.99
Z_{12}	0.342	1.469	-0.39	0.43	-0.22	-0.58	-0.19	-0.57	0.22	0.96	1.43	-0.42
Z_{13}	-1.63	-1.28	-1.70	-0.24	-1.12	-1.23	-0.19	-1.90	-1.23	-2.46	-1.17	-2.11
Z_{14}	-0.13	-0.37	0.26	-0.90	-0.22	-0.58	-0.83	-0.57	-1.23	-0.41	-0.52	-0.42
Z_{15}	-1.13	-0.37	-0.39	-0.90	-0.22	-0.58	-0.19	0.10	0.22	-0.41	-0.52	0.70
Z_{16}	-0.13	0.55	0.26	0.43	0.67	0.10	0.45	0.10	0.94	0.27	0.78	0.70
Z_{17}	0.38	-0.37	0.91	1.10	1.57	0.79	1.73	0.10	1.67	0.96	0.78	1.83
Z_{18}	0.38	1.46	0.91	1.10	1.57	1.09	1.44	2.39	0.96	0.78	1.83	
Z_{19}	-0.63	0.55	-0.39	-0.23	0.67	0.79	0.45	0.10	0.94	-0.41	0.13	0.14
Z_{20}	0.38	-1.28	0.91	1.10	0.67	-0.58	1.09	0.10	-0.51	-0.41	1.43	0.70

运用 SPSS 22.0 统计分析软件,分析所得的相关系数矩阵见表 10-4。

表 10-4　相关系数矩阵

	X_1	X_2	X_3	X_4	X_5	X_6	X_7	X_8	X_9	X_{10}	X_{11}	X_{12}
X_1	1.00	0.31	0.77	0.66	0.58	0.59	0.47	0.63	0.18	0.54	0.58	0.54
X_2	0.31	1.00	0.19	0.17	0.24	0.14	0.27	0.26	0.36	0.43	0.17	0.16
X_3	0.77	0.19	1.00	0.71	0.77	0.39	0.71	0.87	0.44	0.44	0.72	0.75
X_4	0.66	0.17	0.71	1.00	0.73	0.17	0.72	0.59	0.39	0.50	0.81	0.61
X_5	0.58	0.24	0.77	0.73	1.00	0.54	0.83	0.75	0.70	0.48	0.79	0.80
X_6	0.59	0.14	0.39	0.17	0.54	1.00	0.28	0.42	0.34	0.29	0.29	0.43
X_7	0.47	0.27	0.71	0.72	0.83	0.28	1.00	0.63	0.56	0.26	0.64	0.70
X_8	0.63	0.26	0.87	0.59	0.75	0.42	0.63	1.00	0.51	0.48	0.67	0.74
X_9	0.18	0.36	0.44	0.39	0.70	0.34	0.56	0.51	1.00	0.51	0.49	0.59
X_{10}	0.54	0.43	0.44	0.50	0.48	0.29	0.26	0.43	0.51	1.00	0.57	0.65
X_{11}	0.58	0.17	0.72	0.81	0.79	0.29	0.64	0.67	0.49	0.57	1.00	0.73
X_{12}	0.54	0.16	0.75	0.61	0.80	0.43	0.695	0.74	0.59	0.65	0.73	1.00

由表 10-4 可以看出,大部分相关系数小于 0.3,变量间存在较强相关性,该统计数据适宜做主成分分析。

根据特征值大于 1 的提取原则,本书共提取 3 个公共因子反映研发体系中跨项目知识型员工的工作能力。3 个公共因子的方差贡献率分别为 58.068%、9.817%、8.632%,累计解释的总方差值达到 76.508%,见表 10-5。提取方法:主成分分析。

表 10-5　总方差解释表

因子序号	初始特征值			提取平方和载入		
	特征值	贡献率/(%)	累加贡献率/(%)	特征值	贡献率/(%)	累加贡献率//(%)
1	6.968	58.068	58.068	6.968	58.068	58.068
2	1.178	9.817	67.886	1.178	9.817	67.886
3	1.035	8.623	76.508	1.035	8.623	76.508
4	0.897	7.472	83.980			
5	0.701	5.839	89.819			
6	0.464	3.864	93.684			
7	0.275	2.294	95.978			
8	0.221	1.844	97.821			
9	0.115	0.958	98.779			
10	0.065	0.545	99.324			
11	0.049	0.405	99.730			
12	0.032	0.270	100.000			

第 10 章　基于知识融合平台的军民一体化产业人员融合管理

在得到 3 个公共因子及初始载荷矩阵后,对矩阵进行方差最大化正交旋转,得到旋转后的因子载荷矩阵见表 10 - 6。

表 10 - 6　因子载荷矩阵

变量	主因子 F_1	主因子 F_2	主因子 F_3
X_1	0.441	0.805	0.134
X_2	−0.004	0.139	0.846
X_3	0.789	0.470	0.074
X_4	0.836	0.182	0.087
X_5	0.849	0.299	0.252
X_6	0.140	0.816	0.164
X_7	0.857	0.065	0.165
X_8	0.721	0.421	0.188
X_9	0.553	−0.054	0.637
X_{10}	0.352	0.317	0.658
X_{11}	0.832	0.220	0.179
X_{12}	0.775	0.301	0.280

由表 10 - 5 及表 10 - 6 所示数据,计算出原始变量得分见表 10 - 7。

表 10 - 7　原始变量得分表

变量	综合得分	排名
X_1	0.346 661 55	9
X_2	0.084 273 49	12
X_3	0.510 677 44	5
X_4	0.510 817 43	4
X_5	0.544 080 11	1
X_6	0.175 543 64	11
X_7	0.518 251 76	3
X_8	0.476 211 09	7
X_9	0.370 743 37	8
X_{10}	0.292 258 59	10
X_{11}	0.520 158 33	2
X_{12}	0.503 720 57	6

由表 10 - 7 可知各原始变量的系数得分,选取系数大于 0.45 的变量作为主要变量,可得 X_3,X_4,X_5,X_7,X_8,X_{11},X_{12} 为主要变量,进而得出跨项目知识型员工工作能力的评价指标,见表 10 - 8。

表 10-8 工作能力评价指标筛选结果

一级指标	二级指标	三级指标
工作能力	专业素质	业务知识与专业技能
		学习能力
		问题分析与处理能力
	团队协作能力	团队协作意识
		沟通协调能力
	创新能力	持续改进能力
		科研鉴别能力

由此,分别针对职业态度、工作业绩指标进行因子分析筛选,得出研发体系中跨项目知识型员工绩效评价指标体系,见表 10-9。

表 10-9 研发体系中跨项目知识型员工绩效评价指标体系

目标层	一级指标	二级指标	三级指标
企业研发体系中跨项目知识型员工绩效评价指标体系(A)	工作能力(B_1)	专业素质(B_{11})	业务知识与专业技能(C_1)
			学习能力(C_2)
			问题分析与解决能力(C_3)
		团队协作能力(B_{12})	团队协作意识(C_4)
			沟通协调能力(C_5)
		创新能力(B_{13})	持续改进能力(C_6)
			科研鉴别能力(C_7)
	工作业绩(B_2)	项目经验(B_{21})	项目数量与级别(C_8)
			项目完成情况(C_9)
			业务领域影响(C_{10})
			科研成果受奖级别及效益C_{11})
		工作目标完成情况(B_{22})	工作完成效率(C_{12})
			工作完成品质(C_{13})
			工作计划与总结的完成情况(C_{14})
	职业态度(B_3)	工作责任感(B_{31})	
		工作积极性(B_{32})	
		工作纪律性(B_{33})	

第 10 章　基于知识融合平台的军民一体化产业人员融合管理

(3) 跨项目知识型员工绩效评价指标的解释及评价标准

B_1：工作能力

跨项目知识型员工多从事较为复杂和具有创造性的脑力劳动，在企业研发体系中运用自身的专业知识及技能，与团队成员相互协作分析并解决问题。

B_{11}：专业素质

专业素质是指在企业研发体系中跨项目知识型员工应当具备的专业能力，即熟练掌握一系列与工作相关的知识与技能，并将其应用实践，这是开展日常工作的基础。专业素质与知识型员工绩效水平的高低直接相关。

C_1：业务知识与专业技能。业务知识与专业技能是指员工对公司产品领域的知识有一定了解，具备产品研发所需的理论知识和业务能力。本书确定的评价标准为：①能够把握行业领域前沿的知识与技术，在大型研发项目的规划和实施过程中起到引领作用为优秀等级；②对公司产品知识深入了解，具备专业需求的知识和技能为良好等级；③岗位工作偶尔需要寻求他人指导，熟悉日常工作所需的基本知识与技能为一般等级；④岗位工作经常需要寻求他人的帮助和指导，独立完成工作能力不强为差等级；⑤不具备基础的业务知识与技能，需要进行深入的培训学习或者在他人的指导下才完成工作任务为很差等级。

C_2：学习能力。学习能力能够为知识型员工吸收消化知识，并将其应用于实践提供必要的支撑。本书确定的评价标准为：①能够积极寻求学习机会，主动深入地学习最新的专业领域知识或技术，并将其运用到实践工作中去为优秀等级；②能够主动学习完成工作任务所必须的专业知识或技能，对新知识的理解吸收掌握较快为良好等级；③能够较快理解新知识，但需要一段时间将其运用到日常工作为一般等级；④学习态度懒散，积极性不高为差等级；⑤不愿更新自身知识结构，不服从组织安排的学习任务为很差等级。

C_3：问题分析与解决能力。本书确定的评价标准为：①能积极收集和分析有关行业产品的研发信息，及时发现并以最小成本解决工作中待改进的问题为优秀等级；②能够通过对存在问题的信息分析与整理，明确关键所在，找到相应的解决办法为良好等级；③能够对于工作中存在的问题，思考解决办法或寻求帮助，但有时抓不住重点为一般等级；④对已经发生的问题，没有解决思路，对于领导或团队其他成员的依赖性较强为差等级；⑤放任工作中问题的存在，不能及时主动的寻求帮助为很差等级。

B_{12}：团队协作能力

在企业研发体系中，知识型员工在工作过程中多以团队合作的方式进行，需要员工打破专业界限，做到知识与经验共享，从而推动团队整体绩效的提高。

C_4：团队协作意识。本书确定的评价标准为：①积极主动与团队其他成员交流,善于与他人合作共事,能够促进团队合作及良好的工作氛围建设为优秀等级;②能够主动帮助他人解决问题,做到知识与经验的共享,相互支持,保证团队任务的完成为良好等级;③在团队中愿意与他人合作共事,但积极性不高为一般等级;④团队合作精神不强,不愿与团队成员合作交流,独立作业为差等级;⑤没有团队协作意识,破坏团队合作氛围,对工作造成不良影响为很差等级。

C_5:沟通协调能力。本书确定的评价标准为:①在多个并行项目的条件下,能够有效解决资源冲突,调动各方参与者的积极性,促进共同合作为优秀等级;②能够平衡同时段并行的不同工作任务,主动与项目成员沟通交流,协调资源以促进自身工作的完成为良好等级;③能够偶尔与项目成员进行沟通交流,在协调工作任务时需要他人的帮助为一般等级;④与项目成员沟通较少,在同时面临多项工作任务时,容易顾此失彼,影响项目绩效为差等级;⑤不愿与项目成员沟通,不能合理的配置资源,不能同时处理多个并行工作任务为很差等级。

B_{13}:创新能力

创新能力是指员工基于当前工作现状或前人研究成果,创造性地提出新观点或是新的改进方案的能力,这是研发体系中知识型员工开展研发工作的促进性能力。

C_6:持续改进能力。本书确定的评价标准为:①具备全局思维,能够从系统整体及其全过程出发,针对员工工作中的具体问题,持续寻求改进机会并能够制定切实可行改进方案为优秀等级;②能够针对所在部门或岗位的工作现状,寻求改进机会,提出有价值的观点与改进思路为良好等级;③能够对自身过往工作的不足进行思考与总结,追求进步与持续改进,表现良好为一般等级;④能够对自身过往工作的不足进行思考与总结,但改进动力不足,效果不明显为差等级;⑤对工作的关注局限于自身,没有自我突破与改进的激情为很差等级。

C_7:科研鉴别能力。本书确定的评价标准为:①关注公司往年的试验记录、历史报表或是行业前沿信息,能够从中归纳整理出可改进的、具有研究价值的问题,紧扣问题本质,提出切实可行的操作方法为优秀等级;②能够依据公司的历史记录,或是自我的留心观察,提出比较有价值的研究问题为良好等级;③能够在工作实践中提出自己的观点和想法,但抓不住重点为一般等级;④对公司的历史记录和专业领域的科研动态不是很在意,一般提不出有价值的研究方向为差等级;⑤从没有提出过个人观点和看法,对公司创新活动的实施没有任何贡献为很差等级。

B_2:工作业绩

知识型员工通过知识的应用,实现技术进步、流程优化和产品创新,工作业绩是他们工作绩效的最直接体现。

第10章 基于知识融合平台的军民一体化产业人员融合管理

B_{21}：项目经验

对于项目经验的评价包括参与项目的数量与级别、项目完成情况、业务领域影响和科研成果受奖级别及效益共4个三级指标。

C_8：项目数量与级别。本书确定的评价标准为：①参与7次以上公司重大项目(项目级别由项目效益、复杂程度、紧迫程度等进行确定，分为重大、重点及一般等级项目，划分标准以公司的具体情况为参考)为优秀等级；②参与5次以上公司重点及重大项目为良好等级；③参与3次以上公司重点及重大项目为一般等级；④参与3次以上公司一般及重点项目为差等级；⑤参与3次以下公司一般项目为很差等级。

C_9：项目完成情况。本书确定的评价标准为：①项目提前完成，且质量验收全部合格、实际成本开支明显低于预算并且客户满意度非常高为优秀等级；②项目能够按时完成，质量合格，实际成本稍低于预算，客户满意度良好为良好等级；③项目能够按时完成，质量偶有瑕疵，实际成本与预算持平或稍高于预算为一般等级；④项目进度短暂超期，质量管理较差，实际成本高于预算为差等级；⑤项目进度控制糟糕，进度拖沓，质量把控不严格，客户体验差为很差等级。

C_{10}：业务领域影响。本书确定的评价标准为：①负责整个项目团队工作结果，个人工作内容对所在项目团队工作结果有重大影响为优秀等级；②负责整个项目团队工作结果，个人工作内容对所在项目团队工作结果有着关键影响为良好等级；③负责个人工作结果，工作内容对所在项目团队工作结果影响较大为一般等级；④负责个人工作结果，工作内容对所在项目团队工作结果影响较小为差等级；⑤负责个人工作结果，工作内容对所在项目团队工作结果影响很小为很差等级。

C_{11}：科研成果受奖级别及效益。本书确定的评价标准为：①主持过国家级项目，拥有多项个人专利或论文著作，或科研经费在500万元以上的项目通过验收，其科研成果为企业带来巨大利润或产生了明显的社会效益为优秀等级；②拥有多项高级别个人专利或论文著作，其科研成果为企业带来明显利润增长或社会效益良好为良好等级；③拥有多项个人专利或论文著作，其科研成果为企业带来明显增长或社会效益较好为一般等级；④拥有1项以上专利或论文著作，其科研成果产生的经济或社会效益很小为差等级；⑤没有突出的科研成果为很差等级。

B_{22}：工作目标完成情况

工作目标完成情况包括工作完成效率、工作完成品质、工作计划与总结的完成情况共3个三级指标。

C_{12}：工作完成效率。本书确定的评价标准为：①能及时、出色完成各项工作,迅速准确地解决问题为优秀等级;②能按时完成各项工作,工作效率较高为良好等级;③能按时完成各项工作,偶尔需要督促为一般等级;④一般能按时完成各项工作,需要不时督促为差等级;⑤办事拖拉,经常需要督促才能完成工作为很差等级。

C_{13}:工作完成品质。本书确定的评价标准为:①工作质量一直保持超高水准为优秀等级;②工作质量几乎保持正确、清楚,有错自行改正为良好等级;③工作质量大体令人满意,偶尔有小错误为一般等级;④工作出错较为频繁,不够细致为差等级;⑤工作懒散,可避免的错误重复发生为很差等级。

C_{14}:工作计划与总结的完成情况。本书确定的评价标准为:①工作计划与总结能够积极完成,且计划制定得细致可行,能够对工作中的失误及经验教训进行总结,改进措施对团队成员具有相当的可借鉴性为优秀等级;②工作计划制定得较为合理,能够对工作中的失误及教训进行总结,报告有益于团队内部经验交流为良好等级;③工作计划与总结完成效果一般,对工作中出现的问题及经验教训总结不足为一般等级;④工作计划与总结完成效果较差,计划制定得不够细致,工作总结不够全面为差等级;⑤不能按时提交工作计划与总结为很差等级。

B_3:职业态度

职业态度是企业员工主观能动性的一个重要体现,这一评价指标下包括工作责任感、工作积极性与工作纪律性共3个三级指标。

B_{31}:工作责任感

工作责任感是指员工在工作中能够承担责任和履行义务的自觉态度。本书确定的评价标准为:①工作尽心尽责,任劳任怨,竭尽所能,确保本职工作高效完成,敢于承担自己的行为所产生的各种结果为优秀等级;②工作时间内能专心投入工作,能较好地完成本职工作为良好等级;③大部分时间都能诚恳做事,基本能完成本职工作为一般等级;④可以承担一般性的责任,不敢承担大的责任,有些时候会推卸责任为差等级;⑤工作中出现问题时,推卸责任,没有担当为很差等级。

B_{32}:工作积极性

工作积极性是指工作积极主动,自愿付出额外时间(并不是组织要求的)努力完成与工作相关的任务等。本书确定的评价标准为:①工作意愿很强,工作效率高,主动争取工作并提前完成为优秀等级;②工作意愿强,工作效率高,交付工作很少需要督促为良好等级;③工作意愿一般,工作效率一般,尚称负责,很少需要督促为一般等级;④工作意愿较差,处理新事物偶尔出错,需要加以督促为差等级;⑤本职工作不能主动完成,工作中遇事推诿,对事不负责任为很差等级。

第10章 基于知识融合平台的军民一体化产业人员融合管理

B_{33}:工作纪律性

工作纪律性是指企业员工遵守为维护集体利益并保证工作进行而制定的各项规章、条文的程度。本书确定的评价标准为:①严格遵守企业的规章制度,自觉按计划、流程进行工作,从没有迟到早退现象为优秀等级;②通常情况下能够遵守企业的规章制度,对于偶尔违反公司规定的行为能够及时改正为良好等级;③基本能够遵守企业的规章制度,但需要加以监督为一般等级;④纪律意识较淡薄,在组织的提醒下可以改正,但态度不积极为差等级;⑤没有纪律意识,经常性地违反公司制度,且不知悔改为很差等级。

10.2.3 基于AHP-云模型的综合评价模型的构建及分析

10.2.3.1 跨项目知识型员工绩效评价的方法与流程

(1)层级分析法(AHP)简介

层级分析法(Analytical Hierarchy Process,AHP)是由美国运筹学家托马斯·塞蒂提出的一种定性分析和定量研究相结合的分析方法。AHP分析法的主要思想是将一个现实问题层次化,把问题分解成若干层次和若干因素,将原本复杂的无结构问题化为有序的递阶层次结构。本书通过AHP分析法对准则层及指标层进行赋权。其基本操作步骤如下:

a.确定目标和评估指标的层级结构。利用先验知识和资料分析问题,提出问题影响因素及其相互关系。将有关的各个因素按性质不同分解成若干层次,同一层的诸因素从属于上一层的因素或对上层因素有影响。同时又可支配下层因素,或受到下层因素的作用。最高层为目标层,即为层次分析法要达到的总目标。最低层通常为解决问题的措施或方案。中间层为准则层,是实现预定目标采取的某种原则等中间过程(见图10-1)。

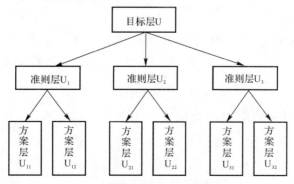

图10-1 AHP分析法层级结构图

b. 构建两两比较的判断矩阵。将每一层的各元素间的重要程度进行两两比较,这种成对的相对重要程度比较允许有某一限度的不一致性存在,一般采用 1~9 的比例标度给两个元素间的相对重要程度赋值,该尺度的含义见表10-10。

表 10-10 AHP 指标权重标度

重要性标度值	含义说明
1	指标相比,两者同等重要
3	指标相比,前者稍微重要
5	指标相比,前者明显重要于后者
7	指标相比,前者强烈重要于后者
9	指标相比,前者极其重要于后者
2,4,6,8	为以上判断的中间值
倒数	若元素 i 与 j 的重要性之比为 a_{ij},则元素 j 与 i 的重要性之比为 $a_{ji}=1/a_{ij}$

c. 权重分配。在计算权重过程中,首先计算出其判断矩阵 P 的最大特征根,据此得到相应的特征向量,方程如下:

$$BW = \lambda_{\max} W$$

其中,$W(W_1, W_2, \cdots, W_n)$ 是对应 n 个要素的相对重要度,即权重系数。本书采用方根法计算权重系数,即首先对各指标按行元素求积,然后开 $1/n$ 次幂,具体过程如下:

$$\overline{W}_i = \sqrt[n]{\prod_{j=1}^{n} a_{ij}} \quad (i, j = 1, 2, \cdots, n)$$

然后运用

$$W_i = \frac{\overline{W}_i}{\sum_{i=1}^{n} \overline{W}_i} \quad (i = 1, 2, \cdots, n)$$

进行归一化处理,即得权重系数 W。

d. 一致性检验。考虑到事物的复杂性及人对重要度矩阵的主观评定可能会有较大偏差,在求出特征向量后,应进行一致性检验,检验公式为

$$CR = \frac{CI}{RI}$$

其中,CR 表示判断矩阵 P 的随机一致性比率,CI 表示判断矩阵 P 的一般一致性。

$$CI = \frac{\lambda_{\max} - 1}{n - 1}$$

第10章 基于知识融合平台的军民一体化产业人员融合管理 Ⅰ

RI 为评估矩阵的随机指标,值的大小随矩阵阶数的增加而增加,见表10-11。若 CR 的值小于等于0.1,认为评估矩阵具有满意的一致性,否则需对重要性评估矩阵的评分进行修正,直到得到满意的一致性为止。

表10-11 评估矩阵的随机指标值

n	1	2	3	4	5	6	7	8	9
RI	0.00	0.00	0.58	0.90	1.12	1.24	1.32	1.41	1.45

(2)云模型简介

云模型是李德毅院士根据概率论和模糊数学理论首先提出的,它是通过特定的结构算法来实现定性概念与其定量数值表示之间转换的一种数学模型,主要应用在数据挖掘与知识表示、算法改进、预测、综合评价等领域[①]。

a. 云的定义及性质。设 U 是一个用精确数值表示的定量论域,C 是 U 上的定性概念,若定量值 $x \in U$,且 x 是定性概念 C 的一次随机实现,x 对 C 的确定度 $\mu(x) \in [0,1]$ 是具有稳定倾向的随机数[②]。

即若 $\mu: U \rightarrow [0,1]$,$\forall x \in U, x \rightarrow \mu(x)$,则 x 在论域 U 上的分布就叫作云,任何一个 x 叫作一个云滴。云滴对定性概念进行定量描述,其产生过程体现了定性概念和定量描述之间的映射方式,大量具有相同特征的云滴组成了云模型,云模型具有以下性质:

对于任意一个 $x \in U$,确定度 $\mu(x)$ 是论域 U 到区间 $[0,1]$ 上具有稳定性倾向的随机数,而不是一个固定的数值;

云模型产生的云滴之间无次序,一个云滴是定性概念在数量上的一次随机实现,云滴越多,越能反映这个定性概念的整体特征;

云滴确定度越大,说明云滴的出现概率越大,对概念的贡献越大。

b. 云的数字特征。云模型用符号 $C(X)$ 表示,云的数字特征用期望值 E_x(Expected Value)、熵 S(Entropy)、超熵 S_H(Hyper Entropy)3个数字特征来表征(图10-2是 $E_x=25, S=3, S_H=0.3$ 的云模型示意图)。把模糊性和随机性完全集成到一起,构成定性和定量相互间的映射。

期望值 E_x:在数域空间最能够代表定性概念 C 的点或者说是这个概念量化的最典型样本点,为云滴的重心位置。

[①] CHEN G, SHARMA P N, EDINGER S K, et al. Motivating and demotivating forces in teams: Cross-level influences of empowering leadership and relationship conflict. [J]. Journal of Applied Psychology, 2011, 96(3): 541-557.

[②] 李德毅,孟海军. 隶属云和隶属云发生器[J]. 计算机研究与发展, 1995(6): 15-20.

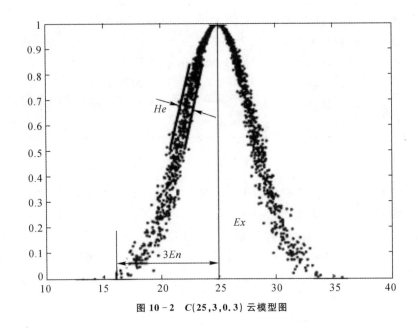

图 10-2　$C(25,3,0.3)$ 云模型图

熵 S：反映定性概念 C 的不确定性，这种不确定性表现在三个方面。首先，熵反映了数域空间中可以被语言值 C 接受的云滴群范围大小即模糊度，是定性概念亦此亦彼的度量；其次，熵还反映了数域空间中的云滴群能够代表这个语言值的概率，表示代表定性概念的云滴出现的随机性；最后，熵还揭示了模糊性和随机性的关联性，可以用来代表一个定性概念的粒度。通常，熵越大，概念越宏观，模糊性和随机性也越大，确定性量化越难。

超熵 S_H：衡量熵的未确知性，是熵的熵，它反映代表定性概念值的样本出现的随机性，表示在论域空间上所有表示语言值云滴的离散程度[①]。S_H 越大，云滴的离散度越大，云的"厚度"也就越大。

云模型是通过以上三个参数，对评价过程中所存在的模糊性和随机性进行整合，以云的整体外形阐述其所代表的定性概念而非以精准的函数。

c. 云发生器。

◆ 正向云发生器（Forward Cloud Generator）把一个定性概念转换成一朵云，实现了从定性到定量的映射，其中构成云的云滴由概念的数字特征计算得出。其输入是表达定性的数字特征期望 E_x，熵 S 和超熵 S_H 和云滴数量 n，输出为 n 个云滴在数域空间的定量位置及每个云滴代表概念的确定度。由于正态云

---

① 沈进昌，杜树新，罗祎，等. 基于云模型的模糊综合评价方法及应用[J]. 模糊系统与数学，2012，26(6)：115-123.

第 10 章　基于知识融合平台的军民一体化产业人员融合管理 Ⅰ

的普遍适用性,本书的综合评价主要将问题描述为正态云进行处理①。如图10-3所示,一维正向云发生器的具体算法实现如下:

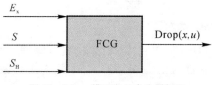

图 10-3　一维正向云发生器框图

输入:云模型对应数字特征(E_x, S, S_H)及产生云滴数量 n;
输出:数量为 n 的云滴及确定度 $u(x_i)(i=1,2,\cdots,n)$。
步骤 1:生成 $S_i, S = \mathrm{NORM}(e)$;
步骤 2:生成 $x_i, x_i = \mathrm{NORM}(E_x, S_i)$;
步骤 3:计算 $u_i = \exp\left[-\dfrac{(x_i - E_x)^2}{2S_i^2}\right]$,获得云滴$(x_i, \mu(x_i))$;
步骤 4:重复上面 3 个步骤,产生 n 个云滴结束。

◆ 逆向云发生器(Backward Cloud Generator)是实现定量值到定性概念的转换模型。它可以将一定数量的精确数据转换为以数字特征(E_x, S, S_H)表示的定性概念②。如图 10-4 所示,一维逆向正态云发化器的算法实现如下:

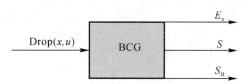

图 10-4　一维逆向云发化器框图

输入:n 个云滴的定量值及每个云滴代表概念的确定度;
输出:这 n 个云滴表示的定性概念 C 的期望值 E_x,熵 S 和超熵 S_H。
步骤 1:计算数据的样本均值 $\overline{X} = \dfrac{1}{n}\sum\limits_{i=1}^{n} x_i$,一阶样本绝对中心矩为 $\dfrac{1}{n}\sum\limits_{i=1}^{n}|x_i - \overline{X}|$,样本方差 $s^2 = \dfrac{1}{n-1}i = \sum\limits_{1}^{n}(x_i - \overline{X})^2$;

---

① 贾怀玺. 新沂农商行战略绩效考核系统的设计和实现[D]. 大连:大连理工大学,2013.
② 周永林. 基于模糊综合评判的可信度评估模型及方法研究[D]. 成都:电子科技大学,2016.

步骤 2:计算期望 $E_x = \overline{X}$;

步骤 3:计算熵 $S = \sqrt{\dfrac{\pi}{2}} \times \dfrac{1}{n} \sum_{i=1}^{n} |x_i - E_x|$;

步骤 4:计算超熵 $S_H = \sqrt{s^2 - S^2}$。

d. 综合云(Synthesized Cloud)用于将若干对应同一语言变量的同类子云进行综合,从而构成一朵新的更高层更广义的概念父云①。云的运算法则见表 10-12。

表 10-12　云的运算法则

运算方式	E_x	S	S_H
+	$E_{x_1} + E_{x_2}$	$\sqrt{S_1^2 + S_2^2}$	$\sqrt{S_{H_1}^2 + S_{H_2}^2}$
-	$E_{x_1} - E_{x_2}$	$\sqrt{S_1^2 + S_2^2}$	$\sqrt{S_{H_1}^2 - S_{H_2}^2}$
×	$E_{x_1} \times E_{x_2}$	$S_1 S_2 \sqrt{\left(\dfrac{S_1}{E_{x_1}}\right)^2 + \left(\dfrac{S_2}{E_{x_2}}\right)^2}$	$E_{x_1} E_{x_2} \sqrt{\left(\dfrac{S_{H_1}}{E_{x_1}}\right)^2 + \left(\dfrac{S_{H_2}}{E_{x_2}}\right)^2}$
/	E_{x_1} / E_{x_2}	$\dfrac{S_1}{S_2} \sqrt{\left(\dfrac{S_1}{E_{x_1}}\right)^2 + \left(\dfrac{S_2}{E_{x_2}}\right)^2}$	$\dfrac{E_{x_1}}{E_{x_2}} \sqrt{\left(\dfrac{S_{H_1}}{E_{x_1}}\right)^2 + \left(\dfrac{S_{H_2}}{E_{x_2}}\right)^2}$

假设论域中存在 n 个同类云 $C_1(E_{x_1}, S_1, S_{H_1})$, $C_2(E_{x_2}, S_2, S_{H_2})$, …, $C_n(E_{x_n}, S_n, S_{H_n})$, 综合云模型 $C(E_x, S, S_H)$ 的计算公式如下:

$$\left.\begin{aligned}
E_x &= \dfrac{E_{x_1} S_1 + E_{x_2} S_2 + \cdots + E_{x_n} S_n}{S_1 + S_2 + \cdots + S_n} \\
S &= S_1 + S_2 + \cdots + S_n \\
S_H &= \dfrac{S_{H_1} S_1 + S_{H_2} S_2 + \cdots + S_{H_n} S_n}{S_1 + S_2 + \cdots + S_n}
\end{aligned}\right\} \quad (10-2)$$

(3)评价流程设计

运用 AHP-云模型对企业研发体系中的跨项目知识型员工绩效进行综合评价的流程如图 10-5 所示。

---

① 蒋嵘,李德毅,陈晖. 基于云模型的时间序列预测[J]. 解放军理工大学学报(自然科学版),2000,1(5):13-18.

第 10 章 基于知识融合平台的军民一体化产业人员融合管理

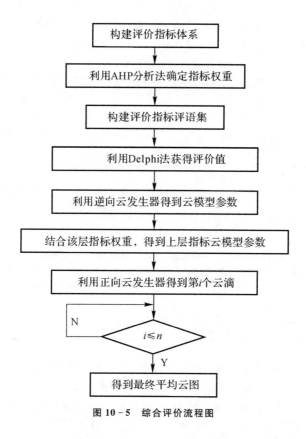

图 10-5 综合评价流程图

10.2.3.2 基于 AHP 分析法的指标权重确定

根据建立的员工绩效评价指标体系,确定一级指标共 3 个:工作能力、工作业绩和职业态度。本书采用 1—9 评分法对绩效评价的各项指标进行两两对比,邀请了 5 位相关专家,经过多次会议讨论并运用 YAAHP 软件进行一致性检验,最终确定了各级评价因素之间的相对重要程度及具体权重(见表 10-13~表 10-21)。

表 10-13 绩效评价准则层因素的判断矩阵及一致性检验

	B_1	B_2	B_3	权重
B_1	1	1/3	1/5	0.109 5
B_2	3	1	1/2	0.309 0
B_3	5	2	1	0.581 6

CR=0.0036<0.1,通过一致性检验

"一带一路"中基于知识融合平台的军民一体化产业发展研究

由表 10-13 知,层次结构为 $A=\{B_1,B_2,B_3\}=\{$工作能力,工作业绩,工作态度$\}$,准则层的权重为 $W=(W_1,W_2,W_3)=(0.1095,0.3090,0.5816)$。

表 10-14 工作能力(B_1)的判断矩阵及一致性检验

	B_{11}	B_{12}	B_{13}	权重
B_{11}	1	5	3	0.6483
B_{12}	1/5	1	1/3	0.1220
B_{13}	1/3	3	1	0.2297
	CR=0.0036<0.1,通过一致性检验			

由表 10-14 知,层次结构为 $B_1=\{B_{11},B_{12},B_{13}\}=\{$专业素质,团队协作能力,创新能力$\}$,准则层的权重为 $W_1=(W_{11},W_{12},W_{13})=(0.6483,0.1220,0.2297)$。

表 10-15 工作业绩(B_2)的判断矩阵及一致性检验

	B_{21}	B_{22}	权重
B_{21}	1	1/2	0.3333
B_{22}	2	1	0.6667
	CR=0.0000<0.1,通过一致性检验		

由表 10-15 知,层次结构为 $B_2=\{B_{21},B_{22}\}=\{$项目经验,工作目标完成情况$\}$,指标权重为 $W_2=(W_{21},W_{22})=(0.3333,0.6667)$。

表 10-16 职业态度(B_3)的判断矩阵及一致性检验

	B_{31}	B_{32}	B_{33}	权重
B_{31}	1	1/3	2	0.2493
B_{32}	1/3	1	3	0.5936
B_{33}	1/2	1/3	1	0.1571
	CR=0.0516<0.1,通过一致性检验			

由表 10-16 知,层次结构为 $B_3=\{B_{31},B_{32},B_{33}\}=\{$工作责任感,工作积极性,工作纪律性$\}$,准则层的权重为 $W_3=(W_{31},W_{32},W_{33})=(0.2493,0.5936,0.1571)$。

表 10-17 专业素质(B_{11})的判断矩阵及一致性检验

	C_1	C_2	C_3	权重
C_1	1	2	1/3	0.2493
C_2	1/2	1	1/3	0.1571
C_3	3	3	1	0.5936
	CR=0.0516<0.1,通过一致性检验			

第10章 基于知识融合平台的军民一体化产业人员融合管理

由表 10-17 知,层次结构为 $B_{11}=\{C_1,C_2,C_3\}=\{$业务知识与专业技能,学习能力,问题分析与解决能力$\}$,指标权重为 $W_{11}=(0.249\ 3, 0.157\ 1, 0.593\ 6)$。

表 10-18 团队协作能力(B_{12})的判断矩阵及一致性检验

	C_4	C_5	权重
C_4	1	2	0.666 7
C_5	1/2	1	0.333 3
CR=0.000 0<0.1,通过一致性检验			

由表 10-18 知,层次结构为 $B_{12}=\{C_4,C_5\}=\{$团队协作意识,沟通协调能力$\}$,指标权重为 $W_{12}=(0.666\ 7, 0.333\ 3)$。

表 10-19 创新能力的判断矩阵及一致性检验

	C_6	C_7	权重
C_6	1	5	0.833 3
C_7	1/5	1	0.166 7
CR=0.000 0<0.1,通过一致性检验			

由表 10-19 知,层次结构为 $B_{13}=\{C_6,C_7\}=\{$持续改进能力,科研鉴别能力$\}$,指标权重为 $W_{13}=(0.833\ 3, 0.166\ 7)$。

表 10-20 项目经验(B_{21})的判断矩阵及一致性检验

	C_8	C_9	C_{10}	C_{11}	权重
C_8	1	3	1/2	3	0.303 5
C_9	1/3	1	1/2	3	0.175 3
C_{10}	2	2	1	5	0.440 7
C_{11}	1/3	1/3	1/5	1	0.080 5
CR=0.003 6<0.1,通过一致性检验					

由表 10-20 知,层次结构为 $B_{21}=\{C_8,C_9,C_{10},C_{11}\}=\{$项目数量与级别,项目完成情况,业务领域影响,科研成果受奖级别及效益$\}$,指标权重为 $W_{21}=(0.303\ 5, 0.175\ 3, 0.440\ 7, 0.080\ 5)$。

表 10-21 工作目标完成情况(B_{22})的判断矩阵及一致性检验

	C_{12}	C_{13}	C_{14}	权重
C_{12}	1	1	5	0.480 6
C_{13}	1	1	3	0.405 4
C_{14}	1/5	1/3	1	0.114 0
CR=0.027 9<0.1,通过一致性检验				

由表10-21知,层次结构为 $B_{22}=\{C_{12},C_{13},C_{14}\}=\{$工作完成效率,工作完成品质,工作计划与总结的完成情况$\}$,指标权重为 $W_{22}=(0.4806,0.4054,0.1140)$。

综合得到每一层指标对于上一层指标的重要程度即权重(均保留2位小数)见表10-22。

表10-22 企业研发体系中跨项目知识型员工绩效评价指标权重汇总

目标层	一级指标	权重	二级指标	权重	三级指标	权重
企业研发体系中跨项目知识型员工绩效评价指标体系（A）	工作能力(B_1)	0.31	专业素质(B_{11})	0.65	业务知识与专业技能(C_1)	0.25
					学习能力(C_2)	0.16
					问题分析与解决能力(C_3)	0.59
			团队协作能力(B_{12})	0.12	团队协作意识(C_4)	0.67
					沟通协调能力(C_5)	0.33
			创新能力(B_{13})	0.23	持续改进能力(C_6)	0.83
					科研鉴别能力(C_7)	0.17
	工作业绩(B_2)	0.58	项目经验(B_{21})	0.33	项目数量与级别(C_8)	0.30
					项目完成情况(C_9)	0.18
					业务领域影响(C_{10})	0.44
					科研成果受奖级别及效益(C_{11})	0.08
			工作目标完成情况(B_{22})	0.67	工作完成效率(C_{12})	0.48
					工作完成品质(C_{13})	0.41
					工作计划与总结的完成情况(C_{14})	0.11
	职业态度(B_3)	0.11	工作责任感(B_{31})	0.25		
			工作积极性(B_{32})	0.59		
			工作纪律性(B_{33})	0.16		

10.2.3.3 云模型的构建

(1)明确指标体系

根据前文可知,本书所构建的企业研发体系中的跨项目知识型员工绩效评价指标体系及各指标所对应的权重见表10-22。在该指标体系中,一级指标共计3项,二级指标共计8项,三级指标共计14项。

(2)构建评价指标评语集

对于在论域中划分好定性概念的方法即为评价集,云模型的概念生成方法

第 10 章 基于知识融合平台的军民一体化产业人员融合管理

主要分为基于黄金分割率的模型驱动法、基于云变换的数据驱动法等,本书采用基于黄金分割的模型驱动法,其基本的理论为:将给定的论域看成语言变量,依据企业目标的属性,对指标体系进行分条描述与细化,通过对评价分值的计算,用云模型表示这些语言值的含义,云的熵和超熵越小,表示越靠近论域中心;反之越远。其中规定,一般云的个数取奇数,相邻云的 S 和 S_H 的较小者是较大者的 0.618 倍。

根据李德毅教授对五层正态云的定义,在 [0,1] 论域中划分为 5 个评价等级,其对应云模型分别是优秀 Cloud(1,0.103 1,0.013),良好 Cloud(0.691, 0.064,0.008),一般 Cloud(0.5,0.039,0.005),差 Cloud(0.309,0.064,0.008),很差 Cloud(0,0.103 1,0.013)。通过 MATLAB 7.0 数学软件,利用正向云发生器得到指标评语集对应的云标尺如图 10-6 所示。

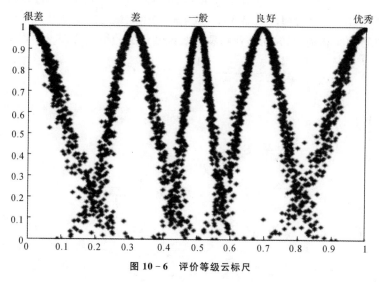

图 10-6 评价等级云标尺

10.2.3.4 基于 Delphi 法评价值的确定

对确定定量指标和定性指标的评价值均采用 Delphi 法,先将各指标的评价等级告知各位专家,接着由所有参评的专家针对跨项目知识型员工绩效评价指标体系中的 $C_1 \sim C_{14}$ 共 14 项三级指标及 B_{31}、B_{32} 和 B_{33} 共 3 项二级指标进行双边约束打分,即同时给出最高分和最低分,评分标准见本章前文各评价等级对应分值(见表 10-23)。之后对所有专家对同一指标给出的最高分和最低分进行处理,通过 MATLAB 7.0 数学软件,分别得出所对应指标的 Max 云和 Min 云,若云图呈现雾状,则将意见反映给专家,调整评分。进行多次这样的反馈,以期达到较合适的云图和数字特征值,即云模型参数的熵和超熵都逐步变小,云滴更加凝聚,云图显现条形,这时便意味着专家意见趋于一致。最后,根据所确定的 Max 云和 Min 云的云模型参数,利用综合云计算式(10 - 2)得到该指标的最终父云。

表 10 - 23　指标各评价等级对应分值表

标准	优秀	良好	一般	差	很差
分值	(80,100]	(60,80]	(40,60]	(20,40]	[0,20]

10.2.3.5　综合评价

由上一步得到的指标 $C_1 \sim C_{14}$,B_{11},B_{12} 和 B_{13} 的云模型参数运用公式(10 - 3),加权获得其所对应上一级指标云模型参数,同理得出跨项目知识型员工绩效的最终评价结果,利用 MATLAB 7.0 数学软件生成最终的员工绩效评价云图,根据云图进行判断和剖析,并对企业跨项目知识型员工的绩效管理提供相关建议。

$$\left. \begin{aligned} E_x &= \frac{E_{x_1}W_1 + E_{x_2}W_2 + \cdots + E_{x_n}W_n}{W_1 + W_2 + \cdots + W_n} \\ S &= \frac{W_1^2}{W_1^2 + W_2^2 + \cdots + W_n^2}S_1 + \frac{W_2^2}{W_1^2 + W_2^2 + \cdots + W_n^2}S_2 + \cdots + \\ &\quad \frac{W_n^2}{W_1^2 + W_2^2 + \cdots + W_n^2}S_n \\ S_H &= \frac{W_1^2}{W_1^2 + W_2^2 + \cdots + W_n^2}S_{H_1} + \frac{W_2^2}{W_1^2 + W_2^2 + \cdots + W_n^2}S_{H_2} + \cdots + \\ &\quad \frac{W_n^2}{W_1^2 + W_2^2 + \cdots + W_n^2}S_{H_n} \end{aligned} \right\}$$

(10 - 3)

10.3　人员融合实例分析

10.3.1　ZHGD 公司研发体系中跨项目知识型员工绩效评价

本书选择具有较多军工研发和民用研发项目的 ZHGD 科技股份有限公司中一名具有代表性的跨项目工作的研发人员 Y 为样本进行评价分析。一方面

第 10 章　基于知识融合平台的军民一体化产业人员融合管理

是对前文建立的基于 AHP-云模型的企业研发体系中的跨项目知识型员工绩效的模糊综合评价模型的有效性进行验证,另一方面可以为企业研发体系中跨项目知识型员工的管理提供参考。

10.3.1.1　公司简介

ZHGD 科技股份有限公司总部设在河南省洛阳市,在西安、深圳等多地设有分公司和子公司。公司目前是中国规模最大的军工防务及高端制造领域互联技术解决方案提供商,是中国国内一家专业致力于光、电连接器技术研发、生产、销售,并全面提供整套连接器应用解决方案的知名军工企业。公司总部拥有"国家级企业技术中心""博士后科研工作站"以及国家和国防认可实验室,专业从事中高端光、电、流体连接技术与设备的研究与开发。目前自主研发各类连接产品 300 多个系列、25 万多个品种。截至目前共有 108 项产品和技术通过了 ZHGY 集团和河南省科技厅组织的科技成果鉴定,累积申请专利 1 930 余项,申请发明专利 960 余项,授权专利 1 220 余项,授权发明专利 340 余项,主编并发布行业标准 200 多项。公司现有员工总数 11 422 人,其中本科及以上学历的知识型员工占比 36% 以上,拥有技术人员 2 000 余人,研发人员 1 200 余人,公司的研发组织结构如图 10-7 所示。

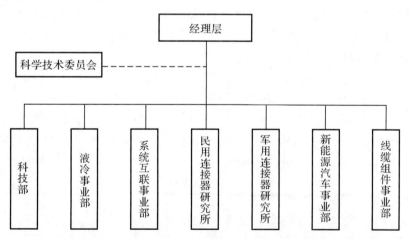

图 10-7　ZHGD 科技股份有限公司研发组织结构

ZHGD 科技股份有限公司依靠领先的技术、优质的产品和科学的经营理念,实现了市场销售和产业化能力的跨越式发展。公司客户定制的非标准工程机械产品生产有着需求变动大、订单式采购多、多次性生产等特点,具有典型的项目特征,同时军工机械的设计和生产是一项技术密集、多专业协同、多部门合作的系统工程。未来几年,ZHGD科技股份有限公司将继续坚持以人为本的管理理念,关注人才的引进与管理;重视创新,不断健全人才的选拔、评价、激励和考核体系,大力推进现代科学管理工具,建立起基本的战略人力资源管理体系,加大研发力度,加强对公司研发体系中知识型员工的管理工作,为公司的各类员工提供更为广阔的发展平台。

10.3.1.2 跨项目知识型员工绩效评价

(1)员工介绍

本书选取的研究对象Y,是ZHGD科技股份有限公司一名具有代表性的企业研发体系中的跨项目知识型员工。该员工本科毕业于国内某国防高校机械制造及自动化专业,毕业后定岗于系统互联事业部研发工程师一职,工作至今已有7年时间。近年来ZHGD科技股份有限公司持续快速发展,该员工在入职后因专业能力较强经常在部门多项目并行实施的情况下,同时兼顾多个项目的研发工作。

(2)绩效评价

为了得到客观的评价结果,笔者邀请熟悉Y员工日常工作表现或项目经历的公司项目经理、部门领导共10位分别针对前文所设计的绩效考核体系中的各细分指标进行双边约束打分。通过计算,确定出评价指标体系中各级指标的云模型参数及Y员工的最终评价云,据此对Y员工的绩效表现做出综合评价。

1)工作能力B_1指标云的确定

对专业素质B_{11}指标下的业务知识与专业技能(C_1)、学习能力(C_2)和问题分析与解决能力(C_3)3项三级指标,团队协作能力B_{12}指标下的团队协作意识(C_4)和沟通协调能力(C_5)2项三级指标,创新能力B_{13}指标下的持续改进能力(C_6)和科研鉴别能力(C_7)2项三级指标,进行双边约束打分,评价值经标准化处理后见表10-24。

表10-24 $C_1 \sim C_7$双边约束打分

	C_1		C_2		C_3		C_4		C_5		C_6		C_7	
	Max	Min	Max	Min	Max	Min	Max	Min	Max	Min	Max	Min	Max	Min
1	0.75	0.7	0.75	0.7	0.7	0.65	0.8	0.7	0.7	0.65	0.75	0.7	0.7	0.6
2	0.85	0.8	0.8	0.8	0.75	0.7	0.8	0.75	0.65	0.6	0.8	0.7	0.75	0.7
3	0.8	0.75	0.75	0.65	0.8	0.75	0.75	0.7	0.7	0.6	0.8	0.75	0.7	0.65
4	0.85	0.8	0.8	0.75	0.75	0.7	0.8	0.75	0.65	0.6	0.75	0.65	0.7	0.65

第 10 章 基于知识融合平台的军民一体化产业人员融合管理

续表

	C_1		C_2		C_3		C_4		C_5		C_6		C_7	
	Max	Min	Max	Min	Max	Min	Max	Min	Max	Min	Max	Min	Max	Min
5	0.8	0.7	0.75	0.7	0.8	0.75	0.8	0.7	0.75	0.65	0.8	0.7	0.7	0.6
6	0.8	0.7	0.75	0.7	0.7	0.6	0.75	0.7	0.7	0.65	0.8	0.7	0.75	0.65
7	0.8	0.7	0.8	0.7	0.75	0.65	0.75	0.7	0.65	0.6	0.75	0.7	0.7	0.6
8	0.9	0.85	0.85	0.75	0.8	0.75	0.7	0.65	0.7	0.65	0.7	0.65	0.65	0.6
9	0.9	0.8	0.8	0.7	0.75	0.7	0.7	0.65	0.65	0.6	0.75	0.7	0.7	0.65
10	0.8	0.7	0.75	0.65	0.7	0.65	0.75	0.7	0.7	0.65	0.7	0.65	0.7	0.6

采用逆向云发生器,云数字特征均保留 3 位小数,以业务知识与专业技能 C_1 为例,其综合云计算过程如下:

a. 业务知识与专业技能指标 C_1 的 Max 云。应用 Excel 数据分析对进度指标 C_1 的 Max 十项数据计算,均值为 0.825,熵为 0.050,超熵为 0.012,即 Max 云为(0.825,0.050,0.012)。

b. 业务知识与专业技能指标 C_1 的 Min 云。应用 Excel 数据分析对进度指标 C_1 的 Min 十项数据计算,均值为 0.75,熵为 0.063,超熵为 0.024,即 Min 云为(0.75,0.063,0.024)。

c. 生成父云。利用综合云计算公式,对进度指标 C_1 的 Max 云和 Min 云进行父云拟合,计算过程如下:

$$E_x = \frac{0.825 \times 0.050 + 0.75 \times 0.063}{0.050 + 0.063} \approx 0.783$$

$$S = 0.050 + 0.063 = 0.113$$

$$S_H = \frac{0.012 \times 0.050 + 0.024 \times 0.063}{0.050 + 0.063} \approx 0.019$$

得到业务知识与专业技能指标 C_1 的最终父云为(0.783,0.113,0.019)。

同理,得到其余 6 项指标的 Max 云和 Min 云,分别如下:学习能力指标 C_2 的 Max 云为(0.78,0.038,0.014),Min 云为(0.700,0.025,0.022);问题分析与解决能力指标 C_3 的 Max 云为(0.750,0.038,0.016),Min 云为(0.690,0.053,0.010);团队协作意识指标 C_4 的 Max 云为(0.760,0.040,0.007),Min 云为(0.700,0.025,0.022);沟通协调能力指标 C_5 的 Max 云为(0.680,0.038,0.014),Min 云为(0.620,0.030,0.015);持续改进能力指标 C_6 的 Max 云为(0.760,0.040,0.007),Min 云为(0.690,0.030,0.010);科研鉴别能力指标 C_7 的 Max 云为(0.700,0.025,0.022),Min 云为(0.630,0.0376,0.014)。

利用综合云计算公式(10-2),分别对上述指标的 Max 云和 Min 云进行父云拟合,得到各指标最终云模型参数见表 10-25～表 10-27 所示。

表 10-25 $C_1 \sim C_3$ 指标的云模型参数及权重

二级指标	三级指标	云模型参数 (E_x, S, S_H)	权重
专业素质 B_{11}	业务知识与专业技能 C_1	(0.783, 0.113, 0.019)	0.25
	学习能力 C_2	(0.748, 0.063, 0.017)	0.16
	问题分析与解决能力 C_3	(0.715, 0.090, 0.013)	0.59

表 10-26 $C_4 \sim C_5$ 指标的云模型参数及权重

二级指标	三级指标	云模型参数 (E_x, S, S_H)	权重
团队协作能力 B_{12}	团队协作意识 C_4	(0.737, 0.065, 0.013)	0.67
	沟通协调能力 C_5	(0.653, 0.068, 0.015)	0.33

表 10-27 $C_6 \sim C_7$ 指标的云模型参数及权重

二级指标	三级指标	云模型参数 (E_x, S, S_H)	权重
创新能力 B_{13}	持续改进能力 C_6	(0.730, 0.070, 0.008)	0.83
	科研鉴别能力 C_7	(0.658, 0.063, 0.017)	0.17

应用公式(10-3),在得到三级指标云后,与相应权重相乘,得到二级指标云。专业素质 B_{11} 指标云计算如下:

$$E_x = \frac{0.783 \times 0.25 + 0.766 \times 0.16 + 0.804 \times 0.59}{0.25 + 0.16 + 0.59} \approx 0.793$$

$$S = \frac{0.25^2}{0.25^2 + 0.16^2 + 0.59^2} \times 0.113 + \frac{0.16^2}{0.25^2 + 0.16^2 + 0.59^2} \times 0.088 + \frac{0.59^2}{0.25^2 + 0.16^2 + 0.59^2} \times 0.105 \approx 0.105$$

$$S_H = \frac{0.25^2}{0.25^2 + 0.16^2 + 0.59^2} \times 0.019 + \frac{0.16^2}{0.25^2 + 0.16^2 + 0.59^2} \times 0.019 + \frac{0.59^2}{0.25^2 + 0.16^2 + 0.59^2} \times 0.014 \approx 0.015$$

团队协作能力 B_{12} 指标云计算如下:

$$E_x = \frac{0.737 \times 0.67 + 0.653 \times 0.33}{0.67 + 0.33} \approx 0.709$$

$$S = \frac{0.67^2}{0.67^2 + 0.33^2} \times 0.065 + \frac{0.33^2}{0.67^2 + 0.33^2} \times 0.068 \approx 0.066$$

第10章 基于知识融合平台的军民一体化产业人员融合管理

$$S_H = \frac{0.67^2}{0.67^2+0.33^2}\times 0.013 + \frac{0.33^2}{0.67^2+0.33^2}\times 0.015 \approx 0.013$$

创新能力 B_{13} 指标云计算如下：

$$E_x = \frac{0.73\times 0.83 + 0.658\times 0.17}{0.83+0.17}\approx 0.718$$

$$S = \frac{0.83^2}{0.83^2+0.17^2}\times 0.07 + \frac{0.17^2}{0.83^2+0.17^2}\times 0.063 \approx 0.070$$

$$S_H = \frac{0.83^2}{0.83^2+0.17^2}\times 0.008 + \frac{0.17^2}{0.83^2+0.17^2}\times 0.017 \approx 0.008$$

由此得到工作能力 B_1 下的二级指标云模型参数及相应权重见表 10-28。

表 10-28 $B_{11}\sim B_{13}$ 指标的云模型参数及权重

一级指标	二级指标	云模型参数（E_x, S, S_H）	权重
工作能力 B_1	专业素质 B_{11}	(0.793, 0.105, 0.015)	0.65
	团队协作能力 B_{12}	(0.709, 0.066, 0.013)	0.12
	创新能力 B_{13}	(0.718, 0.070, 0.008)	0.23

同理，应用公式(10-3)，工作能力 B_1 指标云计算如下：

$$E_x = \frac{0.737\times 0.65 + 0.709\times 0.12 + 0.718\times 0.23}{0.65+0.12+0.23}\approx 0.729$$

$$S = \frac{0.65^2}{0.65^2+0.12^2+0.23^2}\times 0.092 + \frac{0.12^2}{0.65^2+0.12^2+0.23^2}\times 0.066 + \frac{0.23^2}{0.65^2+0.12^2+0.23^2}\times 0.070 \approx 0.089$$

$$S_H = \frac{0.65^2}{0.65^2+0.12^2+0.23^2}\times 0.014 + \frac{0.12^2}{0.65^2+0.12^2+0.23^2}\times 0.013 + \frac{0.23^2}{0.65^2+0.12^2+0.23^2}\times 0.008 \approx 0.013$$

最终，经计算得到一级指标工作能力 B_1 指标的云模型参数为 (0.729, 0.089, 0.013)。

2) 工作业绩 B_2 指标云的确定

对项目经验 B_{21} 指标下的项目数量与级别（C_8）、项目完成情况（C_9）、业务领域影响（C_{10}）和科研成果受奖级别及效益（C_{11}）4 项三级指标，工作目标完成情况 B_{22} 指标下的工作完成效率（C_{12}）、工作完成品质（C_{13}）和工作计划与总结的完成情况（C_{14}）3 项三级指标，进行双边约束打分，评价值见表 10-29。

表 10-29 $C_8 \sim C_{14}$ 双边约束打分

	C_8 Max	C_8 Min	C_9 Max	C_9 Min	C_{10} Max	C_{10} Min	C_{11} Max	C_{11} Min	C_{12} Max	C_{12} Min	C_{13} Max	C_{13} Min	C_{14} Max	C_{14} Min
1	0.7	0.6	0.85	0.8	0.75	0.65	0.75	0.7	0.8	0.7	0.7	0.6	0.8	0.75
2	0.75	0.65	0.85	0.75	0.8	0.7	0.7	0.65	0.85	0.8	0.75	0.65	0.75	0.65
3	0.7	0.6	0.85	0.75	0.8	0.75	0.75	0.65	0.8	0.75	0.8	0.7	0.7	0.6
4	0.7	0.65	0.85	0.8	0.75	0.65	0.7	0.65	0.75	0.7	0.7	0.6	0.8	0.7
5	0.8	0.7	0.8	0.7	0.8	0.75	0.75	0.65	0.7	0.6	0.7	0.65	0.75	0.65
6	0.65	0.6	0.8	0.75	0.75	0.65	0.65	0.6	0.8	0.75	0.75	0.7	0.7	0.6
7	0.7	0.6	0.85	0.8	0.75	0.65	0.75	0.7	0.75	0.65	0.7	0.6	0.75	0.65
8	0.75	0.65	0.85	0.8	0.7	0.65	0.75	0.65	0.75	0.7	0.75	0.65	0.75	0.7
9	0.7	0.65	0.8	0.75	0.8	0.75	0.7	0.65	0.75	0.7	0.75	0.7	0.75	0.65
10	0.75	0.65	0.85	0.8	0.75	0.65	0.7	0.65	0.75	0.7	0.75	0.6	0.7	0.65

同 1) 的运算步骤,因篇幅有限,仅将运算结果展示,见表 10-30。

表 10-30 工作业绩 B_2 指标层下各指标的云模型数字特征

一级指标	云模型参数 (E_x, S, S_H)	二级指标	云模型参数 (E_x, S, S_H)	权重	三级指标	云模型参数 (E_x, S, S_H)	权重
工作业绩 B_2	(0.708, 0.088, 0.014)	B_{21}	(0.716, 0.076, 0.010)	0.33	C_8	(0.681, 0.083, 0.007)	0.3
					C_9	(0.792, 0.056, 0.014)	0.18
					C_{10}	(0.713, 0.076, 0.010)	0.44
					C_{11}	(0.693, 0.068, 0.012)	0.08
		B_{22}	(0.707, 0.091, 0.015)	0.67	C_{12}	(0.731, 0.102, 0.019)	0.48
					C_{13}	(0.681, 0.078, 0.010)	0.41
					C_{14}	(0.698, 0.076, 0.016)	0.11

3) 职业态度 B_3 指标云的确定

对职业态度 B_3 指标下的工作责任感(B_{31})、工作积极性(B_{32})和工作纪律性(B_{33})3 项二级指标进行双边约束打分,评价值见表 10-31。

第 10 章　基于知识融合平台的军民一体化产业人员融合管理

表 10-31　$B_{31} \sim B_{33}$ 双边约束打分

	B_{31}		B_{32}		B_{33}	
	Max	Min	Max	Min	Max	Min
1	0.8	0.7	0.85	0.75	0.8	0.75
2	0.8	0.75	0.85	0.8	0.8	0.7
3	0.75	0.7	0.85	0.8	0.8	0.7
4	0.75	0.7	0.8	0.75	0.75	0.65
5	0.8	0.7	0.9	0.85	0.8	0.7
6	0.8	0.75	0.8	0.7	0.8	0.7
7	0.8	0.7	0.85	0.8	0.75	0.65
8	0.8	0.75	0.8	0.7	0.7	0.65
9	0.75	0.7	0.85	0.75	0.8	0.7
10	0.8	0.75	0.8	0.7	0.75	0.65

同 1)的运算步骤,仅将运算结果展示,见表 10-32。

表 10-32　职业态度 B_3 指标层下各指标的云模型数字特征

一级指标	云模型参数 (E_x, S, S_H)	二级指标	云模型参数 (E_x, S, S_H)	权重
职业态度 B_3	(0.774, 0.076, 0.012)	B_{31}	(0.750, 0.056, 0.013)	0.25
		B_{32}	(0.796, 0.080, 0.012)	0.59
		B_{33}	(0.732, 0.073, 0.011)	0.16

4)绩效综合评价结果

根据表 10-30、表 10-32 得知,ZHGD 科技股份有限公司 Y 员工绩效的一级评价指标云分别为:工作能力 B_1 指标云(0.729,0.089,0.013);工作绩效 B_2 指标云(0.708,0.088,0.014);职业态度 B_3 指标云(0.774,0.076,0.012)。其对应权重分别为:$W_1=0.31, W_2=0.58, W_3=0.11$。利用式(10-3),该员工的最终绩效评价云计算如下:

$$E_x = \frac{0.729 \times 0.31 + 0.708 \times 0.58 + 0.774 \times 0.11}{0.31 + 0.58 + 0.11} \approx 0.722$$

$$S = \frac{0.31^2}{0.31^2 + 0.58^2 + 0.11^2} \times 0.089 + \frac{0.58^2}{0.31^2 + 0.58^2 + 0.11^2} \times 0.088 + \frac{0.11^2}{0.31^2 + 0.58^2 + 0.11^2} \times 0.076 \approx 0.088$$

$$S_H = \frac{0.31^2}{0.31^2+0.58^2+0.11^2} \times 0.013 + \frac{0.58^2}{0.31^2+0.58^2+0.11^2} \times 0.014 +$$
$$\frac{0.11^2}{0.31^2+0.58^2+0.11^2} \times 0.012 \approx 0.014$$

最终,经计算得该员工的最终绩效评价云为(0.722,0.088,0.014)。

将其带入云标尺(如黑色云图所示)中(见图10-8),可以得出:该跨项目知识型员工的绩效评价结果(如灰色云图所示)更接近"良好"等级,因此最终评价结果为良好,且此评价结果为所有评价人公认的结果。

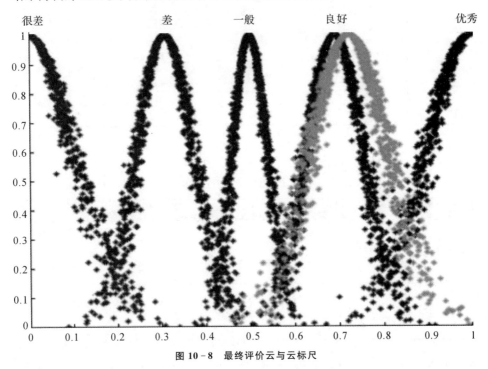

图10-8 最终评价云与云标尺

10.3.2 ZHGD公司研发体系中跨项目知识型员工绩效评价结果分析

根据员工每个评价单元的综合评价成绩,可以分析得出其等级排序关系、成绩稳定性、主观随机性等性质特征,依据这些特征,采用如下优先等级关系进行排序:首先根据E_x进行排序,若两者E_x相同,则S越小(即稳定性越好)排名越好;若两者E_x、S相同,则S_H越小(即随机性越小)排名越好。可以理解为,先对

第 10 章 基于知识融合平台的军民一体化产业人员融合管理

期望的分数进行排序,若期望相同则对比两者的稳定性,稳定性好者排名优先;若期望以及稳定性都相同,则对比随机性,随机性小者排名优先。由图 10-8 可知,该公司研发组织中 Y 员工的绩效水平为良好。对绩效结果进行剖析可知(见图 10-9 和图 10-10):该名研发人员的工作能力、工作业绩和职业态度均处于良好等级;相对于其最终的绩效水平,这名员工的职业态度水平稍微偏高,工作能力水平与最终绩效水平几乎一致,而工作业绩水平相对偏低。

依据直观的数据结果及云图,可以判定该名研发人员的工作业绩水平拉低了他的最终绩效评价结果。定性语言表达可为职业态度端正,工作能力尚可,而工作业绩表现较为一般。

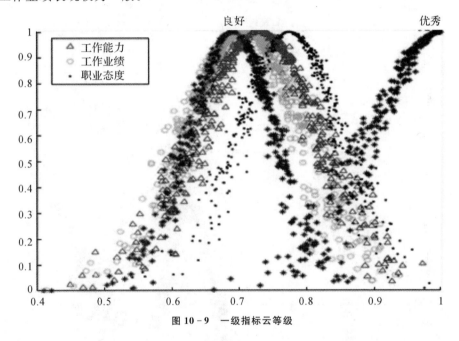

图 10-9 一级指标云等级

针对工作能力 B_1 指标下的二级指标层,运用正向云发生器分别得到专业素质 B_{11}、团队协作能力 B_{12} 和创新能力 B_{13} 的指标云,如图 10-11~图 10-13 所示。

该员工在团队协作能力 B_{12} 与创新能力 B_{13} 指标层的表现,相较于专业素质 B_{11} 均较差,可以通过对团队协作能力和创新能力的提升,来提高自身的整体工作能力。专业素质指标 B_{11} 的熵值明显较大,熵值反映了专家对该项指标理解不同而产生的差异,熵值越大,说明专家对该项指标的理解越不一致,在某种程度上可能是指标表述不清引起的。可以进一步找出具体的原因,使员工的绩效评价过程更加标准化和规范化。

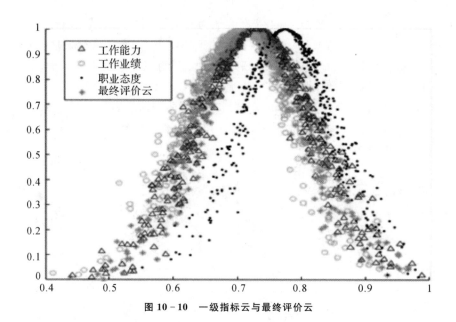

图10-10 一级指标云与最终评价云

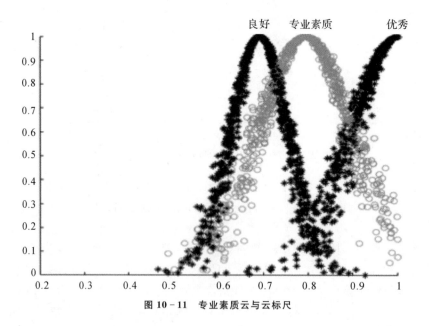

图10-11 专业素质云与云标尺

第 10 章　基于知识融合平台的军民一体化产业人员融合管理

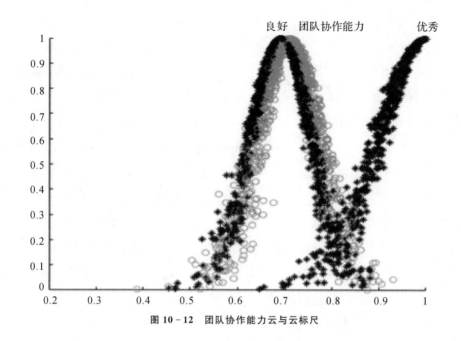

图 10-12　团队协作能力云与云标尺

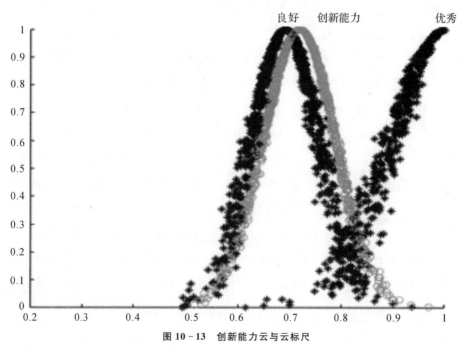

图 10-13　创新能力云与云标尺

"一带一路"中基于知识融合平台的军民一体化产业发展研究

对于工作业绩 B_2 指标下的二级指标层,由项目经验 B_{21} 的云模型参数 $(0.716,0.076,0.010)$ 和工作目标完成情况 B_{22} 的云模型参数 $(0.0707,0.091,0.015)$ 可知,该员工的工作目标完成情况较差,影响了整体的工作业绩表现。针对工作目标完成情况 B_{22} 下的三级指标层,运用正向云发生器分别得到工作完成效率 C_{12}、工作完成品质 C_{13} 和工作计划与总结的完成情况 C_{14} 的指标云,如图 10-14~图 10-16 所示。观察可知,该员工在工作完成效率指标 C_{12} 的熵值明显较大,员工在工作完成品质 C_{13} 与工作计划与总结完成情况 C_{14} 指标层的表现,相较于工作完成效率 C_{12} 均较差,且由于工作完成品质 C_{14} 指标所占比重较大,故该员工可以通过重点提升其工作完成品质来提高其整体的工作绩效表现。

综合评价结果可知,ZHGD 科技股份有限公司跨项目知识型员工的工作能力、工作业绩和职业态度处于良好等级,相较而言职业态度表现较为优秀,工作能力与工作业绩表现则需要着重提升。

其中,从工作能力的二级指标云可知,跨项目知识型员工的团队协作能力和创新能力与专业素质相比,表现较差。随着企业间竞争越来越大,越来越多的企业将重点投资到研发项目上,同一个企业同时运营多个研发项目,将会对跨项目知识型员工的团队协作能力和创新能力提出更高的要求。从具体分析可知,ZHGD 科技股份有限公司跨项目知识型员工持续改进能力、学习能力均处于良好等级,但是科研鉴别能力和问题分析与解决能力不强。公司可针对科研鉴别能力的培养加强培训,充分开发和利用知识资源,提升员工实际问题的分析与解决能力。从工作目标完成情况的三级指标云可知,跨项目知识型员工的工作完成品质和工作计划与总结的完成情况较差,工作完成效率的熵值较大,熵值反映了人们对该项评价指标理解的差异性,分歧会反映到云模型中,分歧越大熵值就越大。ZHGD 科技股份有限公司可以通过适当的激励机制和沟通反馈机制,提升员工工作效率的稳定性,另外公司应当通过培训、创造良好的学习平台等方式提升员工的工作质量、强化工作纪律性,保证员工能够重视工作和与总结,在此基础上便于企业内部知识共享平台的建设,促进工作效率和绩效的提升。

第10章 基于知识融合平台的军民一体化产业人员融合管理

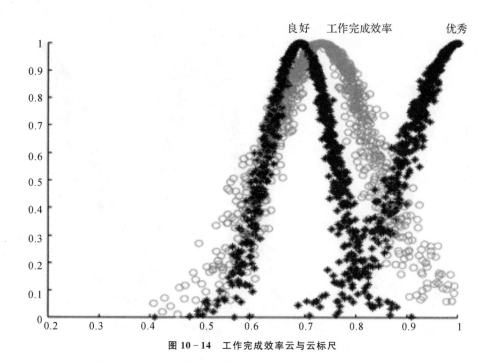

图 10-14 工作完成效率云与云标尺

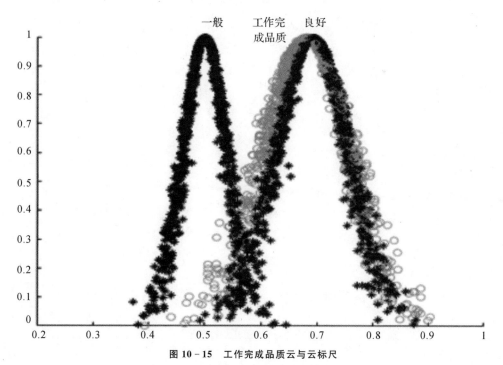

图 10-15 工作完成品质云与云标尺

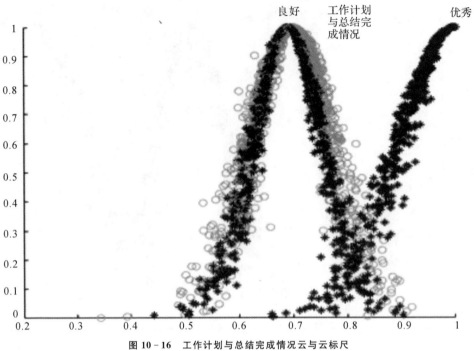

图 10-16　工作计划与总结完成情况云与云标尺

第 11 章
促进我国军民一体化产业发展的对策建议

军民一体化产业发展是一个系统工程,涉及国家、军队、地方、企业、高等院校以及科研院所乃至个人等不同层面、不同类型的多个利益主体,需要统筹规划,全面考虑,才能促进这一过程的顺利实施。本章在分析我国军民一体化产业发展的背景、我国军民一体化发展轨迹、军民一体化发展面临的国际环境、军民一体化产业知识融合平台的构建及其运行机制的基础上,从抓住机遇、转变观念、优化体制、完善政策法规等方面进行全面系统的分析,提出促进我国军民一体化产业发展的相关对策建议。这些对策建议既各有侧重,又相互支撑,共同构成一个完整的体系。

11.1 抓住"一带一路"倡议带来的机遇

虽然军民一体化产业关系国家安全,但这并不意味着只能在国内封闭式发展。要实行开放战略,在确保国防安全和装备技术安全的前提下,着力优化军贸产品结构,提升高新技术装备出口比例,推进军贸转型升级。利用"一带一路"倡议统筹国内自主发展和对外开放,根据产业价值链的分工充分利用国内、国际两个市场,两种资源,把开展国际合作与提高自主发展能力相结合,不断拓展军民一体化产业发展的市场范围和空间,以市场需求的扩大和全球范围内的竞争促进军民一体化产业健康发展。

11.1.1 借助政策优势,加快"引进来"

借助"一带一路"的政策倾斜,主张军民一体化产业"引进来",吸引"一带一路"上的科技创新资源向我国聚集,加强国防科技工业创新能力。我国不断推动与中亚、西亚、俄罗斯等国家在科技、军工、农业、森林加工、能源等领域的密切合作,引进俄罗斯、中亚五国航空航天人才和技术,二者共享知识产权,共同提升两国国际竞争力。围绕"一带一城"科技服务业发展布局,大力发展个别具有区域优势地方的技术转移、研发设计、检测检验、创业孵化、科技金融等科技服务业,加快建设环大学创新产业带、文化科技创业城等科技服务业重点聚集区,加快推进中俄丝绸之路高科技产业园、高新区孵化器产业集群及技术转移聚集区、经开区服务外包产业园等项目建设。

11.1.2 增强竞争优势,推动"走出去"

在"一带一路"倡议下,推动我国军民一体化产业"走出去"。以科技创新为先导,走出国门,不断扩大和深化军民一体化产业的国际交流与合作,学习和借鉴国外的先进经验,并加强与中亚地区的合作,以大集团、大教育、大科研为领军,多兵种、多学科、多方位协同发展,形成产学研、工商贸合作共赢的新机制,成为科技创新的孵化器。例如西安,作为"一带一路"建设的新引擎,目前是我国重要的先进制造业基地,已形成以"五区一港两基地"等一批国家级开发区为引领,以高新技术产业、先进装备制造业、旅游业、现代服务业和文化产业等五大主导产业为支撑,以八个国家级服务业聚集区等板块为带动的良好发展格局。特别是在航空航天、电子信息、汽车制造、生物医药等产业方面,具有突出的比较优势和核心竞争力。实践表明,利用国际合作是培育和发展军民一体化产业的重要举措。随着我国与世界经济的相互依存度越来越高,巨大的国内市场能够吸引发达国家与我国进行军民一体化产业的发展合作。要加快军民一体化产业"走出去"的步伐和加大军民一体化产业"走出去"的力度,推动核电站和核技术装备、宇航装备、航空装备、高技术高附加值船舶及其他高技术成套装备出口,推进"一带一路"空间信息走廊建设和金砖国家遥感卫星星座合作,鼓励参与海外石油矿产资源开发和国际工程承包,充分发挥国家原子能机构和国家航天局的对外合作平台作用,深化核和航天领域国际合作。跟踪产业信息、知识、技术的发展动态,以各种方式开展跨国合作,不断扩大海外市场,提高国内军民一体化产业的竞争力。

第 11 章　促进我国军民一体化产业发展的对策建议

11.1.3　培育创新优势,打造"3I"工程

创新是引领发展的第一动力,科技创新在全面创新中起着引领作用,要依靠科技创新培育发展新动力、谋求发展新突破。在"一带一路"建设下,构建军民一体化产业国际化创新网络,打造"3I(Internationalization - Innovation - Internet)"工程,积极寻求多种形式的合作。

"Internationalization(国际化)":深化科技创新开放合作,完善科技创新开放合作机制。首先,以政府间的科技合作为主导,完善双多边重点领域的合作研发平台建设;丰富创新对话机制内涵,加强创新战略对接,深化联合研究中心和科技创新中心建设。同时,深入实施科技伙伴计划,组织开展技术和政策管理国际培训,加强建设军民一体化产业科技示范园和联合实验室,鼓励社会力量更广泛地参与国际科技创新合作。其次,推进国际大科学计划和大科学工程。开展专题调研,提出军民一体化产业的国际大科学计划和工程路线图,明确优先领域和方向、发起和组织机制。适时建立相关工作机制和组织构架,探索在我国具有优势特色且有国际影响力的军民一体化产业发展领域。最后,推动"一带一路"科技创新合作。结合"一带一路"沿线国家发展基础和需求,依托科技伙伴计划和政府间科技创新合作机制,推进我国军民一体化产业科技创新平台建设,加强科技人文交流。推动航空航天、高端制造业、新材料等重点领域的联合研发、技术转移与创新合作,共建特色园区,深化国际产能对接,积极打造军民一体化产业"一带一路"协同创新共同体。

"Innovation(创新)":促进创新资源双向开放和流动。首先,加快建设军民一体化产业对外技术转移中心,推动国家级国际科技合作平台升级,引领优势产能和创新合作。其次,加强机制性科技人才交流,培养国际化的科研人员,加强国际科技创新合作能力建设。最后,推动一流科研机构和企业在国内建立"一带一路"合作研发机构,引导先进技术产业化、商业化。

"Internet(网络)":在亟需但又难以引进领军人才的技术领域,鼓励、吸引国内外涉及军民一体化产业的高级人才,如专家教授、离退休人员、大学生等。首先,借助"'一带一路'国际合作高峰论坛"这一共商合作大计、共建合作平台、共享合作成果,为解决当前世界和区域经济面临的问题寻找方案,为实现联动式发展注入新能量的最高规格的论坛活动,扩大我国军民一体化产业相关技术与成果在海内外的巨大影响力。其次,支持以客座教授形式聘请国内外高端人才利用"一带一路"文化交流合作来指导。鼓励创新能力与意识强烈的大学生创业,组建创客联盟,为创客及年轻大学生创业团队提供资源和信息的帮助。最后,设

立军民一体化产业发展突出贡献奖,专门对发展我国军民一体化产业做出贡献的集体和个人给予表彰奖励,奖金从军民一体化产业专项资金中列支。吸引如西北工业大学等国内具有军民技术研发基础的大学、科研院所等,为我国军民一体化产业培养、提供掌握专业知识和技能的高素质人才,保障军民一体化产业的健康快速发展。军民一体化产业的企业国际化创新网络机制模型如图11-1所示。

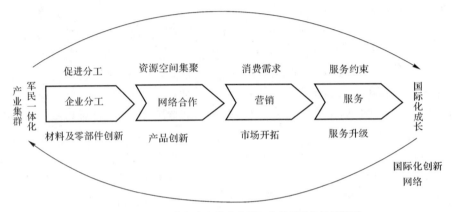

图 11-1 军民一体化产业的企业国际化创新网络机制模型

总而言之,抓住"一带一路"倡议带来的机遇,深度融入"一带一路"建设,面向亚洲市场配置资源,积极参与全球产业链、价值链和创新链重构,促进我国军民一体化产业的企业"走出去"。同时,把"引资、引技、引智"更好地结合起来,创新对外贸易发展方式,建设一批中外合作园区。"一带一路"倡议将极大提高我国的对外开放水平,带来更多的贸易机会,提高区域经济发展速度。与中亚地区的合作可以帮助我国实现产业结构的优化升级,调节产能过剩问题,促进内陆企业"引进来"和"走出去"战略,同时推动区域的技术创新能力提高。

11.2 树立军民一体化产业知识融合发展思想观念

思想观念是具体行动的先导。军民一体化产业发展的前提之一就是要破除现有思想观念中阻碍军民产业一体化的因素,转变传统的军民分离的发展观念,提高军民产业一体化发展认识,这样才能确保在行动上步调一致。

11.2.1 重视知识融合,发挥知识导航的作用

在当今知识经济的环境下,知识发展日新月异,一个企业想在业界成为领先者,必须从两方面进行研究,一是从外界环境中获取新知识,二是在企业内部不断创造新知识。知识融合是企业保持竞争优势和创新能力的基础,能够提高企业的创造能力,而知识的不断创造和应用又是知识经济的主要动力。

企业所占有的知识是企业创新能力的源泉。如果把企业看作知识的集合体,知识融合就是这个集合体生命力的一个体现。知识融合的外部知识来源可以是高等院校、科研机构和市场,内部知识来源则是企业知识创造活动。企业外部的知识如竞争对手的技术、专利,国际领先的技术,国家的政策等外部的知识经过融合能够为企业的发展起到正向的作用,提高企业的竞争力;企业内部的知识融合,在企业内部通过员工之间的讨论、不同部门之间的沟通等各种渠道进行,加速了企业内部新知识的共享;企业将内部知识与外部知识进行融合,能产生对企业发展更为准确、全面的信息,企业的创新能力相对更高,能为企业带来更多的利润。

高等院校是科技第一生产力、人才第一资源、创新第一动力的结合点,是前沿技术研究和颠覆性技术创新的策源地。高等院校既是教育的中心又是科研的中心:作为教育中心,高等院校处于教育体系的顶层,是国家高层次创新型人才的主要培养基地;作为科研中心,高等院校处于国防科技创新体系的上游,是国家基础研究的主力军,高新技术基础研究与应用开发研究的重要方面军,成果转化与高新技术产业化的强大生力军。700多名院士在高校工作,高校在专家智库方面的积累可以对军民一体化产业的知识融合起到重要的支撑作用[1]。近年来,教育部高度重视加强高校军民融合领域重点实验室、协同创新中心、特色学科等平台的培育与建设。截至目前,部属高校共建有军民融合领域国家级重点实验室15个,教育部重点实验室61个,特色学科103个,认定高校协同创新中心2个。强化科研能力建设,激发人才、学科、科研三位一体创新能力,为高校承担军民融合重大任务做好铺垫,使得高校成为支撑军民融合发展的基础前沿创新、关键技术研发和科研成果转化的重要基地。此外,根据2016年10月我国科技部、教育部首次发布的《中国普通高校创新能力监测报告2016》显示,在国家政策的引领和推动下,我国普通高校由规模扩张转向内涵发展,科技创新综合实

---

[1] 中华人民共和国教育部.高等学校"十二五"科学和技术发展规划[EB/OL].(2012-03-27)[2016-09-23]. http://politics.people.com.cn/GB/101380/17504397.html.

| "一带一路"中基于知识融合平台的军民一体化产业发展研究

力快速提高,特别是在创新能力建设、创新人才培养、科技成果产出和转化方面的变化尤为明显。我国高校积极参与国际热核聚变实验堆(ITER)、平方公里阵列射电望远镜(SKA)等国际大科学工程和大科学计划,受邀在国际重要学术会议上做特邀、专题和主题报告,担任国际学术会议主席和著名学术期刊编委,参加国际学术交流的人数均大幅度增加,国际影响力持续提升。高校牵头承担80%以上的国家自然科学基金项目和一大批973、863等国家重大科技任务,在暗物质、干细胞、量子通信、超级计算机等研究领域取得了一批具有重大国际学术影响力的标志性研究成果,并且服务于国家重大战略需求,加快科技创新和产学研合作,取得全球竞争先机。如西南交通大学、北京交通大学、中南大学等高校围绕高铁列车设计、共性基础技术、轨道建设技术等方面开展协同攻关,助力我国高铁走向世界。依托高校建设的各类科技园区已经成为创新创业和创客空间的主要聚集区,形成的新型科技智库为党和政府建言献策,成为各级政府科学决策的重要支撑,而一批协同创新中心也正在成为服务国民经济建设和国防建设的新生长点①。截至目前,我国通过保密资质认证的高校共有 45 所,已基本涵盖所有部属理工科类高校;通过质量管理体系认证的高校有 37 所,占据长期从事军民融合科研高校的 84%;有 247 个科研许可专业和 76 个生产许可专业;列入装备承制单位名录的高校有 13 所。这些资质为高校进一步承担军民融合重大科研任务提供了有效保障。

随着军民融合国家战略深度实施,提升国防科技创新能力,突破发达国家对国防关键技术的防范遏制,更加迫切需要高等院校和科研机构服务国家安全重大战略,在知识创新和人才培养方面给予大力支撑。顺应时代要求和发展机遇,军民一体化产业中的企业应加强与高等院校、科研机构的合作,通过知识融合促进国防科技原始创新,为国防科技持续发展提供前沿技术和人才储备,成为支撑国家国防科技和武器装备发展的重要力量②。

知识融合,是知识导航的"第一突破口"。只有知识融合了,知识导航才有方向。如果一个产业仅仅是用显性知识来划分领域和发展方向,则对产业和企业的后续发展判断不明,若还没有组织承担企业后续发展的引导工作,只按现有产品类型或产品利润进行划分,甚至按照所有制划分是属于军品还是民品,是要

---

① 中华人民共和国科技部、教育部. 中国普通高校创新能力监测报告 2016[M]. 北京:科学技术文献出版社,2016.

② 中华人民共和国教育部. 高等学校"十三五"科学和技术发展规划[EB/OL].(2016-11-24)[2017-11-07]. http://www.moe.edu.cn/srcsite/A16/moe_784/201612/t20161219_292387.html.

"军转民"还是"民参军",这对产业和企业的发展并没有起到任何作用。因此,知识融合之后还要注重发挥知识导航的作用,帮助产业和企业识别机会、规避风险,对未来的发展方向做到"精准分类、精准定位和精准导航"。

11.2.2 利用知识管理提升军民一体化产业竞争力

当前,在知识经济与创新生态系统的双重作用下,对军民一体化产业的发展而言,提升产业核心竞争力,必须把知识管理提升到战略核心位置。

首先,隐性知识非常重要,建立隐性知识的交流和激励机制,充分发挥市场作用,能够创造有利于"工匠精神"发挥的环境与条件。激发隐藏于人脑中的隐性知识,实现目标化的知识管理取决于激励制度的有效性,所以应建立激励机制鼓励员工把自己的知识分享出来,使隐性知识外显化。同时,积极培育大批有知识、有能力、有创新意识、有共享理念的现代工匠队伍,为军民一体化产业核心知识的创新、核心技术的创新与共性技术的分享提供科技支持和推动保障。军民一体化产业要坚持以提高质量和核心竞争力为中心,引导企业形成自己独有的比较优势,弘扬工匠精神,不断打造制造精品,加强品牌建设,培育更多"大国工匠",将会更大程度地提升我国军民一体化产业的国际竞争力。

其次,知识管理的核心是知识创造,促进知识创造要通过知识融合,而知识融合就是使隐性知识与显性知识相互作用,积累隐性知识并借助知识融合平台分享隐性知识从而产生显性知识,在融合过程中实践显性知识使其深植于隐性知识。同时,实施知识管理应重视实践智慧,经过评估辨认与应用实务环节追求共同利益,使政产学研用协同效应发挥作用。在有效的分布式管理下,实践智慧有利于促进产业各机构、各组织参与知识融合。将军民一体化产业的企业从企业类型、部门职能、项目特点等角度进行差异化分类,比如让一部分有条件的企业先实施、让能操作好应用知识管理的部门先实施、让收益回报较大的项目先实施,从一个企业、一个部门甚至一个项目开始逐渐扩展到带动整个军民一体化产业实施知识管理。掌握分散在产业各处的知识与技术调动权,牢牢把握住系统中如何在各主体、群落或链条间巩固知识总体质量与融合知识的决定权。

再次,共享知识库可以为隐性知识和显性知识的分享提供平台支撑,因此建立一个共享知识库可以实现知识平台化管理,促进多创新主体参与的、多元素相互协同的知识联盟体系的形成,进一步完善军民一体化产业的政产学研用知识管理体系。将能够用字体、图形、编码等形式阐明的知识和技能正式化、规范化后输入知识存储库,当员工遇到相同问题或类似情景时可直接提取知识,获得解决方案。在"互联网+"背景下,军民一体化产业竞争力的提升必须以先进的信息技术为依托,加强信息技术基础设施建设,有效进行企业知识管理。通过互联网、新一代信息技术及装备制造业发展的交融,借鉴国外企业构建企业内外部知识网络系统,并且对这些系统中的显性知识按照类别进行编码,通过知识管理系统来获得有效知识,知识管理成本可以降低,知识经营风险可以分担,知识获取速度可以加快,达成知识融合效果。

最后,在大数据背景下,军民一体化产业竞争力的提升和其与互联网、知识管理三者的有效融合紧密相连。军民一体化产业可通过互联网获取先进的知识与技术,分享关键共性知识与技术,进行有效的资源整合,但知识管理存在明显的独特性和抽象性,现代信息系统却无法替代人与人、面对面的交流,难以营造知识创造需要的共享"场"环境,更不能有效促进知识融合。人是知识融合的主体,知识管理是以人为本的信息系统管理,包括信息管理和人力资源管理,以人为本的知识管理是依托现代信息技术,综合考虑人力资本的独特性、依附性、增值性等特点,对知识、信息、技术等进行有效整合,促进知识资源共同分享,达成知识融合的管理活动。因此,还要正确认识互联网与军民一体化产业融合发展的关系,规避军民一体化产业与互联网融合发展带来的潜在风险,如同质化竞争风险、体制性摩擦风险与网络安全风险等,形成公平同等看待软硬件的观念,在综合使用数字和模拟技术的同时,也要重视以人为本的知识管理。

11.2.3 充分认识军民一体化产业发展对于富国强军的重大意义

军民一体化产业是支撑国防装备发展和服务经济社会发展的基础。考虑到国防科技工业对国家安全的重要作用,那么从国家发展全局出发,推动军民一体化产业知识融合的最终目的,不仅是要推动军民两用技术和产品的健康发展,而且还需要形成能够维系国防安全和经济安全的军民一体化产业,从而实现富国与强军的有机统一。从美国推进军民一体化发展历程来看,其先后实施的"阿波罗计划""星球大战计划""信息高速公路"等,均把推动产业发展作为计划实施的重要组成部分。这也就是通常所说的实现强军和富国的有机统一,其中强军是本质,富国是溢出效应。

20世纪80年代我国军转民大潮中,军工单位"饥不择食""找米下锅"搞出很多民用商品,虽然风光一时,但没有形成产业,难以发挥长期带动经济发展的辐射效应。我国民口单位虽然较军工单位有一定优势,但在全球创新格局中自主创新能力与军民一体化发展成熟的国家还有一定差距,很多关键技术受制于人。新时期,推进军民一体化产业发展的定位如果仅仅是从技术、产品或人员上满足于利用民口资源填补国防科技领域的不足而不着眼于从源头——知识使民口与军工的技术、产品等进行融合促进产业化发展,则有可能产生这些资源单纯依赖有限的军品市场而难以做大做强、缺乏可持续发展活力的后果。因此,在我国全面建设小康社会进程中实现富国和强军的统一,必须高度重视军民一体化产业发展。

11.2.4 要有局部利益服从整体利益的大局观

军民一体化产业发展,除了涉及国家利益之外,还关系到地方利益、部门利益、行业利益、军队利益等。不同主体的利益诉求并不完全一致,每个利益主体都希望在军民一体化产业发展过程中得到国家政策、资金等方面的优先支持。在总体资源有限的情况下,必然会出现利益主体诉求不能同时满足甚至相互矛盾的情况。例如,在军民一体化产业知识融合过程中,涉及军工企业和民用企业在国防知识产权方面的保密约束,军队科研机构和高校、民口科研单位在争取承担国家科研任务的不平等竞争;在军民一体化产业规划过程中,军工企业和民营企业在发展资金和政策支持方面的差异,国防科技工业系统和民用工业系统的协调发展方面的冲突;等等。这些不同利益主体之间的矛盾和冲突,必须在维护国家整体利益的前提下得到解决。因此,在考虑地区利益、部门利益、行业利益和军队利益时,必须确保国家利益至上,各利益主体要有"舍小家、顾大家"的大局观念。比如,地方政府应避免"为发展军民一体化产业而发展"的产业布局观念,应根据国家统一规划计划和安排,客观选择产业发展的重点领域和方向,杜绝那些没有明确资源、技术、产业优势的地区盲目跟风,片面追求迎合国家政策效果的"赶时髦"式发展,那样最终会损害国家的整体利益。

11.3 构建科学的军民一体化产业发展机构与机制

11.3.1 成立军民一体化产业发展的政府协调机构

世界各国在军民一体化发展过程中,注重在执行层次建立跨部门的协调机构,保证军民一体化发展的项目在实施过程中的相互协调。建立协商机制、成立协调机构是军民一体化产业发展的基础。

美国部门层次军民一体化协调工作主要由国防技术与工业基础委员会总体

负责。该委员会成员主要有国防部部长、商务部部长、劳工部部长,在特定情况下也包括由总统指定的其他政府官员,主席由国防部部长担任。国防技术与工业基础委员会是美国有关军民一体化发展的最重要、最核心的部门协调机构。该机构的主要任务是通过保证联邦政府各部门进行有效的协调与合作,来提高国家科技工业基础满足国家安全目标的能力,实现国家安全目标的各种科技计划,不断改进对国家军民一体化相关产业的工业基础的采办政策①。

英国国防部参加了设计科研、技术、装备和工业许多部门间的小组或工作委员会,以及政府部级的首席科学顾问委员会,加强与政府其他部门基础性研究的交流与合作。此外,英国国防部和工程与自然科学研究委员会(EPSRC)、粒子物理与天文学研究委员会(PPARC)、医学研究委员会等基础研究机构建立了正式的交流及合作机制。

俄罗斯国防工业部门设有专门的军民科技协会,负责收集民用部门科研技术人员提出的与军工有关的科研方面的建议。在制定与军事有关的科研规划时,由军事工业委员会协调国家科学技术委员会与军工部门之间的关系,保证军民科技发展中的相互支持②。

我国于2017年1月22日成立了中央军民融合发展委员会,该委员会是中共中央政治局召开会议决定设立的组织机构,以习近平任主任,是中央层面军民融合发展重大问题的决策和议事协调机构,统一领导军民融合深度发展,向中央政治局、中央政治局常务委员会负责。

11.3.2 设立军民一体化产业工业界与学术界合作的创新机构

创新是一个完整的链条,在军民一体化产业发展中,从知识创新、技术创新到产品创新是一个连续的过程。知识导航出来的创新技术必须形成商业化应用或进入规模化生产,才能完成一次创新过程。科技到生产力中间存在一个"鸿沟",这个介于基础科研和商业化生产之间的空缺被称为"死亡之谷"(见图11-2)。如何将军民两用基础研究方面的科研成果转化为军民两用技术的商业化应用,也是军民一体化产业解决创新问题必须跨过的一道坎。

---

① 吕彬,李晓松,姬鹏宏. 西方国家军民融合发展道路研究[M]. 北京:国防工业出版社,2015.

② 国防大学国防经济研究中心. 中国军民融合发展报告 2013[M]. 北京:国防大学出版社,2014.

第 11 章 促进我国军民一体化产业发展的对策建议

要跨越这样一个"鸿沟",就必须设立军民一体化产业中的工业界与学术界合作的制造创新机构,其主要任务就是识别军民一体化产业中工业界、学术界和政府间的合作机会。此类创新机构可由政府、工业界和学术界三方合作,共同出资出力,致力解决军民一体化产业的知识成果、科技成果等商业化转变能力的问题,分享成果。而创新机构的自主资金来源可以多样化,如收取会员费、付费服务、合同、预研生产、研究资助和捐赠等。如同美国的创新研究院(IMI),吸引了波音、洛克希德·马丁、通用电气等一大批巨头公司缴纳高额会费成为高级会员,可见这些巨头公司对技术转化的垂青。在这样的会员制下,可制订详尽的知识产权产生规则和使用规则,一开始就把知识产权的边界圈定清晰。有了这样的创新机构,创新技术可以通过企业转化为先进的产品。而通过政府资金的协助参与国防装备生产和制造的企业,可以在相对较低的风险下生产制造先进产品,这使得企业可以最大限度地与各类创新机构形成密切合作,了解未来国防科技工业的发展方向,以及获得产品开发和市场拓展等方面的协助。

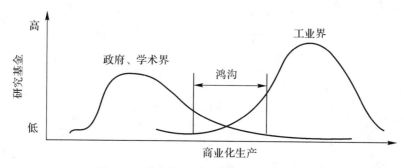

图 11-2　基础科研和商业化生产之间的"鸿沟"

11.3.3　建立军民一体化产业知识融合平台主体"握手机制"

建立健全合作机制是推进军民一体化产业知识融合平台主体形成知识联盟且高效运作的关键所在。

所谓知识联盟(Knowledge Alliance),是知识经济时代为了适应外部环境竞争日益激烈而兴起的一种新的战略组织模式,其中心目标是学习和创造知识。在市场环境变幻莫测、技术变动迅速、信息革命普及和全球化竞争日趋激烈的条件下,军民一体化产业中的军、民企业为了保持和提高竞争优势、分散风险、避免恶性竞争、开拓市场空间,开始对企业竞争战略进行重新选择,对企业竞争关系进行重新定位,由竞争走向"竞合",纷纷实现新的竞争战略——战略联盟。战略

"一带一路"中基于知识融合平台的军民一体化产业发展研究

性的知识联盟是企业发展战略的重要变化,指以市场为导向、企业为主体、高等院校或科研院所为技术依托,优势互补、长期合作、风险分担、利益共享的战略联盟组织,是产学研合作发展的高级阶段,能够实现产学研合作由短期合作、松散合作、单项合作向长期合作、紧密合作、系统合作的转变[①]。例如,通用公司在20世纪80年代曾被日本丰田公司、本田公司超过,在吸取经验教训后,通用公司制订了"土星计划",即战略规划,这是最典型的知识联盟。通过与电子数据系统公司、美国的一些汽车公司和飞机制造企业,以及一个农业机械工人联合会合作,共同开发专长,通用公司实现了一场汽车工业的革命。后来"土星计划"还扩大到供应商、销售商。

军民一体化产业知识融合平台主体"握手机制"是指在政策法规和社会环境的影响下,军民一体化产业中的军民企业、高等院校、科研院所等各机构通过分工协作,在实现互惠共赢、共同发展的战略目标过程中,系统内外各相关要素之间相互作用和制约的关系。通过"握手机制",政府负责前半棒,工业界和学术界负责后半棒。具体的合作机制如图11-3所示。

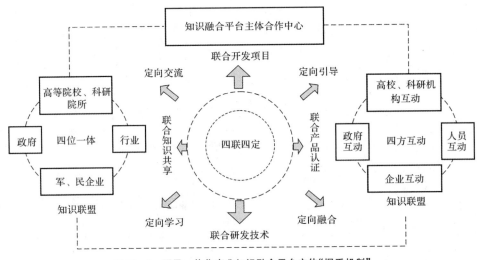

图11-3 军民一体化产业知识融合平台主体"握手机制"

军民一体化产业知识融合平台主体"握手机制"的高效运作是以签订完善的合作协议或合同和建立健全的规章制度为基础的,需要明确平台各主体的职责和权利,规范平台各主体在"四方互动、四位一体、四联四定"等方面的管理。同

---

① 广东省教育部产学研结合协调领导小组.广东省教育部科技部产学研结合发展规划(2007—2011年)[R/OL].[2016-07-15]. http://cxy.gdstc.gov.cn.

时,还需要政府主动伸出"手"积极推动和大力支持,努力营造良好的合作环境,充分调动企业、高等院校、科研院所等机构合作的积极性,创造机会促进知识融合平台主体相互之间的正确选择。

11.3.4 创立军民一体化产业以知识型人员为核心的新体制

以高技术为支撑的军民一体化产业离不开高科技人才的支持,而科技人才属于知识密集型、创新型人才,是各个专业领域前沿素质高、能力强、贡献大、影响广的优秀人才,其核心要素是创新思维和创新能力。这类知识型人员能够利用他们掌握的专业知识进行创造性劳动,提出新理论和新方法,并转化为新的生产力。因此,军民一体化产业要充分利用知识型人员的资源优势,创立以知识型人员为核心的新体制来促进军民一体化产业的发展。军民一体化产业的知识型人员主要有4类,针对不同类的人员有不同的政策办法、管理体制和运行机制。

(1) 高等院校的科研人员

a. 设立"探索"实验室。对于高等院校的科研人员,应设立"探索"实验室,旨在充分激发高等院校科研人员活力,使其迅速融入军民一体化产业的知识创新、技术创新等活动中去,并对其创新活动提供相关扶持,加速向技术优势和企业(产品)优势转化。"探索"实验室以高等院校科研人员、创新团队和创新项目为重点扶持对象。依托"探索"实验室的灵活机制和有力扶持,充分发挥高等院校的知识资源和研发人才优势,促进高等院校资源融入以知识型人员为核心的军民一体化产业中去,有效提升军民一体化产业发展的"初速度"。

b. "探索"实验室的管理体制。可由相关管理部门设立一个"探索"实验室管理办公室,负责日常业务管理。高等院校的科研人员是军民一体化产业创新活动的重要力量,"探索"实验室应当在高等院校科研人员创新方面进行重点突破。所谓"入站式"创新活动指导,是指高等院校科研人员以个人身份、团队身份或项目入站后,形成创新团队,待创新活动趋于成熟后,将其转化为具备可行性的研发活动,并在其创新和研发实施过程中提供一系列的扶持服务。

c. "探索"实验室的运行机制。"探索"实验室是为高等院校科研人员提供的创新基础研究实体支持平台。这类人员的创新技术研发在通过相关上级机构的专家评审后,就可进入"探索"实验室,进行实体运营。"探索"实验室在具体实施中还包含"探索"基金和"探索"场地这两个方面。"探索"基金,主要用于对高等院校科研人员的费用扶持,"探索"场地主要用于对场地的扶持。"探索"实验室的建立,既从费用和场地方面直接减轻了高等院校科研人员创新初期的经济负担,又为高等院校科研人员提供了互相学习、降低配套费用、营造创新氛围等集聚效应。

"探索"基金的具体使用方法如下:首先,成立专家评审组对基础研究、预先研究以及颠覆性研究的创新项目进行评定,对科研成果显著、科学意义巨大的项目给予肯定。然后,鼓励实施研究,并提供"探索"基金支持,基金的拨款应采取阶段式,项目正式启动日时拨款30%,作为"探索"起步资金;中期再次对效果进行评定,按照实施效果给予"探索"助推资金,金额为"探索"基金的30%;在迈向研究成熟期前对成果进行评定,如果成果达标则获得剩余40%的"探索"基金,如果成果不达标,则根据现有成果对其贡献进行深入分析,根据贡献的大小对其进行相应奖励。如属重大贡献的"探索"实验室应给予相应奖励,并为产生的新技术、新产品寻找合适的"寄居"企业对其进行"再生",保证创新的延续。具体流程如图11-4所示。

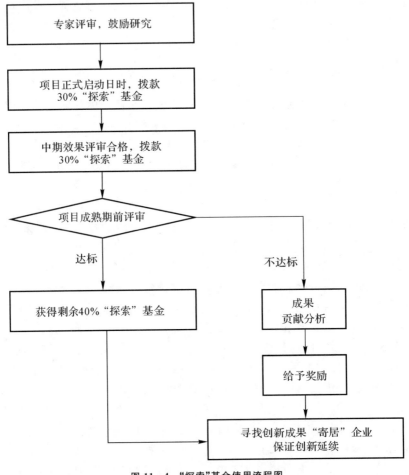

图11-4 "探索"基金使用流程图

第11章 促进我国军民一体化产业发展的对策建议

(2)高等院校的大学生(国防生)

a. 设立"大学生科技创新中心"。高等院校的大学生,尤其是国防生,是军民一体化产业知识型人员资源的一个"富矿区"。把握住这批人才的创新活动和创业脉搏,对于培养高层次人才和提升高技术产业竞争力都有重要意义。对于这类人员,应设立"大学生科技创新中心",即以高等院校的大学生、高等院校大学生创新团队和创新项目为重点扶持对象,旨在充分激发高等院校大学生的活力,使其迅速融入创新活动中,并对其创新活动提供相关扶持,加速向技术优势和企业(产品)优势转化。

b. "大学生科技创新中心"的管理体制。可由相关管理部门设立"大学生科技创新中心"管理办公室,负责日常业务管理。该办公室要实施创新管理体制、搭建知识融合平台、加强队伍建设和加大经费投入等措施,要认真落实军民融合发展规划,围绕军事需求,承担和参与实施大学生有关军民一体化产业的科技创新活动,培养和汇聚高水平人才,形成知识、科技创新与人才培养密切结合的有效管理体制。同时,不断提高国际合作交流水平,进一步加强与世界一流大学或学术机构的合作交流,积极扩大联合培养高层次人才的规模,开展多种形式的高水平科研合作。

c. "大学生科技创新中心"的运行机制。①对大学生知识创新、科技创新活动的扶持。"大学生科技创新中心"通过对以高等院校大学生个人、高等院校大学生科技创新团队和高校大学生科技创新项目进入"中心"的科技创新活动进行简要分类,为他们提供定制化的扶持服务。从学习、生活、工作等多个方面,对高等院校大学生进行关怀,为他们从事创新活动解决后顾之忧。②开设初期培训班。对大学毕业刚参加科研工作的青年人进行初期培训,是贝尔实验室的首创。新员工进所后必须接受2~3年的初期培训,前2年的基础课一般聘请大学教授讲授,第3年才由本实验室的研究人员讲授专业课程。学员半脱产学习,第1年每周上3天课,实习1天,第2年每周上2天课,实习1天,第3年每周上1天课,其余时间自己从事日常科研工作。通过3年的学习,结业考试合格者则可顺利进入科研团队。近年来,美国许多科研所对在职青年的初期培训办法也大致如此。许多科技人员通过这种形式迅速提高了自己的业务水平。在"大学生科技创新中心"里,同样也为刚入"中心"的大学生提供初期培训,但是培训的周期会相应缩短。大学生进入"中心"后必须接受2~3个月的初期培训,前2个月的基础课一般聘请大学教授讲授,第3个月才由"大学生科技创新中心"的研究人员讲授专业课程。学员半脱产学习,第1个月每周上3天课,实习1天,第2个月每周上2天课,实习1天,第3个月每周上1天课,其余时间自己从事日常科研工作。通过3个月的学习,结业考试合格者则可顺利进入科研团队开展科技创新活动。③建立大学生人才公寓。大学生人才公寓是专项用于引进大学生人才的保障性住房。"大学生科技创新中心"中的大学生人才公寓建设将借鉴北京通州区的方法,坚持"中心主导、社会参与、市场运作、先租后售、招揽人才"的原则,根据军民融合人才战略要求和经济发展需求,由政府提供政策支持,通过社会机构运行管理,以低于市场同类房屋的租赁价格提供给一定范围内的人才作为过渡性居住用房。另外,还要全面提高人才公寓经营管理水平,优化公寓内、外配套服务,为入住人才提供更舒适的生活环境。保证人才公寓工作高标准、规范化运行,不断优化人才居住的软、硬环境,解除大学生人才工作生活的后顾之忧。

(3)企业及科研院所的知识型人员

a. 设立"高技术研发"工作室。军民一体化产业的军民技术创新研发,尤其是突破性技术研究领域主要由科研院所、军工企业或个别民口企事业单位承担。对于在这些单位中的知识型人员,应设立"高技术研发"工作室,以突破性研究为导向,开展相关突破性技术研究、关键技术研究和关键部件开发研究,着力于先进技术集成,开展先进应用仪器、设备和系统研制,大力推进先进技术、仪器、设备和系统的社会应用之间的转移、转化。结合高等院校及其他各类知识型人员的优势学科和技术基础,协调并促进"高技术研发"工作室的科学研究成果和高技术发展成果向企业(产品)优势乃至高技术产业优势转化。在"高技术研发"工作室中,还应特设"军民一体化产业"工作室,专门用来促进军工企业优势资源的发挥。该工作室以推进军民两用科技活动的转化和产业化为目标,以军工企业的改制和发展民品为契机,以促进军地之间的信息交流为目的。

b. "高技术研发"工作室的管理体制。可由相关管理部门设立"高技术研发"工作室管理办公室,负责日常业务管理。在"高技术研发"工作室管理办公室下特设一个二级部门——"军民一体化产业"工作室管理办公室。"高技术研发"工作室以市场需求和应用为导向,结合各类科技人员优势和技术基础,多渠道争取外部资源。按项目成熟度及技术转化效果,"高技术研发"工作室内部实行差异化管理和评价。实行项目负责制,充分利用"高技术研发"工作室中的各类科技资源。以社会效益、经济效益为价值取向和目标。"军民一体化产业"工作室负责接收以军事需求为牵引入站的"军民融合"项目。在进入"军民一体化产业"工作室之前,项目组成员必须接受保密培训,以确保项目的正常运行。"军民一体化产业"工作室将通过网站、企业沙龙等形式,在传达政策、发布资源、反映需求、推动科技与经济结合等方面为进入工作室的"军民一体化产业"项目提供信息支持。

c. "高技术研发"工作室的运行机制。①科研团队"入室培养"。所谓科研团

第 11 章　促进我国军民一体化产业发展的对策建议

队"入室培养",是工作室内形成网络型的组织结构,这样的组织结构可以加速培养出高素质的科研团队。科研团队以"项目+团队"的形式进行作业,根据项目的不同需求组建适宜的科研团队。当一个项目终止时,现有科研团队中的科技人员可以立即解散,组建新的科研团队或是加入其他科研团队。网络型的组织结构在一定程度上柔化了科研团队的组织框架,进一步加强了团队间的协作效应,为由科研人员优势向创新活动优势、技术优势转化,提供了良好的组织框架。因此,要建设一支高水平的科研团队,势必要转变观念,充分认识到组织结构和团队协作的重要性,提高对其工作价值的认同感,使科研人员充分发挥自身的潜能和主观能动性。②搭建科研设备共享平台。科研设备共享平台是在信息时代开展大型仪器共享所采取的最便捷的形式和最先进的技术手段,是关乎大型仪器设备资源共享成败的最有效的因素。通过构建设备共享平台,"入室"的企业及科研院所科技人员个人、科技团队、科技项目能够有效解决大型仪器设备使用信息不顺畅、共享信息不对称的弊端,不仅可以使"高技术研发"工作室充分展现大型设备开放共享、提高利用率的意愿,还能够令意欲使用专业设备的站内企业及科研院所科技人员个人、科技团队、科技项目及时便捷地找到可以共享的设备来源,真正搭建起"高技术研发"工作室内科技人员个人、科技团队、科技项目沟通的桥梁,有效提高设备共享工作的水平和效率,并增强其开放性、公平性和透明度。③提供"入室"人员"再教育"平台。"高技术研发"工作室中的"再教育"平台,主要用来为中年技术骨干和科研一线的科技人员举办高级工程讲习班,是"高技术研发"工作室中企业科技人员进行继续教育的主要形式。课程内容分为三种类型:专门加强型,以深入研究探讨为主,具有大学研究院课程的水平;相邻边缘型,以普及和提高相邻学科知识为目的,有助于开阔研究人员的视野;基础科学型,掌握专门学科的基础理论。一般聘请有经验的相关研究人员兼任教师,有时学员也可互教互学。

(4)"外退民"知识型人员

所谓"外退民"知识型人员,是指海外研发人员、退休科技人员和民营机构中的研究人员,他们是知识创新活动的核心要素之一,也是军民一体化产业知识融合的对象之一。

a. 设立"纵横"创新工作室。"纵横"创新工作室,旨在为海外研发人员、退休科技人员和民营机构中的研究人员提供一种柔化的知识与技术创新活动理念。鼓励这类知识型人员进行短期讲学、提供咨询、开展科研项目合作等,这是"外退民"知识型人员为实现知识型人员优势向知识和科技创新活动优势、技术优势转变的有效方法之一。这一形式有助于他们了解与熟悉现有科学技术水平,将所学专长用于"纵横"创新工作室内的实际研发活动,并帮助他们中的一部分知识型人员通过与站内研发人员、研究团队和创新项目建立双向选择,还可以提供合作捷径,实现对"外退民"知识型人员资源的深度挖掘。因此,应协调有关项目,并增拨一部分科技活动经费,大力支持与鼓励这种柔化的知识创新与技术创新活动。

b."纵横"创新工作室的管理体制。可由相关管理部门设立"纵横"创新工作室管理办公室,负责日常业务管理。吸引"外退民"知识型人员进入"纵横"创新工作室是一项综合性工作,涉及官方和民间外交、教育与科技、对外贸易等各个方面。在目前的实际工作中,尤其对于海外研发人员的管理仍存在着"政出多门、四面出击、信息杂乱、实效不高"等问题,各部门往往站在本部门角度开展工作,带有一定局限性且相互矛盾。首先,需要建立一个既能兼顾各方又能超越部门职能和利益的高层协调管理体制。例如,"纵横"创新工作室可以成立海外研发人员管理中心,避免多头管理。还可以设立海归人才基金会。基金会包括安家基金和留学创业(风险)投资基金。对留学人员回国创业风险投资基金的管理,应符合国际规范,按国际惯例运作。其次,需建立柔性的"外退民"知识型人员流动机制。鼓励"外退民"知识型人员以各种方式进入"纵横"创新工作室开展创新活动,落实"来去自由"的方针,建立柔性的海外科研人员流动管理体制。

c."纵横"创新工作室的运行机制。①组建"外退民"知识型人员"智囊团"。"外退民"知识型人员具有扎实的知识功底和丰富的工作经验,是党和国家的宝贵财富,是人才队伍的重要组成部分,是促进经济社会又好又快发展的一支不可或缺的重要力量。开发"外退民"知识型人员资源、充分发挥"外退民"知识型人员作用,是深入学习实践科学发展观、实施人才强国战略的必然要求,对于促进我国国防建设和经济建设具有重要意义。在"纵横"创新工作室中组建"外退民"知识型人员"智囊团"应做好以下几点工作:一是建立"外退民"专家咨询团。"纵横"创新工作室可聘请有突出贡献的"外退民"专家组成咨询团,对涉及改革和发展需要决策的重大问题,通过召开专题座谈会等方式,请专家们建言献策或提供决策咨询。二是鼓励"外退民"知识型人员参与其他实验室的团队或项目的研发和创新活动,并将"外退民"知识型人员取得的科研成果列入相关奖励范围。三是鼓励"外退民"知识型人员创办实体。支持"外退民"知识型人员根据自身条件,创办和领办有关军民一体化产业的经济实体。"纵横"创新工作室将对"外退民"知识型人员从事科普、技术咨询、产品开发和应用等有关军民一体化产业发展的经济活动,在项目审批、注册、税收等方面应给予支持和帮助。②设立"外退民"知识型人员"信息墙"。"外退民"知识型人员"信息墙"是以海外研发人员、退休科技人员和民营机构研究人员的信息为数据库的信息查询系统。在"纵横"创新工作室中设立"外退民"知识型人员"信息墙",其主要目的是实现知识型人员的"零对接"。"外退民"知识型人员的管理体制往往不鲜明,知识型人员的活力尚未被激发。"外退民"知识型人员"信息墙"创建了一个资讯互通的平台,首先让工作室内的人员、团队、项目得知"外退民"知识型人员的就业情况或者是"外退民"知识型人员所具备的专业技能等资讯;其次,在"信息墙"还设置了知识型人员需求匹配查询功能,工作室内的人员、团队、项目可以根据自身需求键入关键词,由系统进行筛选,找出符合要求的"外退民"知识型人员。这不仅使得"外退民"知识型人员释放出了更多的创新活力,还保证了工作室内研发活动的顺利进行。③搭建事业平台,提升创业软环境。对一些"外退民"知识型人员来说,吸引他们的关键因素可能是就业单位自身的改革和良性发展、单位的氛围和竞争力,可能是公平、规范和高效的市场环境。因此,在"纵横"创新工作室的"外退民"知识型人员创新活动中心中,应建设更多的具有国际先进水平的实验室,配置先进的科研设备,同时要根据入站高层次科技人员的学科、专业和研究方向,给予专项科研启动资金,使"外退民"知识型人员能够继续从事世界前沿水平的科学研究或进行科研合作。营造"外退民"知识型人员创新的软环境不能仅简单地从硬件设施上做出改进,还要创造一个和谐的环境,创造一个鼓励冒险、容忍失败的创新氛围。对知识创新、技术创新等活动的发展来讲,还存在创新活动后续资金不足的问题,"纵横"创新工作室除在投融资体制上加大改革力度外,还要强化服务意识,建立"立体多维"的服务机制。

11.4 完善军民一体化产业发展的政策措施

11.4.1 制定政策法规,保障军民一体化产业发展

虽然我国也出台了一系列有关军民融合发展的政策法律,但针对军民一体化产业的不多,且尚未形成一个完整的体系,存在一些法律空白、军地立法上不协调、法律执行缺乏保障等问题。因此,制定一套体系完整的军民一体化产业法律法规体系,为军民一体化产业发展提供契约保障。

(1)制定一套体系完整的军民一体化产业法律法规体系

适用于军民一体化产业发展的法律法规应在国家法律的各个层面都有所体现。①基本法层面:鉴于《国防法》中并未有与军民融合相关的章节,可以考虑出台军民融合领域国家层面的基本法,为我国军民融合领域的产业规划、战略规划提供法律规范,可在其中单独设立某一章节突出强调军民一体化产业的发展。

②行政法规层面：可考虑由国务院、中央军委、中央军民融合发展委员会在现有的行政法规基础上增加有关军民融合的具体细则，并作为各省市制定相应规划的依据。③地方性法规及部门规章层面：由国务院各主要部委、总装备部、各省市出台一些更加详细的细则办法，如军品市场准入、保密资质、国防知识产权等方面的具体规定。这样从国家层面的基本法到军队地方性的行政法规、部门规章构成了互相联系、互为补充的军民融合中军民一体化产业的法律体系，保证了从宏观到微观的各个层面都能做到有法可依。

(2)修订现有法规中不合理部分，提高法律的可执行力

现有的法规条例多是军地双方相互独立颁布，缺少沟通与协调，部门法规存在相互冲突，影响了法律的实施效力。要在系统梳理现有法规的基础上，根据实际情况对其中的一些老旧条款及时更新，对一些相互冲突的法规重新调整，为军民一体化产业发展提供法律保障。

(3)加大司法监督力度，确保有法可依，执法必严

在有法可依的情况下，执法必严、违法必究就成为维持良好市场秩序的关键。在军民一体化产业发展过程中，最重要的是，给予发展军民一体化产业的各种所有制、各种类型企业、高等院校、民口科研单位参与军品科研生产的公平地位。在确保国家安全、军事秘密等前提下，维护公平、公开的军品科研生产市场，取消国有军工企业军事订货的有限制度和优惠待遇等。

11.4.2 做好制度安排，推动军民一体化产业发展

军民一体化产业发展，是制度、劳动、资本、知识和技术等多种要素共同作用的结果，而制度是至关重要的因素，甚至有学者认为对于国防科技等高新技术产业发展来说，"制度要重于技术"①。目前，我国还没有建立起与军民融合、军民一体化产业发展相适应的制度体系，迫切需要制度创新。

(1)做好顶层设计和中长期规划的制度安排

从体制上来说，军民一体化产业发展涉及工业和信息化部、国防科工局、发改委、科技部、财政部、军工企业、军队系统等多个部门，关系到政府与军队、军工企业与民用企业等多方面利益，需要理顺不同地区、不同部门、军地之间的工作关系。顶层设计就是站在国家利益的高度，做好军民一体化产业发展的制度安排。其中最重要的一条就是要有国家层面军队相关部门参加的权威领导机构，

---

① 吴敬琏.制度重于技术：论发展我国高新技术产业[J].经济社会体制比较,1999(5):2-7.

第 11 章　促进我国军民一体化产业发展的对策建议

强化国家管理的领导职能，妥善处理地方与军队、局部与整体、短期与长期、产业之间、区域之间的平衡关系。因此，需要设立权威有效的、上下联动的决策机构，作为国家战略层面军民融合相关事务组织协调领导机构的组成部分，就军民融合、军民一体化产业的发展规划、途径、政策等问题进行统筹规划和协调。

2017年成立的中央军民融合发展委员会，就是顶层设计最好的体现。习近平指出，党中央决定成立中央军民融合发展委员会，在中央层面加强对军民融合发展集中统一领导，就是要以机制和政策制度改革为抓手，坚决拆壁垒、破坚冰、去门槛，破除制度藩篱和利益羁绊，构建系统完备的军民融合政策制度体系。同时，各省市也应建立与国家层面对接的领导机构，贯彻落实上级单位决策指示，就本地区军民融合相关的军民一体化产业进行统筹规划。另外，还要着眼长远，加强规划衔接。作为一项国家战略，军民融合以及产业发展、未来一段时期内的国家安全，需要建立国家层面上的长远发展规划。应在准确判断国家发展的当前利益和长远利益基础上，科学制定军民一体化产业的相关配套战略，对今后一段时间内的产业发展做出系统规划，避免产业发展实践中的短期行为，做到有计划、有步骤地推进产业发展。同时，还应注意与国家中长期科学技术发展规划、教育规划和人力建设规划结合起来，保持各大战略之间的协调一致，并注意与其他传统产业政策和规划的衔接配套。

(2) 进一步深化国防科技工业管理体制改革

国防科技工业在军民一体化产业发展中具有很好的优势，但也是存在很多制度性障碍的领域，需要解决的体制矛盾较多。党的十七大进一步做出了"调整改革国防科技工业体制"的重大决策，从顶层设计上明确了国防科技工业走军民融合式发展道路的根本途径、基本思路和组织架构。2008年3月，第十一届全国人民代表大会决定，不再保留国防科学技术工业委员会；将原国防科工委除核电管理以外的职责都纳入新成立的工业和信息化部；同时，成立国家国防科技工业局，由工业和信息化部管理。大部制改革初步改变了过去那种国防工业与民用工业完全分离的管理体制，是在中央政府管理体制层面体现军民融合的一个重要变化。但是新的国防科技工业管理体制仍然具有很大程度上的独立性，行业垄断、部门垄断、行政性进入壁垒并没有真正打破，武器装备科研生产效率仍然不高，必须进一步尽快实现国防科技工业与民用工业管理体制的真正融合，为军民融合及其相关产业发展提供制度保障。同时，以转变政府职能改革为抓手，加大行政放权力度，减少各种类型"民参军"的行政审批，在必要保密的原则下，将包括国防科工局在内的工业管理部门职能重点转变到信息发布、政策支持、军地协调等服务功能上来。同时，改革军工企业体系，将军工集团按总成商、分包商和零部件供应商三个层面进行配置,与军方形成真正的市场供求关系①。

党的十八大对国防科技工业做出了"坚持走中国特色军民融合式发展路子"的战略部署。党的十八届三中全会进一步把推动军民融合深度发展作为深化国防和军队改革的三大任务之一,把健全国防工业体系作为军民融合深度发展的重要内容。习近平总书记对深化国防科技工业领导管理体制改革提出了根本路径和目标要求,即强化改革创新,着力解决制约军民融合发展的体制性障碍、结构性障碍、政策性问题,努力形成统一领导、军地协调、顺畅高效的组织管理体系。习近平总书记强调,要继续推动体制机制改革创新,从组织管理、工作运行、政策制度方面系统推进,加快形成军民深度融合发展格局②。

(3)健全完善支持激励国防科技创新政策

激励创新是维持技术优势的唯一途径。创新主要来自于这样几个方面:基础研究的突破、市场需求的拉动、中间环节的突破及各个环节的交互迭代。任何一个环节的突破都有可能带动其他环节的突破,当然,某一环节的阻滞也可能延缓或迟滞其他环节的创新,政府激励国防科技创新政策的着力点就是要找准其中的关键环节和阻滞环节,集中发力。基于此,政府可以从四个方面入手鼓励国防科技创新:一是从基础研究端着手,支持基础研究、应用基础研究、关键技术开发等;二是从产品端入手,扩大新产品的市场需求和市场回报,如采购新型战机、新型材料等;三是从中间阻滞环节入手,帮助打通从基础研究到产品开发的关键环节;四是促进各个环节的合作、交流与碰撞,激发创新灵感,减少重复研发。对于第一类政策,有学者称之为"技术推进型政策";对于第二类政策,有学者称之为"需求牵引型政策";对于第三类政策,有学者称之为"集中攻关类政策";对于第四类政策,则从各个环节对创新的交互影响入手,加强各个环节的交流与合作,有学者称之为"促进合作型政策"③。

对基础研究、原始创新和颠覆性创新的资助。基础研究是原始创新和颠覆性创新的重要源泉之一,因此,政府或军方每年应在国防研发支出中留出一定比例的资金用于基础科学研究。例如美国军方用于基础研究的基金比例占到其国防研发支出的3%~5%。虽然比例不高,但考虑到美国军方巨大的国防研发支出规模,美国军方用于基础研究的数额还是相当可观的,每年有60亿~80亿美元。为了应对他国的"技术突袭"并创造属于本国自己的"技术突袭",政府还应

---

① 黄朝峰. 战略性新兴产业军民融合式发展研究[M]. 北京:国防工业出版社,2014.
② 姬文波. 从"军民结合"到"军民融合"[J]. 军事史林,2017(8):30-36.
③ 严剑峰,王伟海. 美国军方激励国防科技创新的政策工具[EB/OL]. [2017-11-01]. https://mp.weixin.qq.com/.

第 11 章　促进我国军民一体化产业发展的对策建议

针对有可能产生重大技术突破和原创性、颠覆性技术的领域发布广域公告,收集研发申请。例如美国国防高级研究计划局(DARPA)就应用于解决某些潜在的重大问题的研究计划项目向全社会开放,大量民间机构承担 DARPA 的研发项目,不仅形成一批军事技术的基础研究队伍,还通过技术转移机制,促进了民用技术的发展[①]。在近日美国国防部举办的"国防实验日"活动中,美国国防部官员就表示:"正是军方实验室进行的基础性科研为美国赢得了军事技术优势,从而使美军能够在各个作战领域中长期保持领先地位。"

鼓励合作研发与科研信息交流。合作研发与信息的交流碰撞也是产生创新的重要源泉。鼓励政府与企业、企业与企业建立伙伴关系并联合开展研发活动,组建科技研发联盟。技术联盟有利于分担技术开发的成本,提高联盟吸收、扩散和使用外部技术的能力。例如半导体制造技术联盟(SEmiconductor MAnufacturing TECHnology,SEMATECH)就是在美国国防部倡导下组建的科研联盟。并且政府要允许联盟中的发明人从自己的发明中分享利润。除了强调国内各个创新主体之间的官、产、商、学、研结合外,政府也应强调基础研究领域的国际合作。美国在里根政府时期就颁布的第 189 号国家安全决策指令(NSDD-189)指出:基础研究应该是开放的,允许外国科研人员和机构参与到美国的一些重大基础研究中来,以便充分利用全球科研资源。

资助国防科研单位的独立研发活动。除了那些有明确目标的政府招标项目是促进创新的重要手段以外,政府也应鼓励承担国防研发任务的组织(包括国防工业企业、军方实验室、承担国防研发任务的大学科研机构)根据其组织目标和研发人员判断开展一些自己感兴趣的研发项目。这些研发机构也要允许其最有创造力的科学家和工程师去探索可能会带来巨大收益的领域而不具体明确他们的工作任务,这样才有可能为本单位创造意想不到的巨大收益。这部分研发资金可以占到国防研发资金的 5%,国防研发机构可以利用这部分资金在自己内部开展招投标,以研发未来可能引起国防部兴趣的新技术、新产品,并且这些研究成果归研发机构自己所有,军方不得将独立研发的成果转移至任何竞争者手中。通过对私人机构的研发活动给予一定支持,可以充分调动私人机构投资国防科技研发的积极性并降低国防研发的成本。

设立风险投资基金对军民两用技术进行资助。如果一项技术或产品可以军民两用的话,那么军方就可以借助于风险投资的方式加速该技术或产品的开发,并通过股权交易市场回收投资。这样,国防部还可以从该技术或产品在商业世

---

① 吕薇. 从体制机制入手构建军民融合国防科技创新体系[J]. 中国产业经济动态,2016(24):18-23.

界中不断降低的成本与持续改进的技术中获益。如美国军方就于 2000 年前后设立了一家风险投资公司,名叫"On-point 科技",军方为该公司注资 2 000 万美元。以风险基金方式支持企业的技术应用,可以降低新技术、新产品的市场风险。

订购初始的创新产品。对于某些新产品或新技术,在推向市场初期可能并不一定成熟或完善,但军方通过自己的订单为新技术、新产品创造新的市场需求,促使企业加大对该产品的研发投入、降低生产成本使之迅速商业化。例如作为世界上国防支出最大的美国军方,长期扮演着新兴技术在产业化初期最重要的消费者。在晶体管及集成电路技术发展的初期,美国国防部通过大量采购含有这些元器件的装备使之迅速得以推广和使用,从而加速了晶体管及超大规模电路技术的成熟。资料显示,美国德州仪器、美国无线电公司和西屋等美国集成电路产业的核心企业当时都参与了美军的民兵导弹项目,这个项目是当时集成电路在军事上最重要的应用。仙童公司是美国载人登月飞行工程"阿波罗计划"的主要集成电路供应商。军方采购在很大程度上起到了创新"催化剂"和"加速器"的作用。

对中小企业的支持。为了鼓励中小企业创新,政府应该设立扶持中小企业创新的研究计划。例如美国政府在国家科学基金会设立了小企业创新研究计划(SBIR)。为了保护中小企业的创新性,美国《反垄断法》一般严格限制大企业对中小企业的纵向兼并,并且要求大型承包商必须把国防采办项目的一定比例分包给中小企业,以维持中小企业的生态环境。据统计,2014 财年,美国国防部与中小企业签订的主承包合同已占到其所有主承包合同的 23%,合同款额高达 530 亿美元,占年度国防预算的 10% 左右。

其他激励创新的基础性制度安排。除了上述具体措施以外,还有一些其他的基础性制度安排,如建立私人部门与政府实验室联合研发制度以及鼓励政府资助的科研成果的转化制度。

11.4.3 创造竞争环境,促进军民一体化产业发展

军民一体化产业的发展,仅有相应的政策法规和制度安排还不够,还需要创造竞争环境,保证市场的资源能够自由有效流动。

(1) 协调计划和市场两种机制的作用

计划和市场都是资源配置的有效手段,都有各自的适用领域。对于军民一体化产业发展来说,宏观方面的规划布局适宜采用计划手段,充分发挥国家宏观调控和管制的作用。许多国家的经验表明,在历次世界科技革命、产业革命、军

事革命中,国家的引导和支持都发挥了巨大的促进作用。同时,在微观层面,则适宜采用市场机制配置资源。市场机制的核心在于竞争,竞争能够使资源得到优化配置。

(2)设计科学的激励与竞争机制

军民一体化产业具有战略性、长远性、全局性等特征,其项目发展一般具有资金投入量大、风险高、周期长等特点。军民一体化产业的发展需要有效的激励机制去促进,要综合运用政策引导、利益驱动和精神鼓励等方式,调动各主体的积极性,以实现军民一体化产业的总目标。

竞争是激励的重要动力。为了鼓励竞争,军方往往会在研发阶段选择多个机构同时研发原型机,这样可以鼓励多种方案的竞争,同时有利于不同技术路径的探索和技术扩散,有利于保持采办阶段的多来源竞争。例如,为了鼓励竞争,美国国防部甚至在生产阶段也会引入两家制造商同时生产同一型号的产品,以鼓励它们不断改进生产过程、制造工艺,通过在管理、技术、工艺等方面的创新降低生产成本。维持具有相同作战功能的两个型号的持续存在从而鼓励持续的竞争,是美国防部经常采用的方法。为了激励研发机构采用不同的技术路径,美国国防部在研发项目的招标竞争中,尽可能地使用基于"目标性能"的招标方式,而不是基于"具体产品"的招标方式,不再规定产品的设计细节和技术参数。

目前来看,我国军民一体化产业发展的阻碍之一是军品市场竞争中的不公平,民营企业在与军工企业的市场竞争中处于不平等地位。因此,还要建立不以产品"属性"和企业"出身"定待遇的市场规则,而是公开、公平、自由竞争的军品市场。

(3)确保公平有序的市场竞争环境

由于市场竞争主体较多,既有国有军工企业,也有私营民用部门,如果军工产业和民用产业处于不平等的市场地位,势必造成两个产业发展的严重失衡,难以建立共生关系。首先要构建开放式的军民一体化产业体系,形成良好的信用基础和市场秩序;其次要有面向两个市场的宏观机构,在国家重大项目(如高端装备制造的规划)中统筹军用与民用两类需求;最后要建立和完善军民两用成果信息发布平台,及时发布军民两用产品的市场需求,为科技成果向产业化发展提供及时准确的市场需求信号。

11.4.4 夯实技术基础,深化军民一体化产业发展

军民两用技术创新体系的融合是推进军民一体化产业发展的技术保障。创新体系是指政府、企业、高等院校、研究院所和中介服务机构之间,为寻求和实现

"一带一路"中基于知识融合平台的军民一体化产业发展研究

一系列共同的国家社会经济目标而相互联系、相互支持、相互作用,以技术创新作为社会变革和发展动力的复合系统[①]。创新体系所具有的主要功能是技术创新、知识创新、知识传播和应用[②]。实现军民两个创新体系融合,实质上就是要建立军民融合的国家创新体系,将军地科技资源网络一体化,促进创新要素的军民良性互动,提高国家的自主创新能力[③]。

(1)构建适用于军民一体化产业的国家创新体系

首先,要消除国防科技创新体系与民用科技创新体系之间的壁垒,将国防科技创新规划纳入国家科技创新整体规划中。调整军民分离的国家科技管理体制,由政府、军队围绕国家安全与发展的重大战略需求整合军民科技资源,实现军民科技创新之间的相互协调、优势互补、良性互动,共同支撑军民一体化产业发展。

其次,加强国家、区域层面国防科技创新体系与民用科技创新体系的协调互动,建立开放式协作的军民一体化产业创新科技体系基础。

再次,运用国家创新体系理论,准确定位军民一体化产业体系中的"五支力量",即军工集团、军队科研单位、中国科学院、高等院校,以及包括民营企业在内的其他民用科研生产单位。建立一批以企业为主体、高等院校和科研院所(民用、军队)为支撑、军事需求为牵引、市场为导向、特色产品为核心、产学研相结合的长期稳定的知识创新和科研创新联盟。

从军事技术创新规律和世界军事强国的普遍经验和做法看,大国军队除了依靠传统军工行业大型企业外,还必须与创新表现活跃的中小微企业保持广泛联系。为此,美、英等军事强国都设立了专门资助中小微企业的创新计划并收到良好效果。我国高度重视中小企业发展。国务院早在1999年就批准设立了科技型中小企业技术创新基金,主要采取无偿资助方式支持中小企业的技术创新项目,目前该基金年度预算已接近50亿元。2000年以来,国家有关部门先后出台近200项各类扶持政策,显著改善了中小微企业的发展环境。2014年,原总装备部下发了《关于引导优势民营企业参与武器装备科研生产和维修的措施意见》,按照民营企业"参军"路线和主要环节,重点围绕"政策法规、市场准入、公平竞争、信息互通、过程监管"等五个方面改革创新,筹划启动32项"民参军"措施任务。2017年4月,军委装备发展部发布《"十三五"装备预研共用技术和领域

---

① 郭永辉. 国家战略背景下的军民融合理论研究[M]. 北京:中国财富出版社,2017.
② SCHUMPETER J A. The theory of economic development: an inquiry into profits, capital, credit, interest, and the business cycle[M]. Transaction Publishers,1982.
③ 游光荣. 加快建设军民融合的国家创新[J]. 科学学与科学技术管理,2005(11):4-11.

第11章 促进我国军民一体化产业发展的对策建议

基金2017年指南》,继续加大对民营企业的扶持力度。因此,我国也可在装备预研计划中设立中小微企业创新资助计划,引导科技型中小微企业开展军事技术和军民两用技术创新,充分发挥它们的创新力量。

最后,为在更广范围、更高层次、更深程度上把国防科技创新体系纳入国家科技创新体系之中,实现两个体系相互兼容、同步发展,使国防科技创新得到强力支持和持续推动,应着力提高军民协同创新能力。2016年5月19日发布的《国家创新驱动发展战略纲要》要求,建立军民融合重大科研任务形成机制,通过基础研究、关键技术与集成应用等创新链一体化设计,构建军民共用技术项目联合论证和实施模式,建立产学研相结合的军民科技创新体系。通过政策引导军民知识资源与科技资源双向流动,优先支持军地两大系统的企业、高等院校、科研机构联合承担技术攻关,形成长期稳定的以企业为主导与核心,军地双方高等院校、科研机构联动的协同创新机制,积极构建军民协同创新平台(见图11-5),努力推动国防科技工业、军事科研院所和地方科技资源有机结合与科学配置。

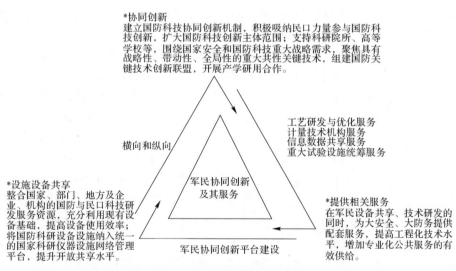

图11-5 军民协同创新平台建设

(2)实现军民科技资源双向开放共享

首先,进行系统深入的科技资源统筹,摸清家底。自中华人民共和国成立以来,我国科研设施、基地和人力物力财力资源等科技条件建设有了很大的积累和改善,但由于缺少统一的普查机构、统筹科技平台,再加上经历多次体制变革,科技资源实力的系统掌握存在一定困难。可由科技部牵头,联合国防科工局、教育部等相关部门成立联合调查机构,定期系统调查军民科技资源数量、规模、使用

"一带一路"中基于知识融合平台的军民一体化产业发展研究

情况等统计信息,彻底搞清军民科技资源的实际状况,为科学合理统筹规划军民一体化产业相关的国家科技资源体系提供数据支撑。

其次,构建国家层面军民共性技术和通用技术研究基础平台。虽然我国军民科技资源都积累了一定的规模,但与此同时,多年以来存在的多头投入、重复分散、利用率低下的问题仍然大量存在[①]。因此,必须从国家层面优化科技基础要素分布与配置,建立军民一体化产业中军民共性技术和通用技术基础平台,提高科技资源利用效率。在国家科技基础条件平台建设中,注意吸纳军民两大创新体系中的优质质量资源,军民共建、军民共用、边建边用,为军民两大创新体系服务;加强军民共用重大科研基地和基础设施建设的统筹,遵循国家主导、市场化运作原则,研究出台科研基地和设备设施相互开放和共享共用等相关政策制度,努力推动军地科研基地、实验设备等双向开放、信息交互和资源共享。同时,依托科技部国家科技基础中心平台已有成果,全面融合高等院校、科研院所、军队、军工系统和地方企业科技资源,支持军工鉴定性试验能力向社会开放服务,鼓励依托国家产品质检中心、高等学校、科研院所建立武器装备科研生产第三方测试评估机构。实现打破当前军民分割、条块分割(体制机制原因造成军民科技资源的条块分隔与条条分隔)、相互分离(科技成果与市场主体的分离)、重复分散(科技资源分散于各高校、科研院所,没有形成聚集效应)的格局,形成服务于全社会军民一体化产业技术创新需求的军民共性技术和通用技术基础平台。

再次,完善以知识型的科技人员为核心的军民一体化产业创新人才培养体系。如何用机制、政策、利益把科技人员从人事管理体系中的"单位人"变成统筹科技资源工作体系中科技创新活动的"源动力",使科技人员从"条条框框"中"解放"出来,是取得统筹军民科技资源工作突破式创新的关键。因此,从统筹核心——"硬核"的形成机理(见图11-6)到以科技人员为核心的"冰雹"模型(见图11-7),再到最终实现科技资源"核聚变"成为实现统筹科技资源的"进阶式"战略路径,着力于构建以科技人员为核心,以企业为主体,以科技大市场为基础,以创新工作站为依托的"产学研"相结合的技术创新体系,最终形成统筹科技资源的完整价值链条。由此可见,让科技人员成为各类科技资源汇聚的核心,从而大量形成科技创新活动"有核体",在相关科技创新支撑体系的扶持下,最终实现科技创新成果的产业化。

---

① 郭宏,聂永川.支持地方战略性新兴产业的财政政策研究[J].财会研究,2012(20):6-8.

第11章 促进我国军民一体化产业发展的对策建议

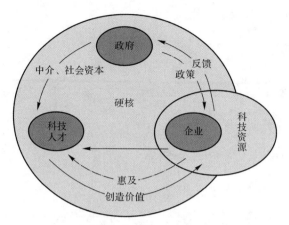

图 11-6 硬核形成机理

注：图中的虚线为现有的统筹科技资源方式，由政府及相关部门颁布科技创新优惠政策，以企业为主体进行科技资源的配置，并开展科技创新活动。企业产生的科技成果惠及知识型科技人员，科技人员只是企业为其科技创新活动所配置的投入要素之一。所谓"硬核"的形成机理，是以科技人员直接作为政府与企业之间的桥梁，通过中介、社会资本等平台搭桥，使得其他科技资源向科技人员靠拢，以科技人员为核心来配置其他科技资源，进而开展科技活动。科技人员在创新活动中为企业创造了价值，企业的发展经营情况又会给政府以信息回馈。这样便形成了一个信息回路。

最后，完善以促进科技创新要素流动、知识扩散、军民两用技术双向转移为核心的科技资源服务体系。依靠工信部、科技部、教育部等有关部门单位，建立覆盖军地双方的中介服务体系，并加强国家层面、军队系统、区域层面科技中介服务体系的有机结合，提高对军民一体化产业发展技术创新活动的全过程服务能力和水平。同时，建立军民一体化产业的企业孵化器，推动国防科技的民用化和民用科技的军事化应用，促进各种科技要素的自由流动。

（3）加速推进军民科技成果转化

首先，建立专利导航工作体系，推进国防军工以及民用产业的专利导航技术创新，形成政府宏观政策引导、行业协同创新和企业微观专利布局三级联动专利导航运行机制。政府要在完善产业发展规划、制定产业创新政策中充分运用专利导航机制，动态更新调整产业决策支撑信息；行业组织要在产业专利导航政策总体指引下，积极运用专利导航机制，适时发布产业系统发展及资源优化配置引导信息；企业要在政府宏观指引、行业中观协同的部署下，把专利导航机制纳入企业创新发展的全流程中，在技术研发、成果保护、专利引用、危机应对及综合管理中全面运用专利信息，提升企业的综合竞争能力。结合军民一体化产业的发展方向，按照"控制上游、做强中游、扩大下游"的原则，划分出"巩固优势、重点提升、前瞻布局和市场开拓"等三类技术领域，聚集创新资源，优化专利布局，构建专利池，逐步提升利润率和市场价值。同时，出台促进专利导航的配套政策，明确"先导航、再决策"的创新政策出台程序，并在军民转化工作和军民融合基地的建设工作中起到支撑和示范作用。

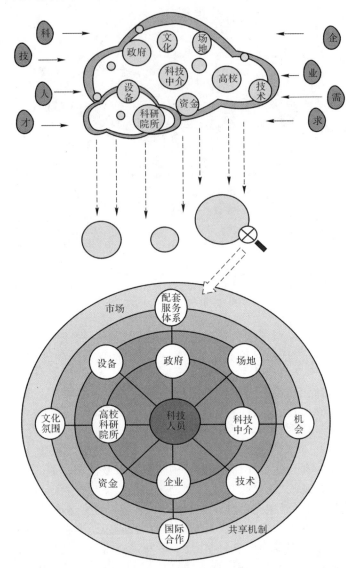

图 11-7 "科技创新冰雹"理论模型

注：统筹科技资源工作可比作一次冰雹的形成过程：水汽（各类资源）从四面八方而来，汇聚在积雨云（政府、高校、科研院所、企业以及科技中介等）中，在一定的温度、湿度条件下，凝结成"有核体"，经过反复运动过程，最终形成冰雹。科技人员作为军民一体化产业等高技术产业长远发展的中坚力量，在明确科技人员成为统筹科技资源的核心之后，并为其有效配置其他科技资源，以科技人员为硬核形成大量科技创新活动——"有核体"；通过各类科技资源有条理、有层次的包裹，这些"有核体"在统筹科技资源的工作体系下，层层壮大，最终形成坚实的科技创新"冰雹"；进而形成可持续的科技创新价值链，源源不断地为企业乃至产业输送"正能量"。

第 11 章　促进我国军民一体化产业发展的对策建议

其次,以专利导航研究数据成果为基础,建立专利导航产业创新发展服务集成平台。运用大数据分析工具,融合已有检索分析平台、交易流转平台、投资融资平台,建设面向军民一体化产业创新发展需求的高层次专利数据分析和专利服务链平台。鼓励国内外军民一体化产业相关企业运用平台进行信息获取和专利产权交易,以在线方式持续导引创新,不断促进发展。引进培育知识产权代理服务、法律服务、信息服务、商用化服务、咨询服务、培训服务等多门类知识产权品牌服务机构,为企业创新发展全流程提供优质高效的服务,全面提升企业知识产权能力。而后通过知识产权服务机构能力建设,助力以技术创新为主的现代服务型企业发展,增加科技服务业在产业结构中的比重,推动产业转型升级(见图 11-8)。

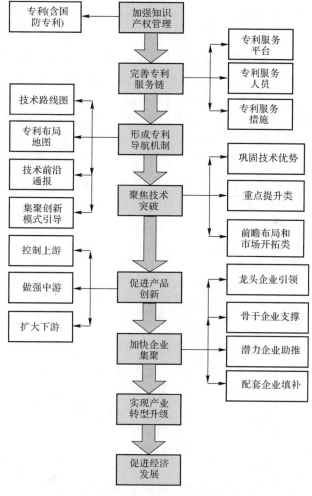

图 11-8　专利导航推进科技成果转化

再次,以专利导航信息为指导,明确技术创新方向,加快专利布局。围绕共性技术和关键技术,依托军民一体化产业中的龙头企业、高等院校和科研机构的技术力量,把自身研发突破与技术引进消化再创新充分结合。一方面巩固优势领域,注重传统环节技术升级,积极研发高新技术,另一方面积极借鉴发达国家和跨国公司的军民科技研发路径,通过技术引进等方式,积极寻求高端技术的突破。

最后,探索专利协同运用模式推进科技成果转化。支持建立或引进培育一批业务基础良好、具有行业影响力的、运营模式先进的专利运营机构,充分利用专利导航工作平台,探索实现丰富多样的专利运营业务,积极寻求盈利增长点。在"大众创新、万众创业"的大环境下,发挥科技人才的创造性和积极性,整合全社会科技力量,从市场需求出发,拓展创新的新领域和新模式。要以多种形式解放科技人才的生产力,尤其是释放高校和科研院所的高级研发创新人才的创造力,吸引和鼓励企业、高等院校、科研院所、企业和服务机构开展合作。对产业共性和关键技术组织攻关,为企业的发展提供先导技术和产业化实用技术成果。设立产学研专项资金,完善高校院所与企业对接机制,促进资源互通共享、校企互惠互利。依托科技大市场为企业提供技术转移、设备共享等服务,安排科研资金对技术购买企业实施补助,增设科技成果转化与产业化专项奖,以鼓励成果转化。

第 12 章
总结与展望

军民一体化产业，是笔者根据相关研究资料及成果提出的一个新概念。培育和发展军民一体化产业是军民融合战略发展的需要，也是统筹国防建设与经济建设、坚持富国和强军统一重大战略的内在必然要求。然而，实现军民一体化产业的发展并非易事，需要破解的理论和实践难题很多。本书的研究正是在这方面所做的一次尝试和努力。

一是从知识管理视角出发，运用知识融合理论分析阐述基于知识融合平台的军民一体化产业发展的基础理论，将军民一体化产业看作军工产业和民用产业的信息融合、知识融合、人员融合、技术融合、需求融合、产业融合和服务保障融合。以上研究阐释了军工产业和民用产业要真正实现军民深度融合，必须从知识融合着手，拓展了军民融合的研究范畴，同时也丰富了知识管理相关理论的研究内容。

二是系统深入地研究了军民一体化产业知识融合平台的构建、运行机制以及实现路径。根据知识融合平台的主体及其他构成要素，科学构建了平台的组织架构，并配以合理的"三审"运行机制，保证军民一体化产业知识融合平台的顺利运行。根据融合的不同内容，参考国内外案例，详细探讨了每种融合的实现路径，并以通用航空产品的知识融合和某国防军工企业的人员融合为实例进行分析，为军民一体化产业知识融合平台的发展提供了理论和实践指导。

三是系统梳理我国军民一体化发展轨迹和我国军民一体化产业发展中实施知识管理的现状与存在的问题。在借鉴世界主要国家军民一体化建设的经验与启示的基础上，面对当前复杂的国际环境，从抓住"一带一路"建设的机遇、树立知识融合发展的思想观念、构建科学的机构和体制、完善发展的政策和措施等方面提出了促进军民一体化产业发展的对策与建议。该建议可供相关决策部门在制定军民产业一体化政策时参考，对于深化国防科技工业改革，推动军民深度融合，也具有一定的参考价值。

军民融合战略是一个宏大的课题，军民一体化产业发展也不例外。作为一次尝试和努力，本书继承了以往相关的很多研究成果，同时也在某些方面取得了一定进展。然而，面对这项复杂艰巨并且充满挑战性的工作，以下两个问题是将要进行的下一步工作。

一是基于知识融合平台的军民一体化产业发展的量化研究。本书在理论分析和实践探讨中进行了一定的数量化研究探索，收集整理了较多数据，但还远远不够。对于基于知识融合平台的军民一体化产业的知识融合效果评价指标体系构建、知识融合效果量化评估、知识融合效果对国防建设与经济建设协调发展作用的定量分析有待进一步研究。

二是促进军民一体化产业发展措施建议的具体化。本书从多个方面提出了促进军民一体化产业发展的政策措施，但这些措施落实到实践中还需进一步具体化，现实中各种新情况、新问题、新挑战层出不穷。只有不断完善措施的针对性、时效性和可操作性，才能真正解决实践中遇到的问题，并推动军民一体化产业的实践不断向前发展。

附录
军民一体化产业实践案例

|案例 1 美国波音公司|

军民一体化产业发展,不是军队和民企如何发展,而是军工产业和民品产业如何一体化发展。譬如美国波音公司(Boeing),既是民用企业也是军工企业,亦民亦军:作为民用企业,主要生产民用运输机;作为军工企业,主要生产军用飞机、导弹及运载火箭等产品。总之,军亦民、民亦军,这是军民一体化产业发展在企业层面上的最高方式。基于时代背景,中国企业完全可以借鉴国际上的通行做法。

航空工业由于其重要的军事用途,长期以来被视为国防实力的标志,是国家综合国力的具体体现。目前,拥有完整的体系,能够为民机市场(100座以上)和本国国防以及盟国同时提供飞机的公司也只有美国波音公司,"战时军为主,平时民为先"的战略思想充分体现出波音公司在军民产业上的一体化发展,其发展历程和发展战略是军民一体化产业实践最有借鉴意义的案例。

波音公司自第二次世界大战以来,一直引领着军用和民用飞机的研发和生产。尽管洛克希德、麦道公司拥有相似的技术和组织架构,处在相同的环境之中,波音公司却一枝独秀。波音公司的发展历程和发展模式值得分析和思考。

美国波音公司发展历程简介

波音公司成立于1916年,公司建立初期以生产军用飞机为主,并涉足民用

"一带一路"中基于知识融合平台的军民一体化产业发展研究

运输机。20世纪60年代以后,其主要业务由军用飞机转向民用飞机,逐步确立了全球主要的民用飞机制造商的地位。1997年并购麦道公司后,波音公司将军用飞机和民用飞机分别按各自体系进行横向合并,实现了资源的有效整合。波音公司在全球设有50多个代表处,员工20多万人,公司总部设在芝加哥。2016年,波音公司的总收入为945.71亿美元,较2015年的961.14亿美元降低了1.63%,其中商用飞机为650.69亿美元,较2015年的660.48亿美元降低了1.48%。近几年,波音公司总收入不断上升,虽然防务空间与安全收入有所波动,但其防务空间与安全仍是世界最强的[①]。波音公司具体的业务收入变化及其业务收入构成如附图1、附图2所示。

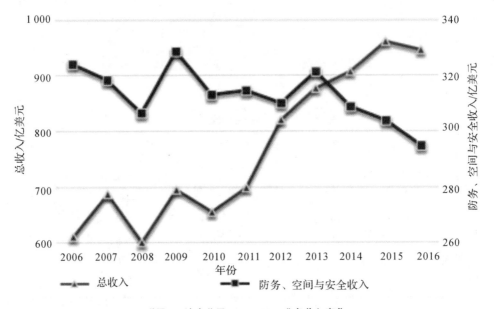

附图1　波音公司2006—2016业务收入变化

目前,波音公司的业务定位于民用飞机、军用飞机、电子和防御系统、导弹、火箭发动机、卫星、发射装置和先进的信息与通信系统等领域,其客户遍及全球145个国家。波音公司不仅是全球最大的民用和军用飞机制造商,也是导弹防务、人类太空飞行和运载火箭发射领域的全球市场领导者、全球最大的商业卫星制造商,同时也是美国航空航天局(NASA)最大的承包商。以销售额计算,波音公司是美国最大的出口商。

波音公司航天类的主要产品如下:独自或参与研制的航天飞机、"国际空间

---

① 赵峰,梁唐. 浅析波音公司军民融合的主要路径[J]. 国际太空,2017(5):34-39.

站"(ISS),德尔塔-2、德尔塔-3和德尔塔-4(Delta-2、Delta-3和Delta-4)系列火箭,战神-1(Ares-1)运载火箭,大力神-4(Titan-4)运载火箭惯性上面级、民兵-3(Minuteman-3)战略导弹、星际客船(Starliner);波音卫星系统-376、波音卫星系统-601和波音卫星系统-702(BSS-376、BSS-601和BSS-702)系列卫星平台;地球静止环境业务卫星(GOES)系列对地观测卫星,未来成像体系(FIA),全球定位系统-2F、3(GPS-2F、3)卫星,先进极高频(AEHF)系统,动能反卫星武器,凤凰(Phoenix)小卫星系列等。

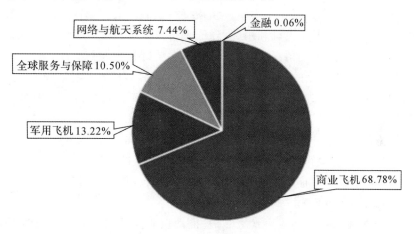

附图2 波音公司2016业务收入构成

波音防务、空间与安全集团面向大规模系统提供端到端服务,以增强全球军事、政府和商业用户的空基、地基、海基和天基平台。除了设计、生产、修改和支持军用、民用和商用战斗机、轰炸机、运输机、旋翼飞机、空中加油机、导弹、军需品和航天器以外,该集团还通过网络解决方案、通信,以及情报、监视和侦查(ISR)技术开发增强能力。波音防务、空间与安全集团还在美国多项重大国家项目中充当系统集成商的角色,例如,美国国家航空航天局(NASA)的航天飞机和"国际空间站"项目、导弹防御局的地基中程防御项目、陆军的旅级作战队伍现代化项目。美国国防部是该集团的最大客户,该集团的其他重要收入来自NASA、国际防务市场、民用和商用卫星市场。

美国波音公司发展模式探析

在全球一体化发展潮流中,市场竞争日益激烈。波音公司高度重视技术研发,确保创新资金、资源投入,始终坚持运用新知识、新技术,不断创造新的产品,

"一带一路"中基于知识融合平台的军民一体化产业发展研究

并通过跨专业、机构、地域的协同合作,引入先进的管理理念,实现不同技术、资源的相互融合、配置,以保持在飞机领域的霸主地位,持续扩大国际市场份额。波音公司奉行的策略是尽可能利用其在大规模系统集成、知识管理、供应商管理、精益制造等方面的核心能力,着重发展航空航天领域的核心业务。

(1)拥有强大的知识管理能力

在20世纪90年代,率先以数字化的方式为航空公司客户提供维修、工程和运营方面的综合数据查询等知识服务的便是波音公司,其在2000年5月推出了知识管理平台MyBoeingFleet.com。该系统所提供的关于军民通用飞机技术方面的知识支持,能够提高飞机利用率、降低飞行成本并改进业务流程。在以知识为基础的平台上,波音公司不断进行研发,掌握关键技术和核心能力让波音公司拥有满足需求不断变化的能力。其一,波音公司将其不低于销售收入5%的资金投入知识创新、技术创新、产品创新的研发上,大量的研发投入让波音拥有一系列关键技术,形成了其他公司难以逾越的技术壁垒;其二,在制造方面采取精益制造的方法和理念,并把流水线的生产方式引入飞机制造过程,极大地提高了效率;其三,拥有强大的知识管理能力,在军机和民机的基础机型上下功夫,形成多种型号,每种型号又有不同的机型,具有不同的航程和续航能力。

(2)重视员工的知识转移

人是企业最重要的构成要素之一,是推动企业前进的原动力,企业如果忽视对人的管理将寸步难行。波音公司之所以能从一个家庭作坊式飞机制造商发展为全球航空业的霸主,与波音公司重视员工的知识转移密不可分。

在波音员工组装第一架787飞机之前,波音为他们提供了一个高清在线培训视频,该视频通过计算机仿真、三维成像技术向员工生动地展示了787飞机的整个组装过程;这一培训项目被称为"安装计划知识转移培训项目",旨在让787飞机总装团队成员熟悉那些他们"应知将用"的资料。通过该项目,787飞机的总装团队将更快地掌握飞机的总装过程。在真实飞机组装之前,787飞机总装团队所有成员都必须以满分成绩通过所有测试。

波音公司为科研人员提供了双轨职业发展途径——技术专家轨道与技术管理轨道。其中,技术专家分为高级主管工程师、技术副研究员和技术研究员。技术管理分为技术审核、项目经理和技术执行主管。这种双轨途径是在技术人员进入高级水平才进行的,大学毕业生、初级和中级水平的技术人员无双轨升迁可言,只有在评分达到了一定分数并符合相关条件的科研人员才能晋升。波音公司设立了专门的科研人员晋升评分标准,从技术知识与判断力、技术行为或决策效果、创造性和创新精神、技术传授和辅助能力、技术管理和技术能力、研究与完成项目的能力、技术领导能力、建议和咨询能力、沟通能力等九个方面进行评分①。

此外,波音公司还与大学合作,招录在校实习生,让他们与所在领域顶级专家一起工作,在正式录用前对其所需学习的技能有很好的掌握。

(3)积极进行军民两用技术的研发

波音公司始终将持续不断的军民两用技术创新作为保持其竞争优势的关键,高度重视军民两用技术创新,制定创新战略和规划,梳理创新体系和方向,孕育先进创新概念,保持企业未来领先地位。波音公司专门设立了研发中心,"鬼怪工厂"便是波音公司重要的预先研究机构,在波音公司的防务部门中发挥其独特作用。"鬼怪工厂"专门设立了一个由公司内部资深科学家和工程师组成的团队,了解公司军民产业中限制技术创新的相关问题,并负责挑选、评估、资助和培养好的创意,从而为众多系统发展出新技术。为了组织结构更合理、高效,更好地服务于为军民两用技术研发创新,波音公司对研发创新体系进行了整合,组建了工程、运营和技术部,"鬼怪工厂"被划归到该部门。此外,波音公司还缴纳高额会费成为美国创新研究院的高级会员,与该创新机构共同致力于开发世界级先进技术和能力。研究和技术部更关注基础、概念研究和跨军民两用技术的应用分析,作为融合波音公司这个强大帝国各个部门军用专业技术与民用产业的黏合剂,推动了产品技术与业务流程的开发与变革,推进了关键技术在整个波音公司的应用与发展。波音公司在 IT 领域拥有 VSOC 企业信息管理器、NarusInsight 网络保护、TAC 数据监控分析软件、人文地理分析框架、DataMaster 视频图像处理框架,并积极开展的能源工程,其安全移动公司专门提供可升级的、可定制的软件和全型谱移动安全服务,这些都得益于波音公司工程、运营和技术部的军用技术支持。如今,这些产品与技术在波音公司的民用产业链条上大放异彩。

(4)建立广泛的合作伙伴关系

波音公司把大量的子系统和零部件外包给全球不同国家的航空制造公司,建立能够统一管理的供应商管理体系,利用这些公司投资、研发、制造所需的零部件,大大降低了自身的投资,波音公司从"乙方"变成了"甲方",并建立标准体系在全球范围内选择合作伙伴。同时,利用国际分工和全球资源,让波音公司降低了研发和制造方面的投资和风险②。近年来,波音公司通过并购、组建合资

---

① 刘美臣. 揭秘波音人力资源管理之道从一个家庭作坊式飞机厂到全球航空制造业霸主[N]. 大飞机报,2016-01-25.

② 白小刚. 波音公司军民融合发展战略的启示[J]. 军工文化,2011(5):78-79.

公司,建立海外科研机构和联合研发机构等方式,不断扩大在海外的业务布局。

(5)实现军民用设备设施的一体化生产经营

美国国防部一方面在军品采购中逐渐取消特殊的军品专用性标准,转而采用全国统一的商用标准,一方面为军工企业提供资金,支持其进行现代化改造,采用柔性制造等先进设备,使之在生产和管理工艺相近的情况下,尽力实现一体化经营。在国家政策的支持下,波音公司在组建生产管理组织、进行基础建设和资源配置时,都要重点考虑其军民融合及通用性,甚至还在部分领域实现了在同一生产线上既生产民品又生产军品的目标。如生产军用飞机的设备设施也可以生产商用飞机,设计军用飞机的技术人员也可能设计民用、商用飞机,波音公司不但在作资源配置时考虑了军用飞机与商用飞机的生产组织、设施、设备的通用性,而且还在同一工厂、同一生产线,甚至同一机床上,既制造军用飞机,又制造民用飞机的主要结构部件;又如由于制造坦克的生产方法同其他重型金属设备如火车车厢之类的生产方法相似,新一代坦克及其发动机所使用的复合材料及陶瓷同民用复合材料和陶瓷制品也十分相近,部分坦克生产企业在坦克制造、民用陶制品、火车制造等方面实现了军民一体化生产,提高了设备设施的通用率。

而近乎"五五"开的军民品生产比例结构,让波音公司将系统风险化解为可以控制的风险。民机市场相对于国防产品来讲,具有非常大的不确定性,国防合同代表了国家的意愿,容易掌控。波音公司利用其在民机方面积累下来的经验和公司多年发展所积累的财力不断向国防产品领域延伸。

作为世界领先的宇航防务企业,波音公司将军民一体化作为企业的核心战略,不仅在产业融合上开展军民一体化,也在知识管理、技术研发等多个发力点持续发力,推动波音公司发展。军民一体化战略有效支撑了波音公司的有序运营,并推动其实现"使核心业务运转良好,将优势融入新产品和新服务,开拓和探索新领域"的战略目标。

案例2　美国太空探索技术公司

在航空航天等科技领域,美国军民一体化产业创新成效卓著,美国太空探索技术公司(SpaceX)成为一个生动的典型案例[①]。

---

① 韩啸,严剑峰. 从美国军民融合看 SpaceX 的成功[EB/OL]. [2017-11-26]. http://www.sohu.com/a/206708143_465915.

附录 军民一体化产业实践案例

美国太空探索技术公司发展历程简介

美国太空探索技术公司（SpaceX）是一家由埃隆·马斯克（Elon Musk）于2002年6月建立的太空运输私营企业。SpaceX成功开发火箭循环使用技术，发射猎鹰9号火箭，完成卫星发射任务，与重新打造一枚火箭相比，成本减少一半多。2008年4月22日，美国国家航空航天局（NASA）宣布SpaceX获得由猎鹰号发射的IDIQ合同，该发射服务合同的期限自2010年6月30日起直至2012年。自此，SpaceX成为全球仅有的由私营企业承担国家航天发射任务的股份制公司。火箭循环使用技术的长期效益不可估量，例如：在SpaceX之前，美国垄断大中型载荷发射市场的联盟号火箭（ULA）在2012财年宣布，4次发射报价17.4亿美元，平均每次发射4.35亿美元，发射费用较上年大幅度上涨30%；即使我国长征三号乙火箭的发射费用也到了6 000万美元以上。此外SpaceX还宣布于2019年开始发射计划中的4 425颗卫星，建立一个全球性的免费Wi-Fi体系。可以说，SpaceX成为当今全球最具竞争力的商业卫星航空航天公司。

SpaceX的成功并非偶然，这得益于美国成熟的军民一体化环境。美国的先进制造业企业大多为军民一体化企业，例如通用技术、波音公司等。据统计，目前美国军事专用技术比例不到15%，军民通用技术超过80%，军队信息化建设80%以上的技术来自于民事部门。美国国会从1990年开始，通过制定《联邦采办改革法》及年度《国防授权法》等一系列重要法案和政策，积极鼓励采办民用企业的技术和产品。早在1986年，美国国会就通过了《联邦技术转让法》，授权政府科研机构向私营企业转让技术或签订合作研发协议。该法案有力推动了国防科技和民用科技的融合，依靠民间科技力量大力发展军民两用技术，在确保军事技术水平提高的同时，也促进了民用工业技术水平的提高，收到了事半功倍的效果，这也正是美国保持军事优势和综合国力全球领先的重要因素。正是得益于这样的环境，SpaceX公司在航空航天研发及发射市场进入等环节没有任何法律障碍。实际上，NASA对商业轨道运输服务等项目的支持对于SpaceX公司的发展来说也是至关重要的。SpaceX公司并非美国军民一体化优秀企业的孤例。第二次世界大战后波音公司的波音707大型客机畅销全球，也是得益于为美国军方开发C-135运输机而积累的技术和设计能力，这也为波音公司后来的发展奠定了基础。SpaceX公司所获得的政府发射合同，不过是美国高度军民一体化的重演，也让SpaceX公司在参与其他国家的航天商业服务竞争中具备更大的成本优势。

美国太空探索技术公司发展模式探析

(1) 支持创新的市场环境

美国早期奉行经济自由主义,对创新的支持政策很少。但20世纪40年代之后,美国对科技创新开始进行"适当干预",逐步建立了比较完善的支持科学研究、技术发明和科技转化的政策体系。其主要做法如下:在促进研究开发方面,政府持续提供大量财政资金支持基础研究、重要产业关键共性及前沿技术研究以及军用科技研究等市场失灵的项目,同时采取税收减免等措施鼓励企业增加研发投入;在成果转化方面,政府大力支持产学研合作和军民科技研究合作,通过税收优惠等措施扶持中小企业、创业投资发展;在市场需求培育方面,主要通过军事订购和政府采购对创新产品给予支持。SpaceX公司作为新兴的小公司,既缺乏人脉关系也没有充足的历史发射业绩,但其能够在NASA火箭发射项目竞争中胜出,这离不开美国公开、公平竞争的政府采购市场环境。

(2) 建立开放的航空航天研发体系

与我国封闭的国防科技研发体系不同,美国包括航空航天在内的几乎所有的国防科研体系都是向全社会开放的。正是得益于这种开放的研发体系,SpaceX公司可以无障碍地参与到航空航天研发业务中去。2004年美国总统小布什推出星座计划,按计划NASA将退出地球轨道的发射任务,全面转向深空探索领域,而地球轨道运输则转交给商业公司,商业轨道运输服务(COTS)应运而生。通过研发合同竞争,SpaceX公司战胜了历史悠久的轨道科学公司,凭借可靠与低廉的技术优势赢得了NASA正式的商业补给服务(CRS)合同[①]。此笔合同不仅为SpaceX带来了资金,更是扩大了该公司的声誉,增强了潜在商业客户对公司的信心。另外,为了促进SpaceX公司的发展,NASA将自己的部分核心技术骨干派到SpaceX公司,并向它转移了大批成熟的知识与技术,还提供了向国际空间站运送货物的大额订单等,这些措施都大大加快了SpaceX公司飞速发展的步伐。

(3) 重视基层的创新人才培育

美国政府对于创新人才的政策从来都是以鼓励与宽容为主,而美国高度军民一体化的环境决定了全美80%以上的科学家和工程师都在直接或间接地为美国国防服务。此外,美国鼓励"草根创新文化",美国上流社会精英阶层虽然出现了诸多创新人士,但绝大多数创新来自社会草根阶层的能动者、实践者。

---

① 龙江,肖林,孙国江. Space X公司运行模式对我国航天产业的启示[J]. 中国航天, 2012(11):7-14.

SpaceX 公司创始人马斯克出生于南非,18 岁时移民加拿大,随后正式加入美国国籍。特斯拉汽车以及 PayPal 等都是马斯克的创新杰作。

(4) 完善创新的法律法规制度

20 世纪中期之后,随着美国逐渐成为世界第一强国,基础研究、国防军工技术研究、前沿性技术研究投入大量增加。在这种情况下,为加快研究成果向应用技术转化,美国先后出台了《国防航空和宇宙航行法》《国防工业技术转轨、再投资和转移法》《国防采办精简法案》《国防授权法》《购买美国产品法》《拜度法》《小企业创新法》等法案,建立和完善了航空航天领域军民融合、技术转移和支持中小企业发展等制度。这些完善的制度为 SpaceX 公司的成功创造了良好的法制环境。

正是军民一体化环境下支持创新的市场环境、开放的研发体系、人才的培养、完善的法律法规制度,才成就了 SpaceX 公司卓越的科技创新能力和空前的发射成本优势,实现了"火箭"般的快速成长。SpaceX 公司作为私营企业在航天事业上取得了巨大的成功,不仅是民营企业的典范,也给传统的由政府主导的航天领域带来的新的生机与活力[①],为军民一体化产业的发展提供新的研究思路。

案例 3　印度尼西亚教育机构与国防军事一体化发展[②]

在印度尼西亚,通常来说,国防教育机构被要求不仅要在战争上做出贡献,还要在国防科学研究上做出贡献。这与印度尼西亚当前面对的不仅是一个传统的国家威胁有关,而且与民间社会动态的非常规威胁也有关系。印度尼西亚将涉及国防事务与研究的教育机构划分为 5 个级别,每个级别在教育中都有不同的权重。此外,这些涉及国防事务与研究的教育机构发展不能简单地采用普通的、与民间机构相同的教育制度和合作模式,而是要求在知识和人员上进行融合,发展成宜军宜民、亦军亦民的教育体系。

---

① 夏宇,刘艳琼. 美国 SpaceX 公司技术创新的启示[J]. 国防科技,2017,38(1):72-76.
② 此案例由笔者翻译与整理自 Muradi. The civil-military integration and the development of education system in defense institutions:Indonesia's case[J]. Asian Social Science,2017,13(3):36-41.

| "一带一路"中基于知识融合平台的军民一体化产业发展研究

印度尼西亚教育机构与国防军事一体化发展历程简介

印度尼西亚国防大学(Indonesian Defense University,UNHAN)的建立标志着印度尼西亚的国防教育机构正在快速发展。该大学专注于研究生的科学发展,目前正在设计相关的博士课程。UNHAN研究生项目的存在是为了鼓励国防机构,如陆军、海军、空军等部门招收他们最好的人员到UNHAN学习。这所大学在全额奖学金计划中接收来自国防系统内和与国防安全问题有关的其他机构的学生。

UNHAN早期形成的困难是很少有军官能够满足学校研究生教育的先决条件,即在UNHAN学习的军官必须具有大学学历,或是已经承担了本科课程的任务。但现实中很多军官没有大学毕业,也没有获得符合入学条件的同等学力。后来解决这个问题采取的办法就是只要获得单位推荐和通过录取考试,申请的军队人员就没有必要要先取得本科学历。与此同时,国防部、武装部队总部和全军部队出台了军校毕业生获得学位与学历教育的政策,该政策同时也作为综合教育体系的一部分。所有学院毕业的人员都能够在UNHAN继续读研究生(不管是硕士还是博士)。但是,当军官毕业了会再次面临一个问题,UNHAN毕业的教育证书和硕士学位不被其他大学认可,他们不可以在其他学校上任何一个研究生课程。尽管一些大学终于认可UNHAN毕业生的一定条件,但情况并没有解决,因为并不是所有的UNHAN毕业生都被自动接受到高等教育体系里。

UNHAN的经验表明,涉及国防的教育机构的管理和发展需要在国家层面上进行重要的机制调整。这种调整不必消除教育性质的军事机构,反而还要邀请其他民间的教育机构加入进来。如今的国家防御观点不再局限于传统或非传统的安全威胁,需要军队人才具备不同的战争及科学研究技能。军队与教育机构合作,将能培训出符合预期条件的军事人才。

印度尼西亚教育机构与国防军事一体化发展模式探析

在印度尼西亚,军民一体化的重点是国防在教育机构体制发展方面的文武结合,而不是技术和产业的发展和整合。因此,通过采用军民一体化在教育发展中的定义,可以重新定义为:"把国防教育系统(SPMP)与国家公民教育系统(SPSN)结合起来,使国防教育机构的制度具有固定的特点和模式,但又与国家教育系统相联系。"从概念上讲,在军民一体化产业中的国防工业与技术和民用工业与技术的整合视角下,可从三个层面来描述军民技术与产业整合的成熟与可靠性,分别是管理部门(部门级别)、公司的制度化程度(企业级别)以及设施

（设施级别）。在部门层面上，军民技术与产业的整合处于融合技术、分享流程、共享特殊的阶段。如果来自相同行业的国防物品或服务、专业化知识和生产流程能够齐头并进，则可以形成一个综合的工业部门。而企业层面的整合则是通过资源共享来满足国防和商业需求。这些资源包括管理层、员工、研究中心、设备、库存和公共设施。一个促进国防和商业工作人员流动的公司，以及来回转移制造和技术产品的公司可以被认为是在企业级别进行整合，尽管它可能将业务部门按照商业和国防来区分。而第三层次和最深层次的整合是在设施层面。这个层面的整合特点是人员融合，设施设备和单一库存的共享。在综合设施中，国防和商业货物将并排生产，生产过程和其他部分仅由产品功能决定。在军民一体化产业的教育发展背景下，这些阶段可以采纳并拓展到5个层面（见附表1），即更多地侧重于如何在国防机构中发展教育。这带有军民一体化特色的教育应该更加独立且有别于普通的教育模式。

附表1 军民一体化战略性国防工业与教育机构的比较

顺序	军民一体化战略性国防工业		军民一体化教育	
1	部门级别	技术融合	部门级别	需求融合
2	企业级别	资源共享	企业级别	调整或建立教育机构
3	设施级别	知识融合、人员融合、设备共享、库存共享	设施级别	调整教育机构
4	—		课程级别	独立课程
5	—		能力级别	平等的能力

第一个层面，印度尼西亚的军事机构为了加强对军民行动和国防利益的分析，其在国防教育的军民一体化方面进行了一系列的研究。在这个层面上，研究强调了军民的关系与需求，以及知识与人员的重要性。国防教育机构充分利用教职人员开展教育被认为是促进国防工业与教育产业军民一体化所需的手段。第二个层面，教育领域的普通人员与军队之间的互动强调了一点，公民研究对于军事行动和边界管制的重要性。军队和教育机构除了建立一个学习中心或者科研机构之外，还要有计划地分享教育课程，以维持军事和国防机构的作用和功能。在一定程度上，建立大学或高等教育机构的转型过程就是以此为导向的，加强民间考核，逐步增强国防机构的作用。第三个层面，调整设施与机构，承认为国防服务的教育机构产生的学位。一些调整是为了传达更强大的军民结合教育计划。毕业于国防教育机构的人员应被纳入国家教育系统。在这个阶段，一般来说，公民与军事教育的二分法不再被接纳。第四个层面，各自加强教育课程、教育机构和民防。该级别的一个指标是国防教育机构能够根据内部需求和良好资质独立满足教学人员的需求。来自于社会上的普通民众在这个层面上的作用

是确保国防机构现有的课程与当前适用的国家教育系统保持联系。这是为了强调讲师素质的重要性和教学研究领域。第五个层面,是军民一体化产业教育领域的最高阶段,处于相同水平能力的、来自民间和军事两个机构的教育。军事毕业生表明国防教育机构是融入国家教育体系的。曾经考虑过的国防问题是民间社会难以理解的,在这个阶段就成为不可分割的一部分。传统安全威胁向非传统安全威胁转移的威胁主张防御不应该只能从有限的角度来看待教育在国防科技工业中的重要性。带有国防特点的教育最终会发挥自己的特色,确保教育质量与教育基础设施、人力资源、国家教育系统保持线性关系。

国防教育机构的科学教授方法和研究必须把军队的作用和功能结合起来,具备社会化的动态。需要强调的是,以民间的方式融合发展国防与教育,必须加强教育作用和专业的军事功能,而不是反过来。普通教育机构建立的目的是为了有效地提高军队的作用和功能,使相关人员的专业精神得以实现。国防教育机构需要利用现有的人力资源按照国家教育体系要求达到所要求的资格和能力。在这些教育机构授课的教师,能力是必须的,可以是退役的军官,但也不仅仅是有军事生涯背景的教师,也可以是民用产业的高知识和高技术人才或科研人员。结合军民科研需要的教育才是双方共同解决障碍和问题的路径。

在发展军民一体化产业上,国防军事和教育机构需要相互协同,在5个层面上促进知识的融合、人员的融合、需求的融合、设施设备的共享、资源的共享等,建立一套规范的国防教育政策与国家综合教育体系。